Kurt Lauber
mit Sabine Jürgens

Der Wächter
des Matterhorns

Mein Leben auf der Hörnlihütte

Droemer

Besuchen Sie uns im Internet:
www.droemer.de

© 2012 Droemer Verlag
Ein Unternehmen der Droemerschen Verlagsanstalt
Th. Knaur Nachf. GmbH & Co. KG, München
Alle Rechte vorbehalten. Das Werk darf – auch teilweise –
nur mit Genehmigung des Verlags wiedergegeben werden.
Dieses Buch wurde vermittelt durch die
Literaturagentur + Textredaktion Swantje Steinbrink M. A.
Umschlaggestaltung: ZERO Werbeagentur, München
Umschlagabbildung: Kurt Lauber; FinePic®, München
Bildnachweis Tafelteil
Seite 1: Beat H. Perren
Seite 2: oben Hervé le Cunff
Seite 3: unten Kevin Lauber
Alle anderen Fotos: Kurt Lauber
Satz: Adobe InDesign im Verlag
Druck und Bindung: C. H. Beck, Nördlingen
Printed in Germany
ISBN 978-3-426-27573-3

Inhalt

Vorwort 7

Die Hörnlihütte 11

Die Saison beginnt 13

Unser erster Kunde 21

Ohne Wasser kein Wein 26

Erst denken, dann trinken 29

Es kann nur besser werden 34

Wenn alle Stricke reißen 38

Versprochen ist versprochen 45

Vertrauen ist gut, Kontrolle ist besser 52

Es war einmal 56

Bergnot macht erfinderisch 59

Die Wunderheilung 66

Der Glaube kann Berge versetzen 73

Himmlische Genüsse 82

Irren ist menschlich 89

Wir machen die Nacht zum Tag 95

Erste Gehversuche 101

Im Himmel die Hölle 105

Kurze Beine auf langer Tour 112

Ohne Fleiß kein Preis 120

Das Gegenteil von gut ist gut gemeint 122

Die Letzten werden die Ersten sein 131

Wieder was gelernt 135

Vom Blitz getrieben 138

Kein Schwein ruft mich an 145

Das Schweizer Wahrzeichen unter Beschuss 147

Es geht bergauf 154

Der Gipfel der Geschäfte 157

Ein Herz für Tiere 163

So weit die Pfoten tragen 166

Ein ständiges Auf und Ab 169

Der Mann im Mondschein 172

Ehrfurcht und Ohnmacht 181

Bombenstimmung 183

Höhere Gewalt 191

Wenn Berge bröckeln 197

Die Schatten werden länger 209

Wenn es einfach ist, wird's gefährlich 214

Italien muss warten 221

Ende gut, nicht alles gut 230

Danksagung 248

Vorwort

Es ist August, ich sitze in meiner kleinen Küche in der Hörnlihütte. Auf 3260 Meter am Fuße des Matterhorns, umgeben von einer Gletscherlandschaft und neunundzwanzig Viertausendern. Es ist kalt. Draußen schneit es seit zwei Tagen, und auf der Terrasse liegt inzwischen schon mehr als ein halber Meter Neuschnee. Nur in der Küche ist es einigermaßen warm. Denn die Hörnlihütte, 1911 erbaut, ist inzwischen in die Jahre gekommen und die Küche der einzige beheizbare Raum. Seit Tagen hat niemand mehr das Matterhorn bestiegen, der Neuschnee macht eine Besteigung unmöglich. Auch Tagesbesucher erwarten wir nicht, der zweistündige Aufstieg zur Hütte ist bei diesem Wetter viel zu heikel. Dazu kommt die schlechte Sicht, so dass das atemberaubende Panorama leider ausbleibt.

Es gibt nicht viel zu tun, und so habe ich Zeit, über Gott und die Welt nachzudenken. Dafür gibt es wohl kaum einen besseren Ort als diesen. Eine abgelegene Berghütte auf über dreitausend Meter Höhe bei schlechtem Wetter. Kein Fernseher, kein Internet, keine Tageszeitungen. Nichts, was ablenken könnte.

Ich bin nun schon seit sechzehn Jahren Hüttenwart auf der Hörnlihütte, einer der bekanntesten und meistbesuchten Berghütten in den Alpen. Bei schönem Wetter wird die Hütte stark frequentiert, die 170 Schlafplätze sind oft ausgebucht, die Bänke und Stühle auf der Terrasse belegt. Es führt keine Bahn oder Straße zu uns herauf; nur wer eine zweistündige Wanderung auf sich nimmt, kommt so dicht an das Matterhorn heran, dass er es berühren kann. Ein Traum, den sich viele Menschen erfüllen wollen. So laufen sie den beschwerlichen Weg hinauf, langen mit großem Appetit bei Suppe, Rösti, Spaghetti oder hausgemachtem Früchtekuchen zu, um anschließend gesättigt und glücklich wieder nach Zermatt abzusteigen. Andere wollen mehr als nur den Augenblick und bleiben für eine Übernachtung, auch ohne den Gipfel erstürmen zu wollen.

Am späteren Nachmittag treffen die Bergsteiger ein, sie nutzen die Hütte als Ausgangspunkt für eine Matterhornbesteigung. Morgens früh um vier Uhr verlassen sie ihr warmes Bett und versuchen, das Matterhorn zu erklimmen, während sich die Wanderer noch einmal auf ihrem Touristenlager umdrehen und vom Aufstieg nur träumen. Sie genießen lieber gegen sechs Uhr das sagenhafte Panorama bei Sonnenaufgang.

So individuell wie die Menschen, so unterschiedlich sind ihre Beweggründe, zu uns heraufzusteigen. Es sind Leute aus aller Herren Länder, aus Europa, Asien, Afrika, aus Süd- und Nordamerika oder Australien. Darunter zahlreiche Bergführer mit ihren Kunden: Bergsteiger mit viel, wenig oder gar keiner Erfahrung. Aber sie kommen alle aus einem Grund hier herauf: Sie sehnen sich danach, dem Matterhorn, dem vielleicht schönsten Berg der Welt, so nahe wie möglich zu sein oder einmal auf seinem Gipfel zu stehen. Und ich als Hüttenwart habe das Glück, diese vielen verschiedenen Leute kennenzulernen und mit ihnen und durch sie viel Aufregendes und Schönes zu erleben. Dabei muss es nicht immer um Höchstleistungen und euphorische Bergsteiger gehen, die sich über ihren Gipfelerfolg freuen. Oft sind es die kleinen Dinge im Leben: wenn sich Wanderer auf der Hütte einfach wohl fühlen und die beeindruckende Bergwelt bestaunen. Diese Glücksgefühle verbinden die Menschen, und wir, das Hörnlihütten-Team und unsere Gäste, teilen sie für einen Moment miteinander.

Doch manchmal zeigt die Natur ihr grausames Gesicht. Und so ereignen sich auch Tragödien: von vermissten Bergsteigern und solchen, die ihr Leben an diesem Berg verloren haben, von verzweifelten Hinterbliebenen, die ihr Schicksal nicht begreifen können. In den vergangenen Jahren mussten einige hundert Menschen am Matterhorn ihr Leben lassen – und das geht nicht immer spurlos an einem vorüber.

Von all diesen Bergsteigern und Bergführern, von den vielen Bergrettungen, am Tag und in der Nacht, mit dem Hubschrauber oder zu Fuß, gibt es viel zu berichten. Auch von den verschiedenen Charakteren, die sich in der Hütte treffen, vom Leben mit meinen fünf Mitarbeitern – meiner temporären Familie …

So sitze ich nun in der Küche und mache mir Gedanken darüber, dass die vielen Geschichten vergangener Generationen von Bergführern und Hüttenwarten bereits in Vergessenheit geraten sind. Und so entsteht die Idee, ein Buch darüber zu schreiben. Auch wenn das bedeutet, viel, sehr viel Zeit in einem Raum vor einem Bildschirm zu verbringen, und ich mir in den letzten fünfundzwanzig Jahren nie vorstellen konnte, in einem geschlossenen Raum zu arbeiten.

Die
Hörnlihütte

Wie alles im Leben hat auch die Hörnlihütte ihre Geschichte. Es war im Juli des Jahres 1865, als das Matterhorn von den Engländern Whymper, Douglas, Hudson und Hadow, dem Franzosen Croz und den beiden Schweizern Taugwalder (Vater und Sohn) zum ersten Mal bestiegen wurde. Schon bald nach der Erstbesteigung kam man zu der Überzeugung, dass am Fuße eines solch imposanten Berges eine Übernachtungsmöglichkeit gebaut werden müsse, denn die Anzahl der Bergbegeisterten und Matterhorn-Fans nahm stetig zu. Immer mehr Menschen kamen, um diesen einzigartigen, nun bezwingbaren Berg zu erkunden. So wurde 1880 die erste Unterkunft mit siebzehn Schlafplätzen errichtet. Auf 3260 Meter. Um den ständig neuen Bedürfnissen gerecht zu werden, wurde die Hütte in den folgenden Jahrzehnten verschiedene Male umgebaut und bietet seit der letzten Renovierung und Vergrößerung 1982 Platz für hundertsiebzig Berggänger.

11

Meine Vorgänger Franz und Heidi führten die Hörnlihütte fünfzehn Jahre lang. Während dieser Zeit arbeitete ich als Bergführer und war oft und gern dort. Und auch meine damalige Lebensgefährtin (und heutige Frau) Rebecca war von dem Leben auf der Hütte fasziniert, seit sie für eine Saison im Hörnlihütten-Team gearbeitet hatte. Ihr Sommer dort oben war ein nachhaltiges und eindrucksvolles Erlebnis für sie gewesen, und so versuchte sie sofort, mich für diese neue Aufgabe zu begeistern, als 1994 die Stelle als Hüttenwart frei wurde. Es dauerte nicht lange und ich war überzeugt – meine Frau hatte mir erfolgreich den Hüttenfloh ins Ohr gepflanzt. Also bewarben wir uns ganz offiziell, und nachdem alle Voraussetzungen erfüllt waren, bekamen wir den Zuschlag. Der Hüttenfloh ist bis heute bei mir geblieben. Er ist ein hartnäckiger Geselle und hat längst auch unseren Sohn Kevin befallen.

Inzwischen ist die Hörnlihütte jedoch veraltet und soll, bis zum 150-Jahr-Jubiläum der Erstbesteigung 2015, komplett renoviert werden. Dies ist der Grund, der mich schließlich überzeugen konnte, meine Geschichten vom Leben auf der Hörnlihütte aufzuschreiben, bevor die Erinnerungen, die in den alten Mauern stecken, durch neue ersetzt werden.

Die Saison beginnt

Viele Wege führen aufs Matterhorn. Einer davon ist der Hörnligrat, die sogenannte Normalroute, die von den meisten Bergsteigern als Auf- und Abstiegsroute genutzt wird. Es ist eine reine Felstour. Das bedeutet, gute Verhältnisse herrschen nur, wenn der Grat praktisch schneefrei ist. Das ist meist zwischen Ende Juni und Ende September der Fall, also für höchstens drei Monate im Jahr. Deshalb hat die Hörnlihütte nur während dieser Zeit geöffnet, den Rest des Jahres befindet sie sich im Winterschlaf.

Auch in diesem Sommer wecken wir die Hütte erst Ende Juni. Wir, das sind meine fünf Mitarbeiter und ich. Jedes Jahr bewerben sich zahlreiche Menschen, um für eine Saison auf der Hörnlihütte zu arbeiten. Viele haben völlig falsche Erwartungen. Sie verbinden mit dem Bild von der einsamen Hütte romantische Vorstellungen. Die Umgebung mag pittoresk und

13

idyllisch anmuten, das Leben und die Arbeit hier oben aber sind mitunter hart, entbehrungsreich und anstrengend. Deshalb bekommen Bewerber von mir vorab schon ein Informationsschreiben, das zum einen die Anforderungen und Erwartungen verdeutlicht und zum anderen allzu schwärmerische Vorstellungen gleich zu Beginn ausräumt.

Denn die Enttäuschung wäre sonst groß, und wir können während einer Saison nicht ständig Mitarbeiter auswechseln, die überfordert oder genervt sind, weil sie nicht täglich duschen können.

Die Hörnlihütte

ist eine einfache Hütte auf 3260 MüM, sie bietet bis zu hundertsiebzig Schlafplätze und neunzig Plätze auf der Terrasse. Circa 80 Prozent der Übernachtungen sind Bergsteiger, die das Matterhorn besteigen wollen; die Mehrheit mit Bergführer. Mittags besuchen uns die Tagestouristen, die in zwei Stunden von der Seilbahnstation auf die Hütte laufen und später wieder zurück ins Tal wandern.

Auf der Hütte zu arbeiten bedeutet:

Teamarbeit, interessante Gäste, lange Tage, Schicksale am Berg, selbständiges Arbeiten, wenig Privatsphäre, Freundschaften pflegen.

Wir erwarten von dir:

Sprachkenntnisse (Englisch, Französisch, gerne auch Italienisch und Spanisch), Erfahrung in der Gastronomie, Teamfähigkeit, Flexibilität, Freundlichkeit (im Team und im Umgang mit unseren Gästen), Belastbarkeit, Zuverlässigkeit, Motivation

Unser Team:

1 Koch, 3 Mitarbeiter im Service, 2 Aushilfen, mein Sohn Kevin und meine Wenigkeit.
Bei schönem Wetter sind die Arbeitstage sehr lang und anstrengend, bei schlechtem Wetter gleicht sich das jedoch wieder aus, und man ist froh, wenn der Betrieb wieder ins Rollen kommt.
Auf der Hörnlihütte bei schönem Wetter zu arbeiten kann so aussehen:

8 Uhr Arbeitsbeginn: Frühstück servieren, Kuchen backen, Saal und Terrasse vorbereiten, Getränke auffüllen etc.
11 Uhr Team Mittagessen
Danach Service: Terrasse oder Saal bis 15 Uhr
Rezeption: 15 bis 19 Uhr; bis 22 Uhr Getränkeverkauf; am Nachmittag 1 Std. Mittagspause
19.30 Uhr Gäste-Abendessen: servieren von Suppe, Menü, Dessert
20.30 Uhr Team-Abendessen
22.30 Uhr Feierabend

Der Vertrag:

Beginnt am 28. Juni und dauert bis zum 20. September. Alle nichtbezogenen Frei- und Ferientage werden am Schluss ausbezahlt. In der Regel arbeitet man circa zehn bis vierzehn Tage durch und hat dann vier Tage frei.

Erster Arbeitstag:

Montag 28. Juni, Treffpunkt 9 Uhr Air Zermatt in Zermatt, Helikopterflug auf die Hütte.

Mitbringen:

Kleider und Schuhe für warme und kalte Tage, Rucksack, Taschenlampe, Wecker, Sonnenbrille, Toilettenartikel etc. Schlafsack für die ersten Tage, da es auf der Hütte am Anfang kalt und feucht ist.

Einmal die Woche wird Wäsche zum Waschen mit dem Helikopter nach Zermatt geflogen, so besteht die Möglichkeit, auch persönliche Kleider waschen zu lassen.

Besonderer Hinweis! *Wassermangel:*

Da wir uns auf über 3000 Meter befinden und vom Schmelzwasser abhängig sind, müssen wir mit dem kostbaren Nass sparsam umgehen. Z. B. beim Abwaschen, bei den Toiletten oder beim Duschen (einmal pro Woche).

Es ist mir ein Anliegen, Mitarbeiter zu finden, die zusammenpassen und ein gutes Team bilden. Deshalb wäre ich froh, wenn wir uns bald einmal persönlich kennenlernen würden.

Wenn du dir den Job, wie oben beschrieben, vorstellen kannst, würde ich mich über einen Brief freuen.

Viele Grüße aus Zermatt
Kurt Lauber

Dieses Jahr treffen wir uns am 28. Juni frühmorgens auf der Hubschrauberbasis in Zermatt. Das Team besteht aus Stephan, dem Koch, der schon seit drei Sommern für das leibliche Wohl unserer Gäste sorgt; Yasmin, für die es bereits die elfte Saison ist; Stephanie, die zum zweiten Mal mit an Bord ist, und Martina, die ihren ersten Sommer auf der Hörnlihütte erleben wird. Für meinen mittlerweile erwachsenen Sohn Kevin, der uns seit seinem dritten Lebensjahr begleitet, und für mich ist es schon fast zur Gewohnheit geworden. Aber eben nur fast. Kein Sommer ist wie der andere.

Ich verabschiede mich von meiner Frau Rebecca. Während wir bis vor drei Jahren oft Seite an Seite die Hörnlihütte bewirtschaftet haben, bleibt sie nun in unserem neuen Haus in Zermatt und kümmert sich um die Wohnungen, die wir an Urlaubsgäste vermieten. Wir werden uns also erst in etwa einem Monat wiedersehen.

Zu sechst stehen wir auf dem Heliport mit all unserem Gepäck und den nötigsten Lebensmitteln und sind gespannt, was uns auf der Hütte erwartet. Wie viel Schnee wird oben noch liegen? Wird sich das Team bewähren? Passt es überhaupt zusammen? Von heute an sind wir drei Monate lang eine Familie, die auf engem Raum bei sehr wenig Privatsphäre zusammenleben muss. Es wird Tage geben mit bis zu achtzehn Arbeitsstunden und kurze Nächte, die es kaum zulassen, sich zu erholen. Es wird Zeiten geben, bei schlechtem Wetter, in denen wir tagelang keine anderen Menschen zu sehen bekommen. Und es wird viele Rettungseinsätze geben – erfolgreiche, aber auch traurige. All das weiß man schon vorher, da es sich Sommer für Sommer wiederholt. Und doch ist es nie dasselbe …

Der Helikopter hebt ab, und schon nach ein paar Minuten erblicken wir in der Ferne das einsame Haus auf dem schmalen Grat, das für die nächsten drei Monate unser Zuhause sein wird.

Als die erste Hütte im Jahre 1880 für 3000 Schweizer Franken gebaut wurde, war es eine sehr einfache und bescheidene Unterkunft mit siebzehn Schlafplätzen. Das Patronat der ersten Hütte übernahm der Schweizer Alpenclub. Zu jener Zeit gab es noch keinen Hüttenwart, der nach dem Rechten schaute und die Bergsteiger verpflegte. So war es auch nicht verwunderlich, dass schon nach ein paar Jahren die Hütte in einem sehr schlechten Zustand war.

1911 erweiterte die Burgergemeinde von Zermatt die Hütte um einen Anbau mit vierzig Betten (damaliger Name: Berghotel Belvédère). Von nun an war die Hütte bewirtschaftet, und während der Sommermonate wurde für das leibliche Wohl der Besucher gesorgt.

Anfang des 20. Jahrhunderts eine Berghütte zu betreiben ist mit heute natürlich nicht zu vergleichen. Die hygienischen Zustände auf der Hörnlihütte waren vor hundert Jahren äußerst primitiv. Es glich eher einer Notunterkunft für Bergsteiger als einem Ort, an dem man sich länger als nötig aufhielt. Das Leben und Arbeiten war viel beschwerlicher, und auf vieles, wie zum Beispiel Duschmöglichkeiten und separate Zimmer für Hüttenwart und Angestellte, musste verzichtet werden. Es gab kein Radio und kein Telefon der Hüttenwart war praktisch von der Welt abgeschnitten. Eine einfache Lebensmittelbestellung gestaltete sich ebenfalls wesentlich komplizierter als heute. Da es noch keine Hubschrauber gab, mussten die Lebensmittel mit Maultieren mühsam von Zermatt aus auf die Hütte transportiert werden.

Das Hüttenleben war einerseits sicher mit Entbehrungen verbunden, aber es gab auch weniger Stress und Hektik. Die Gäste hatten keine hohen Ansprüche und waren mit wenig zufrieden. Heute beginnt unser Arbeitstag um 3.30 Uhr und endet spät am Abend, denn in der Hochsaison gilt es, an die vierhundert Gäste pro Tag zu bedienen. Alles ist hektischer und komplexer geworden.

Eines hat sich jedoch nicht verändert: Das Wasserproblem. Wie schon vor hundert Jahren ist es auch heute nicht einfach, Wasser zu gewinnen. Hier oben müssen wir ähnlich erfinderisch sein wie das Wüstenvolk der Tuareg in der Sahara, und ich hoffe, dass sich mit der geplanten Renovierung der Hütte das Problem der Wasserversorgung lösen lässt.

Das Matterhorn hat sich seit der letzten Saison nicht verändert. Je näher wir mit dem Hubschrauber kommen, umso imposanter ist dieser Berg. Majestätisch und unerschütterlich steht er da. Es wird immer ein Berg bleiben, vor dem es gilt, Respekt zu haben, und der nicht zu unterschätzen ist.

Nach etwa fünfzehn Minuten – wir sind nun 1800 Meter höher – erreichen wir die Hütte. Der Hubschrauber landet auf der noch leergeräumten Terrasse direkt vor der Hörnlihütte. Es liegt immer noch viel Schnee, stellenweise reicht er bis zum ersten Stock des Gebäudes. Auch das Matterhorn ist weiß, seine Flanken sind mit reichlich Schnee bedeckt. Bis die Saison starten kann und die ersten Gäste kommen, muss nicht nur der Schnee schmelzen, auch wir haben noch alle Hände voll zu tun.

Unser erster Kunde

Während wir die Hörnlihütte aus dem Winterschlaf holen, erinnere ich mich an den Anfang einer anderen Saison: Zu viel Schnee lag am Berg, weshalb auf der Hütte kein Betrieb herrschte und es auch keine Bergführer gab, die ihre Gäste auf den Berg führten. Wir waren trotzdem unentwegt beschäftigt: Schnee räumen, Zimmer putzen, Lebensmittel einsortieren – alles notwendige Aufgaben, um unserer Hütte wieder Leben einzuhauchen. Schließlich saßen wir nach dem Abendessen noch in der Küche zusammen. Nur meine Frau Rebecca war bereits auf ihrem Zimmer. Plötzlich kam sie die Treppe heruntergelaufen. Aufgeregt stürmte sie in die Küche und berichtete, sie habe draußen Hilferufe gehört, das Fenster geöffnet und einen Mann gesehen, der sich humpelnd in Richtung Hütte bewege.

Ich zog sofort meine Jacke an und ging auf die Terrasse. Es war schon fast dunkel, aber den Mann konnte ich noch erkennen. Als ich ihm entgegenging, bemerkte ich, dass er ziemlich lädiert aussah. Seine Kleider waren zerrissen, ein Steigeisen hatte er noch an einem Schuh befestigt, das andere zog er am Sicherungsriemen hinter sich her. Er schien an Armen und Beinen verletzt zu sein, und nach seinem blutverschmierten Gesicht zu urteilen, musste er auch eine Kopfwunde haben.

Ich brachte ihn in die Küche, um ihn mir in Ruhe anzusehen. Vor allem seinen Kopf nahm ich genauer unter die Lupe. Dabei stellte ich ihm einige Fragen, um mir ein Bild von seinem Urteilsvermögen zu machen und somit Hinweise auf mögliche innere Kopfverletzungen zu erhalten. »Wie heißt du? Wo kommst du her? Wie alt bist du?« Besonders aber interessierte mich, ob er alleine unterwegs gewesen war, und ich forschte nach dem Unfallhergang. Er gab sich sehr gelassen und hatte auch keine Mühe, auf meine Fragen zu antworten: Er stamme aus Tschechien, sei fünfundvierzig Jahre alt und alleine in den Bergen unterwegs. Die knapp fünfzehn Zentimeter große offene Wunde an seinem Kopf blutete stark, aber die Schädeldecke schien nicht verletzt zu sein.

Auf einer Berghütte ist die medizinische Versorgung auf das Nötigste begrenzt. Gerade in Situationen wie diesen bin ich daher besonders froh über meine langjährige Erfahrung in Rettungseinsätzen und die medizinische Ausbildung bei den jährlichen Rettungskursen.

Ich desinfizierte und verband die Wunde und schlug vor, ihn zur Untersuchung in das Spital fliegen zu lassen. Das jedoch lehnte er energisch ab: »Nein, auf keinen Fall. Ich bin nicht versichert!«

Für einen Krankenhausaufenthalt reiche sein Geld nicht aus. Es gehe ihm gut, und er habe auch keine Schmerzen. Am liebsten würde er auf der Hütte übernachten, um am nächsten Morgen nach Zermatt abzusteigen. Ich hingegen hatte Bedenken, denn sollte sich sein Zustand während der Nacht verschlechtern oder ihm beim Abstieg in der Früh etwas zustoßen, müsste ich mir ernsthafte Vorwürfe machen. Schließlich handelt es sich um einen steilen, zweistündigen und schneebedeckten Weg hinab zur nächsten Seilbahnstation.

Als ich ihn zum Unfallhergang befragte, gab er an, vor einer Stunde am Hörnligrat (auf 3900 Meter) den Rucksack abgesetzt zu haben, um seine Steigeisen auszupacken. Beim Anlegen der Steigeisen sei er ausgerutscht und circa fünfzig Meter abgestürzt. Danach sei er zur Hörnlihütte gelaufen. Das kam mir merkwürdig vor. Ein durchschnittlicher Bergsteiger – unverletzt wohlgemerkt –, der alleine und ungesichert unterwegs ist, würde sicher drei Stunden von der angegebenen Unfallstelle bis zur Hütte benötigen. Und nie und nimmer eine Stunde, wie der Tscheche behauptete.

Der Hörnligrat wird immer wieder unterschätzt. Es ist eine Tour, die sehr lang ist; und bei ungünstigen Verhältnissen, zum Beispiel bei Schnee, wird es heikel und schwierig. Mit all den Felsriegeln und Traversen, die es zu klettern gilt, erlaubt sie keinen Fehler.

Der Zustand des Tschechen stabilisierte sich. Trotzdem entschloss ich mich gegen 22 Uhr, über die Air Zermatt einen Hubschrauber für den Abtransport des Bergsteigers zu organisieren, denn das Risiko, ihn ohne ärztliche Untersuchung auf der Hütte zu behalten, war mir zu hoch. Nach einer halben Stunde landete der Hubschrauber mit Arzt, Flughelfer und natürlich Pilot an Bord auf der Heli-Plattform vor der Hütte. Nachts im Gebirge zu fliegen birgt besondere Gefahren, aber da wir vier schon viele Einsätze zusammen erlebt haben und uns seit etlichen Jahren kennen, vertraut einer dem anderen. Das ist wichtig, denn bei gefährlichen Rettungseinsätzen muss jeder Handgriff sitzen. Da gibt es keine Zeit für lange Absprachen. Dennoch ist ein gutes Risikomanagement dringend nötig, um das Restrisiko möglichst gering zu halten, und nicht zuletzt steht auch unser Leben unter Umständen auf dem Spiel. Vor jedem Abflug – ob bei Tag oder Nacht – müssen daher Wind, Wetter und die Sichtverhältnisse vor Ort abgeklärt werden. Und natürlich der Zustand des Patienten. Ist dieser kritisch und ein Transport ins Krankenhaus lebensnotwendig, muss die Helikopter-Crew den Einsatz auch unter schwierigen Umständen wagen. Ist der Patient aber außer Lebensgefahr, darf die Rettungsmannschaft nicht ihr eigenes Leben riskieren, und der Einsatz wird verschoben, bis es hell wird.

An jenem Abend aber war das Wetter gut, eine klare Nacht. Und so entschieden wir uns für den Nachtflug. Der Arzt untersuchte den Bergsteiger auf äußere und mögliche innere Verletzungen, bevor er einen künstlichen Zugang in die Armvene legte, der es erlaubt, schnell Infusionen zu geben. Dann brachten wir unseren Patienten auf einer Trage zum Hubschrauber. Bald darauf startete der Pilot die Turbine, der Heli hob langsam von der Plattform ab und suchte sich mit dem Scheinwerfer einen Weg durch die Nacht. Ziel war das nächstgelegene Krankenhaus in Visp.

So schnell und unvermittelt wie unser erster Gast aus dem Nichts aufgetaucht war, war er also auch schon wieder weg. Damit war der Fall für uns erledigt, und wir konnten den Abend beruhigt ausklingen lassen.

Damals arbeiteten mehrere Bergführer und die Air Zermatt bereits seit einigen Jahren mit einer deutschen Fernsehproduktionsfirma zusammen. Für die Sendung *Notruf* wurden Rettungseinsätze gefilmt. Als Nächstes sollte ein spektakulärer Unfall (und die damit verbundene Rettung) in der Matterhornnordwand nachgestellt werden, der sich einige Jahre zuvor ereignet hatte. Also flogen Rettungschef Bruno Jelk und ich am nächsten

Tag im Auftrag der Produktionsfirma mit dem Hubschrauber den Hörnligrat und die Nordwand ab, um geeignete Motive für die verschiedenen Filmeinstellungen zu suchen. Plötzlich entdeckten wir einen Rucksack – an einem Haken gesichert. Ich musste nicht lange überlegen, wem der wohl gehörte. Es war genau die Stelle, die mir der Tscheche am Abend zuvor geschildert hatte. Wir sahen auch seine Absturzspur im Schnee, der wir mit dem Heli folgten. Sie zog sich durch Rinnen, über Abbrüche und Felskanten, durch die ganze Ostwand bis an den Fuß des Matterhorns. Wir staunten nicht schlecht: Der Mann war keine fünfzig, sondern mehr als fünfhundert Meter abgestürzt und hatte das, wie wir später erfuhren, tatsächlich ohne größere Verletzungen überlebt. Kaum zu glauben, dass jemand so viel Glück haben kann. In der Vergangenheit haben wir schon viele solcher Absturzspuren gesehen – und stets hatten sie tödlich geendet. Sicher war der viele Schnee in der Felswand das große Glück des Tschechen gewesen, sonst wäre es nie und nimmer möglich, einen so gewaltigen Absturz zu überleben.

In Gedanken bei diesem »glücklichen Unfall« unseres ersten Kunden zu Beginn der damaligen Saison starte ich nun also in die neue. Ein gutes Omen?

Ohne Wasser kein Wein

Bis die Hütte komplett eingerichtet und voll funktionsfähig ist, werden ein paar Tage vergehen. Es gibt sehr viel zu tun: Die Toiletten funktionieren noch nicht, da die Abwasserleitungen gefroren sind; sie müssen erst mit Salzwasser enteist werden. Auch auf fließendes Wasser werden wir ein bis zwei Tage warten müssen. Denn dafür müssen wir die Wasserfassung, die mindestens zwei bis drei Meter unter dem Schnee liegt, freischaufeln – und das dauert. Bis dahin wird Schnee geschmolzen. Wir füllen Töpfe und große Pfannen mit Schnee und stellen sie auf den Herd.

Wasser ist auf einer Berghütte wohl eines der wichtigsten Dinge, wenn nicht *das* wichtigste. Ohne Wasser geht gar nichts. Die Hörnlihütte liegt auf einem Grat. All das Wasser von den Gletschern und dem Schnee, der in den Frühjahrs- und Sommermonaten schmilzt, fließt in die Täler, mehr als siebenhundert Meter tiefer, und ist somit zwei Kilometer entfernt. Es rauscht, unerreichbar, einfach an uns vorbei. Also müssen wir uns selbst helfen, um an Wasser zu gelangen. Dabei erstaunt es uns immer wieder, dass viele Menschen nicht verstehen, warum die meisten Berghütten, vor allem die Hütten oberhalb von 3000 Metern, ein Problem haben, Wasser zu gewinnen.

Am Einstieg des Hörnligrats, etwa 200 Meter von der Hütte entfernt, haben wir eine kleine Wasserfassung. Sie liegt in einer Senke, weil sich hier der meiste Schnee sammelt. Der Schnee wird mit Hilfe eines von der Sonne erhitzten dunklen Blechs geschmolzen. Über eine 200 Meter lange PVC-Rohrleitung, die wir entlang der Felswand aufgehängt haben, erreicht das Wasser dann einen 1300-Liter-Tank, von wo aus es in weitere Tanks gepumpt wird, die sich im oberen Stockwerk der Hütte befinden. Im Spätsommer, wenn fast kein Schnee mehr zur Verfügung steht, wird es allerdings noch komplizierter. Dann müssen wir die Wasserleitung um 100 bis 200 Meter verlängern, um an Schnee zu kommen. Spätestens jetzt müssen die Vorräte noch stärker rationiert werden.

Grundsätzlich gilt es, genau zu überlegen, wie man das kostbare Wasser nutzt. Vor allem wenn sich bei Hochbetrieb bis zu hundertsiebzig Menschen auf der Hütte tummeln. Dann schließen wir nicht nur die Waschgelegenheit für die Touristen, auch das Team kann dann nur noch einmal in der Woche duschen. Außerdem reduzieren wir das Wasser in den Spülkästen der Toiletten auf ein Minimum, zumal nicht nur unsere Gäste, sondern auch fremde Camper Waschräume und WC benutzen. Schließlich sind wir die einzige Hütte weit und breit …

Täglich haben wir Besuch von bis zu zwei Dutzend Menschen, die nicht in der Hütte übernachten, sondern in der näheren Umgebung zelten. Viele von ihnen kommen aus ärmeren Ländern, sie können sich keine Unterkunft leisten, wollen auf ihre Leidenschaft, das Bergsteigen, aber nicht verzichten. Bei uns lassen sie dann ihren Abfall zurück, den wir per Hubschrauber kostenaufwendig ins Tal fliegen müssen; und sie benutzen unentgeltlich Aufenthalts-, Toiletten- und Waschräume, die für unsere Übernachtungsgäste vorgesehen sind.

Für die meisten Hüttenwarte in den Alpen ist das wilde Campieren ein Problem. Wir haben deshalb inzwischen an der Hörnlihütte das Zelten in unmittelbarer Nähe verboten und einen Zeltplatz festgelegt, der etwa 150 Meter entfernt ist, was den Konflikt etwas eindämmt. Doch wenn auf der Hütte Wasserknappheit herrscht, ist es auch für die Bergsteiger auf dem Zeltplatz schwierig, an Wasser zu kommen. Die einzige Möglichkeit besteht darin, es mühsam hinaufzutragen oder auf der Hütte zu kaufen. Das macht manchen Camper erfinderisch …

Erst denken,
dann trinken

Schon mittags waren viele Wanderer zu versorgen. Nach dem langen Marsch hatten sie Hunger, aber vor allem Durst. Die Flaschen und Gläser gingen in Windeseile über die Theke. Stephan, der Koch, gab verschiedene Schweizer Rösti-Gerichte, Spaghetti und andere deftige Speisen im Minutentakt heraus. Und unsere Mitarbeiter liefen mit den Tellern emsig zwischen Hütte und Terrasse hin und her. Die Gäste sollten schnell und gut bedient werden. Dieser Tag kam uns mal wieder besonders lang vor, und wir waren froh über jede noch so kurze Verschnaufpause.

Gegen 19 Uhr wurde es ruhiger, alles war für das Abendessen vorbereitet, und ich ging auf die Terrasse, um frische Luft zu schnappen. Ich lief an einer Toilettentür vorbei, die merkwürdigerweise offen stand, und beobachtete, wie jemand mit einem Becher das Wasser direkt aus dem Klo in eine Pfanne schöpfte. Ich wurde neugierig und ging ihm hinterher. Draußen stellte er die Pfanne mit unserem Toilettenwasser auf einen kleinen Gaskocher. Ich dachte, ich sehe nicht richtig!

Es waren vier spanische Bergsteiger, die sich da um den Tisch versammelt hatten. Auch diese Männer waren hier, um sich ihren Traum zu erfüllen: die Besteigung des Matterhorns. Sie kampierten auf dem Zeltplatz.

»Und was habt ihr mit dem Wasser vor?«, fragte ich und zeigte auf die Pfanne.

»Brauchen wir zum Kochen.«

Ich erklärte, warum ich das nicht für die beste Idee hielt: »Das stammt doch aus der Kloschüssel! Und jeder weiß, dass das nicht sauber sein kann.«

Für die Spanier stellte das allerdings keinen Grund zur Sorge dar. »Wir machen das immer so«, lautete die lapidare Antwort. Ich solle sie in Ruhe lassen und mich um meine eigenen Probleme kümmern. Also ließ ich sie in Ruhe, schließlich waren es erwachsene Menschen, alt genug, auf sich selber aufzupassen …, dachte ich und ging zurück in die Küche.

Am nächsten Tag um die Mittagszeit, die Terrasse füllte sich zusehends mit Wanderern, klingelte mein Handy. Die Einsatzzentrale – sie nimmt Notrufe entgegen und koordiniert Rettungseinsätze – unterrichtete mich über einen Notruf vom Gipfel des Matterhorns. Er sei per Mobiltelefon eingegangen. »Wir müssen mehrere Bergsteiger mit Bauchkrämpfen evakuieren. Die Air Zermatt ist informiert«, so der Einsatzleiter. Ich ließ auf der Stelle alles stehen und liegen. Mein Team kennt diese Notruf-Situationen, und sofort springt jemand für mich ein und übernimmt meine Arbeit.

Umgehend machte ich mich bereit und begab mich auf die Hubschrauberplattform direkt neben der Hütte. Über Funk nahm ich Kontakt mit dem Piloten auf, der gerade in Zermatt gestartet war. Ich meldete mich einsatzbereit und gab die Wind-

und Wetterverhältnisse durch. Zehn Minuten später landete der Hubschrauber dann vor mir auf der Plattform. Nun hieß es, alles klarmachen für eine Tau-Bergung. Dazu wird an einem Haken, an dem sonst Unterlasten transportiert werden, ein dreißig Meter langes Seil eingehängt und am Heli gesichert. Am Ende des Seils befindet sich ein Doppelhaken, in den man sich einhängen kann.

Auf dem Gipfel gibt es nicht viel Platz, es ist ein langer, schmaler Grat, viel zu schmal, als dass ein Hubschrauber dort landen könnte. Die einzige Möglichkeit, Menschen vom Gipfel aufzunehmen, ist daher mittels einer Winde oder besagter Tau-Bergung. Mit der Winde können wir eine Person zum Helikopter aufziehen und an Bord holen, was gerade bei Verletzten gern gemacht wird. Bei der Tau-Bergung können wir, je nach Höhe, bis zu sechs Personen auf einmal unter dem Hubschrauber hängend aus dem Berg und somit in Sicherheit fliegen.

Ich kontrollierte, ob mein Klettergurt richtig festgezurrt war, die Steigeisen sicher saßen und das Seil korrekt mit dem Heli verbunden war. Mein Funkhelm funktionierte, ich stand mit dem Piloten in guter Verbindung und meldete ihm, dass ich startklar sei. Der Heli hob sich langsam in die Höhe, während ich dem Piloten fortlaufend die verbleibenden Meter Tau durchgab: »Drei Meter, zwei Meter, ein Meter, ein halber Meter bis zur Last. Last kommt!« Die Last war ich. Dann zog mich der Heli von der Plattform weg, ich hing dreißig Meter unter dem Hubschrauber, und wir flogen Richtung Matterhorngipfel.

Der Pilot steuerte den Hubschrauber erst an der Ostwand, dann an der Nordwand vorbei, und wir gewannen langsam an Höhe. 1200 Meter galt es zu überwinden, bis wir auf der Höhe des Gipfels waren. Dort sah ich vier Bergsteiger, die deutliche Hilfezeichen gaben. Auch der Pilot hatte sie lokalisiert und hielt auf sie zu. Ich gab ihm laufend den Bodenabstand und die Distanz zu den vieren durch. Denn für den Piloten, der bei einem solchen Einsatz wie ein Kranführer agiert, ist es wichtig, ständig über den vertikalen und horizontalen Bodenabstand informiert zu werden. So weiß er, um wie viele Meter er den Heli absenken und wie weit er ihn noch vorwärtssteuern muss.

»Ab drei, vor sechs Meter; ab zwei, vor vier Meter; ab ein, vor zwei Meter. Höhe halten, vor ein Meter. Position halten.« Allmählich tasteten wir uns an die zu rettenden Objekte heran – »Ab halben Meter.« –, bis ich wieder Boden unter meinen Füßen spürte: »Kontakt. Entlasten.« Erst dann klinkte ich mich aus, meldete »Heli frei«, und der Pilot zog den Hubschrauber vom Gipfel weg.

Nun stand ich bei strahlendem Wetter auf 4478 Meter, aber zum Spaß war ich leider nicht hergekommen. Als ich mich den Bergsteigern näherte, die um Hilfe gerufen hatten, erkannte ich sie wieder: Es waren die vier mit Klowasser kochenden Spanier. Ein kleines Lächeln konnte ich mir nicht verkneifen. Am Abend zuvor hatten sie noch gesagt, ich solle mich um meine Probleme kümmern, und nun, nur einen Tag später, waren sie zu meinem Problem geworden.

Den vieren ging es nicht besonders gut, und so beschloss ich, sie besser nicht auf den vergangenen Abend anzusprechen. Von Bauchkrämpfen gequält, saßen sie ziemlich bleich und erschöpft auf dem Gipfel im Schnee. Das war wohl Strafe genug. Bevor ich den Hubschrauber aufrief, machte ich die Männer für die Tau-Bergung bereit und erklärte ihnen, dass wir zuerst an der Hörnlihütte zwischenlanden würden. »Ein Arzt der Air Zermatt wartet dort, er wird euch in Empfang nehmen, untersuchen und dann entscheiden, ob eine Einweisung ins Krankenhaus nötig ist.«

Der Hubschrauber flog an, ich wies ihn wie üblich ein und befestigte erst zwei der vier kranken Bergsteiger am Seil.

Ob sie wohl bei diesem Flug noch mehr Bauchschmerzen bekamen? Denn unter einem Helikopter hängend weit über 1000 Meter hoch durch die Gegend zu fliegen ist nicht unbedingt jedermanns Sache. Nach dem zweiten Anflug schwebte ich mit den beiden anderen Männern zurück zur Hütte. Dort wurden die erleichterten, aber immer noch kreidebleichen Patienten untersucht, nach Zermatt geflogen und an den diensthabenden Arzt überwiesen.

Haben die vier Spanier wohl etwas aus dieser Geschichte gelernt? Ich hoffe es. Aber eines ist sicher: Der Ausflug zum Matterhorn wäre für sie viel billiger geworden, wenn sie Wasser auf der Hütte gekauft hätten. Denn was sind ein paar Schweizer Franken gegen die immense Gebühr von etwa 4000, die sie nun für ihre Rettung berappen müssen?

Um zu verhindern, dass sich so etwas wiederholt, spielte ich kurz mit dem Gedanken »Kein Trinkwasser« an die Kloschüssel zu schreiben, entschied mich dann aber doch, auch in Zukunft auf den gesunden Menschenverstand zu zählen.

Es kann nur besser werden

Im Moment ist Wassermangel kein Thema. Eher ein Zuviel an Schnee. Seit zwei Tagen bin ich dabei, mit einer kleinen Schneefräse die Terrasse von ihrer Schneelast zu befreien, damit wir die vierzehn Tische mit allen Stühlen dort aufstellen können und sie im Essraum, wo sie zurzeit lagern, keinen Platz wegnehmen.

Alle Räume der Hütte sind bereits geputzt und die Betten frisch bezogen. Auch sämtliche Bilder haben wir wieder aufgehängt. Da es in den neun Wintermonaten kühl und ziemlich feucht in der Hütte ist, nehmen wir sie ab, sonst würde das Papier wellig werden und schimmeln. Die Wasser- und Gasleitungen sind angeschlossen, der Stromgenerator hat frisches Öl und einen sauberen, technisch überholten Motor, und auch die Wasserfassung ist endlich in Betrieb. Nach einer Woche ist unsere Hütte damit wieder auf Vordermann.

Inzwischen ist es Juli und tagsüber angenehm warm. Selbst auf 3260 Meter Höhe herrscht schönstes T-Shirt-Wetter.

Doch sobald es Abend wird, ist es empfindlich kalt, weshalb wir uns mal wieder in der Küche, dem wärmsten Raum der Hütte, aufhalten. Auch im Sommer ist die Hütte ständig Temperaturschwankungen ausgesetzt. Nach ein paar warmen Tagen kann es im August plötzlich schneien, und es wird schlagartig kalt. Dann ist die Küche am sichersten, denn hier wird gekocht, und der Gasherd ist fast dauernd in Betrieb. Nicht nur das Team, auch die Bergführer nehmen hier oft und gerne Platz. Da ist zum einen die kleine Küchenbar, um die sich alle versammeln. Und zum anderen der Küchentisch, an dem selten ein Stuhl frei ist. Manchmal hat man das Gefühl, die Küche platze aus allen Nähten. Aber es gibt auch Zeiten, in denen es hier wunderbar still ist, so dass ich lesen, nachdenken und wie jetzt schreiben kann. Das geht allerdings meistens mit schlechtem Wetter einher, weil auf der Hörnlihütte dann weniger zu tun ist.

Am Anfang jeder Saison mache ich mir Gedanken, wie die neuen Mitarbeiter sich wohl den Sommer auf der Hütte vorstellen. Theoretisch habe ich sie zwar darauf vorbereitet, aber in der Praxis sieht es dann häufig ganz anders aus. In der ersten Woche ist es in den Räumen noch feucht und kalt, es dauert seine Zeit, bis alles durchgelüftet und getrocknet ist. Denn während des neunmonatigen Winterschlafs sind alle Türen, Fenster und Fensterläden geschlossen. Das lässt ein Haus in dieser Höhe zur Tiefkühltruhe werden. Vor allem die ersten sieben bis zehn Saisonabende können daher sehr ungemütlich werden, und den neuen Kollegen fällt es dann oft schwer, sich vorzustellen, dass das im Laufe der Zeit noch mal anders wird …

Selbst ich denke an dem einen oder anderen dieser bitterkalten Abende über den Sinn und Unsinn meiner ungewöhnlichen Arbeitsstelle nach – und hoffe, dass keiner der Neuen das Handtuch werfen wird.

Die behagliche Wärme in der Küche genießend, sitzen wir um den großen Esstisch und unterhalten uns. Alle scheinen glücklicherweise sehr froh, hier oben zu sein. Es ist eben doch ein magischer Platz, für den man gern ein paar Unannehmlichkeiten in Kauf nimmt. Viele Mitarbeiter empfinden es sogar als Privileg, hier oben arbeiten zu dürfen. Natürlich gibt es Tage, an denen die Laune im Keller ist und die Nerven blankliegen. Aber am Ende ziehen einen das Matterhorn und die Hörnlihütte in ihren Bann.

Stephan bereitet das Abendessen vor. Es sind stets ziemlich große Portionen, die auf die Teller kommen, denn in dieser Höhe verbraucht man viel mehr Kalorien als im Tal, und die zum Teil körperlich schwere Arbeit tut ihr Übriges. Wir besprechen den kommenden Tag: Was gibt es noch zu erledigen? Das Wichtigste ist zwar erst einmal geschafft, denn die Hütte ist funktionsfähig. Aber viel ist hier Improvisation, wir denken und handeln von einem Tag zum anderen. Fertig ist man eigentlich nie …

Bis die ersten Bergsteiger eintreffen, wird es noch ein paar Tage dauern, denn noch liegt zu viel Schnee am Berg. Eigentlich genug Zeit, um nun alle möglichen Arbeiten rund um die Hütte zu verrichten, wie zum Beispiel den Wanderweg zur Hütte freischaufeln, so gut es geht. Allerdings liegt auch dafür noch zu viel Schnee, so dass wir geduldig abwarten müssen, bis die Sonne *ihre* Arbeit getan hat.

Immerhin verkündet der Wetterbericht auch weiterhin mildes, sonniges Wetter. Ein vielversprechender Auftakt, schließlich ist gutes Wetter einer der wichtigsten Faktoren für einen erfolgreichen Sommer. Eine Wirtschafts- oder Währungskrise trifft uns hier oben nicht sonderlich schwer. Aber wenn das Wetter eine Krise hat, dann bleiben die Touristen weg. Die Sonne ist also unsere engste Verbündete. *Das* bedeutet für uns

»mit der Natur leben«. Es ist weniger eine romantische als eine praktische Angelegenheit.

Für morgen habe ich mich mit Helmut verabredet. Er ist Bergführer und für die technischen Installationen des Bergführer-Vereins rings um Zermatt verantwortlich, also auch für die Fixseile am Matterhorn. Da das Matterhorn meistens über den Hörnligrat, den klassischen Weg der Erstbesteiger, erklommen wird, wurden die heiklen Kletterstellen mit Fixseilen versehen und somit entschärft und gesichert. Diese etwa drei Zentimeter dicken Seile sind in Zehn- bis Zwanzig-Meter-Abständen an massiven Eisenstiften angebracht. Früher waren es Hanfseile, inzwischen werden sie aus Kunstfaser hergestellt. Die Seile müssen abriebfest, extrem stabil und beständig gegen UV-Strahlung sein. Schließlich halten sich pro Saison bis zu 2500 Bergsteiger daran fest. Und die möchten sich keine Gedanken darüber machen, ob die Seile auch wirklich halten. Um das zu gewährleisten, werden die Seile am Anfang und am Ende jeder Sommersaison kontrolliert und wenn nötig ersetzt. Morgen früh gegen acht Uhr wird ein Hubschrauber der Air Zermatt mit Ersatzmaterial an Bord auf der Hütte eintreffen, um Helmut und mich zu den Fixseilen auf 4300 Meter Höhe zu fliegen, wo wir mit der Kontrolle und Reparatur der Seile beginnen werden. *Wie* wichtig das ist, musste ich vor Jahren am eigenen Leib erfahren.

Wenn alle Stricke reißen ...

Am 6. Juli 1984 trafen mein Freund Philipp und ich am Nachmittag auf der Hörnlihütte ein, wo wir von Hüttenwart Franz begrüßt wurden, der uns die Schlafplätze zuwies. Wir waren damals beide seit einem Jahr in der Ausbildung zum Bergführer und wollten am folgenden Tag eine Trainingstour durch die Matterhornnordwand machen.

Die Matterhornnordwand ist eine der drei klassischen Nordwände der Alpen. Nach der Eiger- (1700 Meter) und der Grand-Jorasses-Nordwand (1300 Meter) im Montblanc-Massiv an der Grenze zwischen Frankreich und Italien ist sie mit 1200 Meter Höhenunterschied ein etwas kleineres Kaliber. Wegen der heiklen Kletterei im oftmals vereisten Fels und weil sie nur sehr schlecht abzusichern ist, gilt sie dennoch als die Wand mit dem größten Restrisiko.

Deshalb und um Fragen nach dem Warum und Wieso aus dem Weg zu gehen, sagten Philipp und ich unseren Eltern nicht die ganze Wahrheit und erklärten, wir wollten die – wesentlich einfachere – Route über den Hörnligrat nehmen, die ich auch bereits einmal gegangen war. Einer Nordwandbesteigung hätten sie nie und nimmer zugestimmt.

Doch Onkel Richard, der Bruder meiner Mutter, wusste Bescheid. Er selbst hatte uns einige Tage zuvor angerufen und grünes Licht gegeben. Er kennt das Matterhorn wie seine Westentasche, stand als Bergführer schon über 800 Mal auf dem Gipfel und hält bis heute den Rekord. Das Wichtigste bei der Besteigung der Nordwand sei der richtige Zeitpunkt, hatte er am Telefon betont – und nun passe es.»Das Wetter, die Temperatur und die Verhältnisse in der Wand sind ideal.«

Philipp und ich saßen in der Küche der Hörnlihütte und schmiedeten einen Schlachtplan für den kommenden Tag. Die Route hatten wir uns schon genau angeschaut, nun kam es vor allem auf einen guten Zeitplan an: Wann gehen wir los? Wann erreichen wir den Einstieg? Wann wollen wir auf dem Gipfel stehen? Die Zeitplanung ist ganz entscheidend für eine erfolgreiche Besteigung. Denn wenn einem die Zeit davonrennt, wird es dunkel, kalt, und unter Umständen muss man über Nacht im Fels biwakieren. Das gilt es unbedingt zu vermeiden. Läuft aber alles nach Plan, ist eine Durchsteigung der Nordwand innerhalb eines Tages möglich: Angegeben sind, laut Routenbeschreibung, zwölf Stunden für die Durchsteigung und weitere vier Stunden für den Abstieg über den Hörnligrat. Die tatsächliche Dauer der Tour hängt jedoch sowohl von der körperlichen Verfassung des Bergsteigers, seiner Konzentrationsleistung und Erfahrung als auch von den Wetterverhältnissen und den Bedingungen in der Wand ab.

Philipp und ich hatten in den letzten Jahren viele Touren zusammen unternommen. Wir waren ein Team und kannten unsere Stärken und Schwächen, was für solch eine Besteigung unabdingbar ist, da man sich als Zweier-Seilschaft absolut aufeinander verlassen muss.

An jenem Abend gingen wir sehr früh schlafen, denn wir wollten lange vor dem Morgengrauen starten. Als ich im Bett lag, wanderten mir tausend Gedanken durch den Kopf. Unentwegt sah ich die Route vor mir und wiederholte im Geiste unseren Zeitplan. Es fiel mir schwer, Ruhe zu finden. Die Matterhornnordwand war eine neue Herausforderung. Aber ich wusste auch, dass es genau dieser besonderen Anspannung bedurfte, um das Vorhaben in die Tat umzusetzen.

Kaum war ich eingeschlafen, klingelte auch schon der Wecker. Es war zwei Uhr in der Früh, eine ungewöhnliche Zeit, den Tag zu beginnen. Dennoch war ich schlagartig hellwach. Und nur zehn Minuten später standen wir fertig angezogen im Frühstücksraum. Hüttenwirt Franz hatte uns das Frühstück bereitgestellt. Doch da wir nicht mit vollem Bauch in die Nordwand steigen wollten, aßen wir nicht allzu viel. Unterwegs würden wir immer wieder kleine Portionen, einen Müsliriegel oder Schokolade, zu uns nehmen, um unseren Energiehaushalt stabil zu halten.

Bereits angeseilt verließen wir rasch die Hütte, denn für jede Minute, die wir jetzt gewannen, würden wir abends dankbar sein. Schon wenn man zehn mal zehn Minuten verliert, weil man trödelt oder die Zeit einfach nicht ernst nimmt, hat man am Ende aller Wahrscheinlichkeit nach ein echtes Problem. Zeit ist in diesem Fall nicht Geld, sondern um ein Vielfaches kostbarer …

Eine halbe Stunde später standen wir am Wandfuß. Es war natürlich noch stockdunkel und somit schwierig, den richtigen Einstieg in die Wand zu finden. Da halfen auch unsere Stirnlampen nichts. Es gibt dort keinen Weg, dem man folgen

40

kann. Dennoch stiegen wir zügig, ohne uns sichern zu müssen, die ersten paar hundert Meter hinauf.

Gegen halb sechs brach langsam der Morgen an, so dass wir uns endlich besser orientieren konnten. Wohl oder übel mussten wir jedoch erkennen: Wir waren viel zu weit links! Also mussten wir nun knapp 200 Meter horizontal nach rechts queren. Das kostete nicht nur Kraft und Konzentration, sondern auch Zeit. Wir würden sicher mehr als eine Stunde verlieren. Aber es blieb uns nichts anderes übrig. Zurück auf der richtigen Linie, ging es dann gut voran. Wetter, Temperatur und Schneeverhältnisse waren optimal. Obwohl man das tatsächlich immer erst dann weiß, wenn man an Ort und Stelle ist, hatte mein Onkel es exakt vorhergesagt.

Auf 4200 Metern wurde es zunehmend wärmer, und Steinschlag setzte ein. Während niedrige Temperaturen die losen Steine ganz gut zusammenhalten, wird die Wand bei Erwärmung der Luft langsam lebendig. Die Devise konnte also nur lauten: Nichts wie weg!

Zum Glück hatten wir es nicht mehr weit – der Gipfel schien in greifbarer Nähe. Und zwei Stunden später standen wir tatsächlich ganz oben auf dem Matterhorn! Nie hätte ich gedacht, dass ich als Bergführer noch mehr als dreihundertfünfzig Mal auf diesem Gipfel stehen würde … Überglücklich und stolz gratulierten Philipp und ich einander. Es war zwölf Uhr; wir hatten die Matterhornnordwand also in nur acht Stunden geschafft!

Nach einer kurzen Pause, die wir nutzten, um uns körperlich zu stärken, begannen wir mit dem Abstieg über den Hörnligrat. Wir schätzten, in drei Stunden zurück auf der Hörnlihütte zu sein. Bereits nach fünfzehn Minuten erreichten wir die Fixseile, die einen zügigen Abstieg über die steilen Stellen im oberen Teil des Hörnligrats ermöglichen.

Da die Fixseile in diesem Sommer noch nicht kontrolliert worden waren, denn die Saison fing ja gerade erst an, war äußerste Vorsicht geboten. Starker Frost und heftiger Wind können die Seile über den Winter regelrecht durchscheuern. Auch mein Onkel hatte uns gewarnt: »Ihr müsst jedes Fixseil genau auf mögliche Schwachstellen überprüfen. Unbedingt!«

Doch in unserer jugendlichen Euphorie nach erfolgreicher Nordwandbesteigung vergaßen wir schon bald seine Warnungen. Mit beiden Händen hielt ich mich am Fixseil fest und ließ mich über den »Kreuzsatz«, einen fünfzehn Meter hohen, senkrechten Absatz, hinunter. Unten angekommen, kletterte ich weiter hinab. Ich dachte, Philipp würde mir folgen, als ich plötzlich einen Schatten auf mich zufliegen sah. So fest es ging, klammerte ich mich ans Fixseil, und im nächsten Moment traf mich ein gewaltiger Schlag. Ich stürzte. Unmittelbar neben mir ging es auf beiden Seiten mehr als 1000 Meter in die Tiefe! Erst allmählich realisierte ich, was passiert war: Philipp lag auf meinem Rücken und hielt sich krampfhaft an mir fest, während ich – zum Glück – immer noch das Fixseil umklammerte. Doch das Schlimmste war vorüber. Langsam und sehr vorsichtig standen wir auf. Was war passiert?

Philipp hatte sich hinter mir am Fixseil festgehalten, als es riss, und war etwa acht Meter im freien Fall auf mich gestürzt. Wir schauten uns das Ende des Seils an. Wie befürchtet war es bis auf einen dünnen Strang durchgescheuert gewesen. Wir hatten riesengroßes Glück gehabt! Uns zitterten die Knie, aber abgesehen von ein paar blauen Flecken war alles heil geblieben.

Die restlichen sieben Fixseile behandelten wir, als wären sie aus Porzellan, und sicherten uns zusätzlich. Von jugendlichem Übermut keine Spur mehr. Der Schock saß uns tief in den Knochen. Auf unsicheren Beinen stiegen wir den Hörnligrat weiter hinab – und das dauerte. Zumal unsere Konzentration ziemlich hinüber war, der Kopf war einfach nicht mehr frei, denn unser Sturz beschäftigte uns bei jedem einzelnen wackeligen Schritt.

Nach drei, vier Stunden hatten wir es dann geschafft. Das war zwar immer noch eine recht gute Zeit, aber wir waren jung, gut trainiert und bestens vorbereitet. Und nach einem hervorragenden Aufstieg durch die Nordwand wäre ein ebenso reibungsloser wie schneller Abstieg ein beachtlicher Erfolg gewesen. In dem Moment waren wir jedoch vor allem froh, mit ein paar Blessuren davongekommen zu sein.

Endlich zurück in der Hütte, berichteten wir von unserer Tour – und natürlich von dem gerissenen Fixseil, denn das musste ja so schnell wie möglich ersetzt werden. Keinem Bergsteiger nach uns sollte das Gleiche widerfahren.

Hüttenwart Franz gratulierte uns trotz allem zur gelungenen Besteigung und sagte:»Ich habe noch eine schöne Überraschung für euch!«

Zu unserer großen Freude saß ein Pilot der Air Zermatt in der Küche. Siggi hatte die Hütte gerade per Helikopter mit Lebensmitteln versorgt, als Franz Philipp und mich beim Abstieg am Hörnligrat mit dem Fernglas erspäht hatte.»Dann warte ich auf die beiden und bringe sie mit dem Heli runter ins Dorf«, hatte Siggi spontan entschieden.

Das war natürlich super! Der Abstieg nach Schwarzsee hätte noch einmal eine Stunde gedauert. Und wahrscheinlich hätten wir auch noch die letzte Gondel verpasst, was weitere zweieinhalb Stunden Fußmarsch bis nach Zermatt bedeutet hätte. Stattdessen wartete nun das Flugtaxi auf uns. So hatten wir sogar noch Zeit, etwas zu essen und uns in Ruhe von allen zu verabschieden.

Ein intensives Erlebnis … und auch Jahre später musste ich oft an diesen Tag denken.

Philipp kam leider 1991 in Ausübung seines Berufs als Bergführer auf tragische Weise ums Leben. Aber er wird mir immer als loyaler und sehr guter Freund, mit dem ich zum ersten Mal die Matterhornnordwand durchstieg, in Erinnerung bleiben. Außerdem war Philipp auch maßgeblich an meiner Entscheidung beteiligt, Bergführer zu werden. Ihm habe ich es mit zu verdanken, dass ich heute einen der schönsten Berufe ausüben darf. Denn meine Lebensplanung sah eigentlich ganz anders aus.

Versprochen
ist versprochen

Von 1978 bis 1982 absolvierte ich eine Ausbildung zum Maschinenmechaniker bei der Gornergrat-Bahn, der Zahnradbahn, die von Zermatt auf den 3100 Meter hohen Gornergrat führt. Durchaus ein interessanter Beruf, mir wurde aber schnell bewusst, dass ich in einem Anstellungsverhältnis nicht meine Zukunft sah. Ich arbeitete viel lieber im Freien und nutzte während dieser Zeit jede Möglichkeit, der Werkstatt zu entfliehen.

Mein Vater war damals Technischer Leiter bei der gleichen Firma und für die Luftseilbahnen und Skilifte zuständig. Immer wieder bat ich ihn darum, mich doch für die Wartung und Instandhaltung der Seilbahnen aus der Lehrwerkstatt abzuziehen. Das bedeutete eine Arbeit, oft auch mit ihm zusammen, an der frischen Luft. Und hin und wieder erfüllte er mir diesen Wunsch. Die Tätigkeit war abwechslungsreich, ich konnte viel lernen, und die meiste Zeit verbrachten wir draußen in der Natur.

Zum Team meines Vaters gehörte schon seit ein paar Jahren ein Mann namens John, ein passionierter Bergsteiger aus Kanada, mit dem ich mich schnell anfreundete. Seine Leidenschaft war auch der Grund, weshalb er nach Zermatt gezogen war. In Nordamerika gibt es zwar ebenfalls viele Berge, darunter auch Viertausender – vor allem in Colorado –, doch die Alpen sind viel besser erschlossen und einfacher zu erreichen. Ständig war John auf der Suche nach einem Seilpartner, mit dem er eines seiner alpinen Ziele verwirklichen konnte. Und so fragte er auch mich, ob ich nicht Lust hätte, ihn auf einen Viertausender zu begleiten.

Ich? Mit Bergsteigen hatte ich bis dahin gar nichts am Hut. Sogar meine Eltern rieten mir davon ab. Denn viele meiner Vorfahren waren Bergführer gewesen, und daher wussten wir auch und vor allem um die Nachteile dieses Berufes: die Wetterabhängigkeit, das hohe Risiko und unsichere Einkommen – und so hatte ich keine Ambitionen, es ihnen gleichzutun. Meine Leidenschaft war (und ist) das Skifahren. Zusammen mit Freunden verbrachte ich jede freie Minute auf der Piste.

John lag mir jedoch immer wieder in den Ohren. Er gab nicht nach, und irgendwann formulierte er sogar ein ganz konkretes Ziel: Ich sollte mit ihm im kommenden Sommer die 4634 Meter hohe Dufourspitze des Monte-Rosa-Gebirgsmassivs besteigen. Irgendwann sagte ich zu, weniger aus Lust und Überzeugung, als aus Höflichkeit und um ihm einen Gefallen zu tun. Bis dahin dauerte es noch gut fünf Monate, und ich hoffte insgeheim, er würde mein Versprechen vergessen.

Im Sommer 1979 war es dann aber so weit. Mir war das Versprechen längst entfallen, John hingegen nicht. Er betrat die Werkstatt und kam direkt auf mich zu. Meine schlimmste Befürchtung wurde wahr: »Für das kommende Wochenende ist schönes Wetter angesagt, die Verhältnisse an der Monte Rosa sind ideal. Wir könnten am Samstag aufbrechen und Sonntag die Besteigung in Angriff nehmen.«

Ich schluckte zweimal und suchte nach einer Ausrede. Aber weil ich keine Schwäche zeigen wollte, sagte ich wohl oder übel zu. Als absoluter Neuling war ich natürlich voll und ganz auf John und seine Erfahrung angewiesen. Er erklärte mir ausführlich, was ich in meinen Rucksack packen sollte. Dennoch rief ich am Abend nach Feierabend Onkel Richard an und fragte ihn über die Monte-Rosa-Tour aus.

»Das ist keine ideale Einsteiger-Tour«, gab er zu bedenken. Technisch zwar nicht schwierig, aber lang. »Bis zur Monte-Rosa-Hütte sind es ab der Bergstation Rotenboden etwa zwei Stunden zu Fuß. Die eigentliche Besteigungstour beginnt am nächsten Tag mit etwa viereinhalb Stunden über Gletscher und Firnfelder bis an den felsigen Gipfelaufbau. Das ist lang. Dann erwarten dich noch mal anderthalb Stunden anstrengende Kletterei mit Steigeisen bis zum Gipfel.«

Ich rechnete: also gut und gerne sechs Stunden von der Hütte bis zum Gipfel. Der Abstieg zur Hütte, so erfuhr ich ebenfalls von Richard, dauerte ungefähr drei Stunden. Und dann war ich immer noch lange nicht zu Hause. Nach dieser Schilderung sah ich dem kommenden Sonntag mit noch gemischteren Gefühlen entgegen. Wie konnte ich John so etwas nur versprechen? Am Sonntag musste ich mich nun an die zwölf Stunden in einem Gebirgsmassiv abquälen und am Montagmorgen bereits um sieben Uhr wieder in der Werkstatt stehen. Was für ein Alptraumwochenende! John hatte mich überredet, aber nicht überzeugt, und ich wollte diesen Ausflug in die Welt der Berge einfach nur so schnell wie möglich hinter mich bringen.

An jenem Samstag saßen wir nun in der Monte-Rosa-Hütte und teilten uns den Tisch mit anderen Bergsteigern. Alle waren gut gelaunt und freuten sich auf ihre bevorstehende Tour, sie waren ja auch freiwillig und gerne hier. Es war achtzehn Uhr, und das Essen wurde serviert. In der Hoffnung, während der morgigen Tour noch ein wenig von diesem Mahl zehren zu können, langte ich ordentlich zu. John erklärte mir unterdessen fröhlich den weiteren Ablauf: »Um zwei Uhr werden wir geweckt, nach einem schnellen Frühstück sollten wir eine halbe Stunde später losgehen.« John ging, anders als mein Onkel, davon aus, dass wir schon um acht Uhr den Gipfel erreichen würden.

Nachdem alles gepackt war, lagen wir früh im Bett, aber an Schlaf war nicht zu denken. Die Luft in dem Zimmer, das wir uns mit fünfzehn anderen Leidensgenossen teilten, war entsprechend stickig, und der ein oder andere schnarchte kräftig. Bravo, dachte ich mir, was für ein super Samstagabend! So stellt man sich als Neunzehnjähriger sein Wochenende vor ... Irgendwann gegen Mitternacht schlummerte ich dann endlich ein, nur um zwei Stunden später wieder aus meinen Träumen gerissen zu werden.

Nun begann sie also, die erste Bergtour meines Lebens. Ich konnte mir Schöneres vorstellen. Endlos zogen sich die Firnfelder und Gletscher vor uns hin, und ich trottete angeseilt hinter John her. Wir waren kein gleichwertiges Team. John, Mitte dreißig, war ein begeisterter geübter Bergsteiger und ich, ein Jungspund, folgte ihm einfach nur genervt und gelangweilt. Mit dem Licht der Stirnlampe konnte ich nicht weit sehen, was vielleicht auch besser war, denn so erkannte ich wenigstens nicht, wie viel Weg wir noch vor uns hatten. Das hätte meine ohnehin üble Laune nur verschlechtert.

Als die Sonne aufging, erreichten wir die Felsen im oberen Teil der Tour und kletterten in Richtung Gipfel, was mir wesentlich mehr Spaß machte, als das öde Wandern über weite Eisfelder. Die Kletterei war nicht schwierig, aber inzwischen spürte ich die immer dünner werdende Luft. Wir folgten dem Grat: über Felsaufschwünge und einem scharfkantigen Firngrat. Erste große Felsblöcke umgingen wir rechts, dann wechselten wir nach links auf die Nordseite, wo wir einen schmalen Felssims überwinden mussten. Über weitere große Felsen kletterten wir zur letzten kleinen Felsscharte. Dann standen wir in einem senkrechten zehn bis zwölf Meter hohen Kamin, der mit Fixseilen entschärft war. Oben angekommen, ging es nur noch ein paar Meter flach über den Grat bis zum kleinen metallenen Gipfelkreuz. All die anderen Seilschaften waren noch weit hinter uns, und so standen wir alleine auf dem Gipfel. Nun war ich doch glücklich und vollkommen überwältigt, nach dieser Anstrengung endlich hier oben zu stehen. Es war ein erhabenes Gefühl. John gratulierte mir zu meinem ersten Viertausender. Und was für einer! Die Dufourspitze im Monte-Rosa-Gebirgsmassiv ist der höchste Punkt der Schweiz und nach dem Montblanc in Chamonix der zweithöchste Gipfel der Alpen. Und wir hatten ihn in fünf Stunden erklommen. Ich war mächtig stolz.

Das Bergsteigen soll kein Wettrennen sein, aber die Zeit, die man für eine Besteigung benötigt, gibt natürlich Aufschluss über die Kondition eines Bergsteigers – die offenbar sehr gut war – und, in diesem Fall, die Führungsqualität von John.

An jenem Tag begriff ich auch, dass der Gipfel nur die Hälfte einer jeden Besteigung ist, denn wir mussten natürlich wieder runter, und der Abstieg war ebenso anstrengend und kräftezehrend wie der Aufstieg. Aber am Ende wartete eine anständige Mahlzeit auf uns. Sepp, der damalige Hüttenwart der Monte-Rosa-Hütte, servierte uns eine deftige Käseschnitte, mit der wir unserem Körper die verlorengegangene Energie wieder zuführten.

Nach einer einstündigen Pause machten wir uns auf den Weg nach Zermatt. Todmüde, aber glücklich kam ich zu Hause an. Nie zuvor war ich so müde gewesen. Und so zufrieden! Und kaum ein wenig ausgeruht, erwischte ich mich schon bei dem Gedanken an eine neue Bergtour. Das Bergsteigervirus hatte mich voll erwischt, und auch in den kommenden Tagen war ich ständig mit neuen Besteigungsprojekten beschäftigt: Bereits am nächsten Wochenende wollte ich eine weitere in Angriff nehmen. An den folgenden Wochenenden erklomm ich mit meinen Freunden sieben oder acht Viertausender rings um Zermatt, und mit jedem weiteren Berg wuchs der Drang nach mehr. Enge Hüttenkojen, schnarchende Zimmergenossen und verpasste Ruhetage konnten mich nicht mehr abschrecken. Im Gegenteil, das Bergsteigen mit allem Drum und Dran war ein fester Bestandteil meines Lebens geworden. Zudem nahm eine Idee in meinem Kopf mehr und mehr Gestalt an: Vielleicht sollte ich mir mal die Ausbildungskriterien für Bergführer genauer anschauen?

Das war auch die Zeit, in der ich Philipp kennenlernte, der bereits für die Bergführerkurse trainierte. Und so kam es wie es kommen musste: Ich wollte ebenfalls Bergführer werden. Da Philipp und ich nun das gleiche Ziel hatten, trainierten wir jede freie Minute gemeinsam. Die Teilnahme an den Kursen setzte Können und eine gewisse Erfahrung voraus. Ungeübte würden schon den ersten Kurs nicht überstehen und könnten gleich wieder nach Hause gehen. Das sollte uns nicht passieren. Wir teilten unser Trainingsprogramm nach Sommer und Winter auf: Klettern jeglicher Art trainierten wir im Sommer, und in den Wintermonaten absolvierten wir Skitouren für die Kondition oder bestiegen einige Viertausender, was während der Wintermonate eine besondere Herausforderung ist.

Während dieser Zeit musste ich meinen Eltern immer wieder hoch und heilig versprechen, erst meine Ausbildung zum Mechaniker abzuschließen, bevor ich mich für die Bergführerausbildung anmeldete, was ich auch tat. Aber kurz darauf, 1983, meldeten Philipp und ich uns dann endlich zum Bergführerkurs in Grindelwald im Berner Oberland an.

Die praktischen Kurse beinhalteten hochalpine Bergtouren, Klettern im Eis und Fels, Sportklettern, Skibergsteigen, Lawinen- und Rettungstechniken; und die theoretischen beschäftigten sich mit Navigieren mit Karte, Kompass und GPS, Naturkunde und Geographie, Tourenplanung, Lawinenkunde, Erste Hilfe, Naturgefahren sowie Planung und Organisationen von Expeditionen im Ausland. Das Hauptaugenmerk aber lag natürlich auf dem sicheren Führen eines Kunden, der eigentlichen Aufgabe eines Bergführers.

Unser hartes Training war nicht umsonst gewesen. Nach zahlreichen Kursen, in denen wir auf die vielseitigen Anforderungen eines Bergführers geprüft wurden, hatten wir zwei Jahre später unser Ziel endlich erreicht. Ein inzwischen lang ersehnter Wunsch ging in Erfüllung, und wir durften das internationale Bergführerdiplom entgegennehmen.

Oft stellen Zufälle die Weichen des Lebens, sie lenken uns in die eine oder andere Richtung. Man muss die Zeichen nur erkennen. Ohne John wäre ich wahrscheinlich nie Bergführer geworden, und auch die Begegnung mit Philipp war ein Meilenstein. All diese Veränderungen sind mir wichtig, denn höchstwahrscheinlich leben wir nur einmal, und ich bin der Meinung, man sollte die sich bietenden Chancen ergreifen und seine Möglichkeiten nutzen.

Vertrauen ist gut, Kontrolle ist besser

Morgens um acht Uhr stehe ich auf der Hubschrauberplattform und warte auf den Heli aus Zermatt. Helmut ist im Anflug, denn wir wollen heute die Fixseile überprüfen. Es ist windstill, ein weiterer strahlend schöner, warmer Tag, und ich genieße die herrliche Aussicht: ein 360-Grad-Panorama, das nur schwer zu überbieten ist.

So nahe am Matterhorn habe ich auch einen guten Einblick in den Hörnligrat und kann die Verhältnisse dort besser einschätzen, als es jemand von Zermatt aus könnte. Ich nutze die Zeit und rufe Nadine an. Sie ist für die Bergführervermittlung im Alpin-Center verantwortlich.

»Die Verhältnisse am Hörnligrat werden ab morgen akzeptabel sein«, erkläre ich. An einigen Stellen muss man allerdings immer noch größere Schneefelder queren, und das geht nur mit Steigeisen. Das kann heikel werden, vor allem, wenn man als Bergführer einen Gast am Seil hat. Denn die darauf folgende Felskletterei wird durch die Steigeisen erheblich erschwert. Der Hörnligrat ist eine reine Felstour, und je länger man mit Steigeisen klettern muss, desto anstrengender ist es. Und die meisten Gäste der Bergführer sind es nicht gewohnt, mit Steigeisen an den Füßen im Fels zu klettern. Deshalb teile ich Nadine abschließend mit, sie könne den in Zermatt wartenden Gästen sagen, Steigeisengeübten stehe einer Matterhornbesteigung ab morgen nichts mehr im Wege. Sobald ich am Nachmittag wieder zurück auf der Hütte bin, werde ich auch die verschiedenen Bergführerbüros in anderen Teilen der Schweiz, in Frankreich und Italien informieren. Dann kann die Matterhornsaison endlich auch für die Bergsteiger beginnen.

Der Hubschrauber landet direkt neben mir auf der Plattform. Helmut und ein Flughelfer, der als sogenannter Windenmann ausgebildet ist, die Seilwinde zu bedienen, steigen aus, und wir machen alles bereit für die Fixseil-Aktion: Eine Akku-Bohrmaschine, verschiedene Bohrhaken, Kleber zum Leimen der Eisenstifte, eine Eisensäge, ein Hammer, Gummischläuche zum Schutz der Fixseile, diverses Kleinmaterial und etwa fünfzig Meter Reserveseil landen im Materialsack.

Vom Einstieg bis zum Gipfel hat der Hörnligrat eine Höhendifferenz von 1200 Metern. Wegen der Neigung beträgt die effektive Länge aber 2000 Meter. Davon sind auf der Höhe zwischen 4200 und 4350 Meter etwa 150 Meter mit Fixseilen gesichert. Der größte Teil der Route ist also praktisch im Originalzustand mit nur wenigen künstlichen Sicherungspunkten.

Helmut und ich machen uns bereit, ziehen Sitzgurt, Steigeisen und Funkhelm an und kontrollieren die Funkverbindung. Da wir die Steigeisen schon an den Bergschuhen befestigt haben, belasten wir die Füße so wenig wie möglich, um einen Schaden am Hubschrauberboden zu vermeiden. Der Hubschrauber hebt ab, wir passieren Nordwand, Hörnligrat und Solvayhütte, ein Not-Biwak auf 4003 Metern, und gewinnen schnell an Höhe. Es ist der ideale Tag für diese Arbeit, da noch keine Bergsteiger am Berg unterwegs sind und wir mit dem Hubschrauberlärm niemanden stören. Auch wir selbst können ungestört arbeiten.

Auf 4300 Metern werden Helmut und ich an der Hubschrauberseilwinde nacheinander abgelassen. Sobald wir eines der Fixseile mit den Händen ergreifen und uns sichern können, hängen wir den Haken am Windenseil aus und geben dem Piloten über Funk durch, dass er den Heli vom Berg wegziehen kann. Er fliegt zurück nach Zermatt, denn bis wir alles kontrolliert haben, werden sicher zwei bis drei Stunden vergehen, da wir nicht nur die Seile überprüfen, sondern auch die circa 80 Zentimeter langen Eisenstifte checken. Dabei legen wir besonderes Augenmerk auf die Qualität des Felsens, in den sie eingeleimt sind. Die Fixseile sind an diesen Eisenstiften befestigt, und in der Hochsaison kann es durchaus vorkommen, dass bis zu sechs Bergsteiger gleichzeitig an einem Seil hängen, was diese Halterungen enorm belastet. Es ist also lebenswichtig, dass sie richtig verankert sind und der Fels ohne Risse ist.

Wir fangen oben an, überprüfen die einzelnen Seile und Stifte und arbeiten uns dann nach unten vor. Wenn nötig, wechseln wir ein Seil aus und schützen die heiklen Stellen mit einem Gummischlauch, den wir um das Seil legen, um auf diese Weise ein erneutes Durchscheuern zu verhindern.

Es ist kurz vor elf Uhr, als wir mit unserer Arbeit fertig sind und ich der Air Zermatt melde, dass wir wieder abholbereit sind. Bis der Heli eintrifft, haben wir noch genügend Zeit, alles einzupacken und eine Kleinigkeit zu essen. Wir machen auch noch ein paar Fotos von unserer Arbeit, die bei der jährlichen Yeticlub-Versammlung gezeigt werden sollen.

Der Yeticlub wurde 1990 von Stammkunden einiger Zermatter Bergführer gegründet. Zweck dieses Clubs ist es, Bergführer und ihre Familien, die durch Krankheit, Unfall oder Tod in finanzielle Not geraten sind, zu unterstützen. Dank großzügiger Geldzuwendung können aber auch diese dringend nötigen Installationen an den Bergen rings um Zermatt jedes Jahr durchgeführt werden.

Für diese Saison ist nun alles überprüft, und wir können grünes Licht geben. Nachdem wir zurück auf der Hütte sind und das Material für die Fixseilüberprüfung sortiert haben, ist endlich Zeit für eine Pause. Sehr zu unserer Freude haben wir Besuch von ein paar älteren Bergführern bekommen. Auch sie haben das Hörnlihüttenleben vermisst und versammeln sich nach monatelanger Abstinenz an der kleinen Küchenbar. Und wie immer erzählen sie gerne von früher …

Es war
einmal ...

Ihr habt es gut, ihr könnt heutzutage zu jeder Gelegenheit mit dem Hubschrauber rauf und runter fliegen«, ist der Tenor der älteren Bergführer.

Das stimmt, im Gegensatz zu früher haben Bergführer und Retter es heute sicher einfacher. Damals war die Bergrettung noch nicht perfekt organisiert, und die Rettungen wurden ehrenamtlich von freiwilligen Bergführern durchgeführt. Nachdem sie die ganze Woche über mit ihren Gästen am Hörnligrat unterwegs gewesen waren, blieben sie auch noch an ihrem freien Tag, Samstag oder Sonntag, auf der Hörnlihütte, um abgestürzte Bergsteiger zu bergen. Es gab noch keine Hubschrauber, weshalb Verletzte bis ins Tal getragen werden mussten und viele noch am Unfallort oder sogar beim Transport verstarben.

Das mit Abstand Riskanteste waren Leichenbergungen. Die sterblichen Überreste der Bergsteiger lagen damals wie auch heute meist am Fuße der Matterhornostwand. Da die Leichen in der Regel in Rinnen oder Felsabsätzen weit weg von der Normalroute liegen blieben, war die Bergung extrem riskant. Die Retter mussten die Ostwand queren und waren gnadenlos dem Steinschlag ausgesetzt. Dass sie die sterblichen Überreste überhaupt von dort bargen, zeigt den enormen Idealismus und Respekt der Bergführer den Hinterbliebenen und Toten gegenüber. Sonst hätten sie sich kaum dieser großen Gefahr ausgesetzt. Auf ihren Schultern mussten sie die total zerschlagenen Körper zurück zur Hütte tragen. Dort wurden die Toten dann verpackt, auf Maultiere verladen und nach Zermatt transportiert. Die stark verschmutzten Kleider der Retter wurden oft noch auf der Hütte gewaschen, bevor sie sich damit wieder unter die Leute trauen durften.

Erst 1968, nach Gründung der Air Zermatt, wurde diese ungeliebte Arbeit durch Hubschrauber ersetzt. Onkel Richard erinnert sich noch genau an den ersten Hubschraubereinsatz am Matterhorn mit einem befreundeten Bergretter: »Alphons und ich kletterten ungefähr zwei Stunden lang in die Ostwand bis zur Leiche eines abgestürzten Bergsteigers. Wir banden ein Seilstück um seinen Körper und warteten an einer vor Steinschlag geschützten Stelle auf den Hubschrauber. Der sollte den Körper ins Tal fliegen.«

Und während die beiden unter einem Felsvorsprung hockten, sprachen sie ein Gebet für den Verstorbenen. »Als der Hubschrauber eintraf, hing ein langes Seil am Lastenhaken, das wir mit der Leiche verknüpften. Funkgeräte gab es für uns noch nicht, und so hatten wir keinen Kontakt zum Piloten. Das war der Beginn der Hubschraubereinsätze in der Gebirgsrettung, und sehr viel war noch Improvisation.«

Der Heli flog mit dem toten Bergsteiger davon, berichtete Richard, und Alphons und er konnten kaum glauben, welche enorme Erleichterung das für sie bedeutete. Nun konnten sie wieder zurück zur Hütte klettern, und das, ohne die schwere Last tragen zu müssen.

Zu rettende Verletzte gab es in diesen Zeiten nicht sehr viele, da die Überlebenswahrscheinlichkeit von Verunfallten erheblich geringer war. Ganz im Gegensatz zu heute, da 90 Prozent der Einsätze mit Hilfe eines Hubschraubers durchgeführt werden und der Transport dadurch schneller und schonender geworden ist.

Früher kam es sogar oft vor, dass Abgestürzte überhaupt nicht gefunden wurden, denn nach ein paar Tagen waren die Körper meist mit Schnee oder Geröll bedeckt und nicht mehr aufzufinden. Tatsächlich werden seit der Erstbesteigung 1865 immer noch an die fünfundzwanzig Bergsteiger am Matterhorn vermisst.

Bergnot macht erfinderisch

Natürlich verhindern auch Fortschritt und gute Vorsichtsmaß-
nahmen leider keine Unfälle. Aber die Rettungs- und Bergungs-
möglichkeiten haben sich enorm verbessert, und viele kluge
Erfindungen und technische Errungenschaften erleichtern den
Rettern die Arbeit.

Jedes Jahr muss die Zermatter Bergrettung zahlreiche
Menschen retten oder Tote bergen. Letzteres ist eine unange-
nehme Arbeit, denn es ist oft ein furchtbarer Anblick, den man
da zu sehen bekommt. Hinzu kommt die Hilflosigkeit, für den
Abgestürzten nichts mehr tun zu können. Ein Körper, der
1000 Meter vom Berg gefallen und zigmal auf Fels und Eis auf-
geschlagen ist, bleibt meist schrecklich zugerichtet am Fuß des
Berges liegen.

Ich kann mich noch gut an meine erste Bergung vor mehr
als zwanzig Jahren erinnern: Der Körper des Bergsteigers lag
nach dem Absturz vom Hörnligrat am Fuß der Matterhornost-

wand und war grausam entstellt. Ich spürte die Übelkeit in mir hochsteigen und hätte mich fast übergeben. Damals musste ich mich regelrecht dazu zwingen, die sterblichen Überreste mit dem Tau zu verbinden und in den Leichensack zu verpacken. Doch mit der Zeit und den Jahren gewöhnt man sich auch daran. Es ist eine Arbeit, die einfach getan werden muss, ohne sich zu viele Gedanken zu machen.

Wir werden oft gefragt, wie wir damit umgehen: Das Erlebte wird nach einem Einsatz nicht länger als nötig in Erinnerung behalten. Dies kann dann so aussehen, als würde das alles spurlos an uns vorübergehen, weshalb einige vielleicht denken, wir seien hart, kalt und gefühllos. Als Retter darf man sich aber nicht zu sehr damit beschäftigen. Wir hatten schon Kollegen, die mit dem, was sie erlebt haben, nicht umgehen konnten und dann aus dem Rettungsdienst ausgeschieden sind. Man muss Abstand gewinnen und Leichenbergungen als notwendige Arbeit ansehen. Das hat nicht viel mit persönlichen Gefühlen zu tun, bedeutet aber sicher nicht, dass wir keine haben.

Zum Glück findet die Mehrheit der Rettungseinsätze ein glückliches Ende. Was zählt, sind die befriedigenden Einsätze, bei denen Leben gerettet werden. Menschen, die wir aus Gletscherspalten, Lawinen, Fels- und Eiswänden holen, bei schlechtem Wetter, am Tag oder in der Nacht. Vermisste, die wir unversehrt finden, oder Bergsteiger, die sich verirrt und verstiegen haben und meist sehr dankbar für unsere Hilfe sind.

Vor über fünfundzwanzig Jahren habe ich mich zum Rettungsspezialisten ausbilden lassen und bin heute selber als Ausbilder in verschiedenen Kursen tätig.

Das Rettungswesen im Wallis untersteht dem Kanton und ist nach Gemeinden in verschiedene Rettungsstationen aufgeteilt. Wir sind eine davon und zuständig für die Region Zermatt. Auf einer Fläche von 243 Quadratkilometern mit neunundzwanzig Viertausendern haben wir es mit den meisten in Not geratenen Freizeitsportlern zu tun, denn hier halten sich das ganze Jahr über viele Touristen auf. Der Großteil der Einsätze in der Schweiz ist daher bei uns zu bewältigen.

Unsere Rettungsstation setzt sich aus einem Team von zwölf hauptberuflichen Bergführern zusammen, die als Retter auf Abruf im Einsatz sind. In der Hochsaison, während der Sommermonate, decken Bruno Jelk (seit mehr als dreißig Jahren Rettungschef in Zermatt) und ich als sein Stellvertreter den größten Teil des Bereitschaftsdienstes ab.

Während andere Bergführer erst nach ihrer Rückkehr von einer Bergtour eingesetzt werden können, sind Bruno, ein pensionierter Zollbeamter, und ich als Hüttenwart der Hörnlihütte jederzeit abkömmlich und im Notfall verfügbar. Mindestens einer von uns ist immer einsatzbereit: Sollte Bruno mit einem Gast unterwegs sein, führe ich an diesem Tag keine Tour, und umgekehrt. So haben wir pro Jahr an die 140 Einsätze, die jedoch natürlich nicht gleichmäßig über zwölf Monate verteilt sind. Die meisten Unfälle passieren in den Monaten März und April, vor allem aber im Juli und August. Dann werden wir mehrmals täglich um Hilfe gerufen. Oft sind das Routinearbeiten, aber zuweilen auch spektakuläre Rettungsaktionen.

Egal ob Lawineneinsätze, Gletscherspaltenstürze, blockierte Bergsteiger und die Suche nach Vermissten, Bergungen im schwierigen Gelände, von senkrechten bis überhängenden Felswänden, aus Felsschluchten, Eiswänden und manchmal auch aus reißendem Wasser – unser Einsatzspektrum ist vielseitig. Dabei gehört das Evakuieren aus Sessel-, Gondel- und Luftseilbahnen ebenso dazu wie die Bergung von Gleitfallschirmpiloten, die an Bäumen, Hochspannungskabeln und Felswänden hängen geblieben sind. All das kann bei Tag oder während der

Nacht geschehen, bei schönem oder schlechtem Wetter, im Winter wie im Sommer. Kein Einsatz ist wie der andere, wir müssen uns immer wieder neu den Gegebenheiten anpassen. Weil meistens der Hubschrauber zum Einsatz kommt, arbeiten wir eng mit der Air Zermatt zusammen. Denn nur mit einem Hubschrauber ist eine schnelle, sichere und schonende Bergung eines Opfers möglich.

Wann immer es geht, vermeiden wir die Versorgung eines Verunfallten direkt am Berg. Denn oft befinden sie sich an gefährlichen Stellen mit wenig Platz. Wenn sich dann auch noch die Sicht- oder Windverhältnisse verschlechtern, ist man plötzlich mit dem Schwerverletzten am Berg blockiert. Das ist sicher das denkbar Ungünstigste. Deshalb ist unsere Priorität, den Patienten auf dem Zwischenlandeplatz der Hörnlihütte in Sicherheit zu bringen, wo er dann ohne Bedrohung von Steinschlag oder Wetterumschwung vom Arzt betreut werden kann.

Lässt das Wetter aber einen Flug nicht zu, greifen wir auf Bergbahnen, Pisten- und Geländefahrzeuge zurück. Und wenn gar nichts mehr geht, laufen wir zu Fuß bis zum Einsatzort. Bei solchen Rettungen kam es schon vor, dass wir bis zu siebzehn Stunden zu Fuß unterwegs waren. Dann führen wir die Bergsteiger oder tragen die Verletzten zurück ins Tal – wir haben schon Menschen auf 4000 Metern geborgen und runter auf 1400 Meter getragen. Das ist natürlich viel zeitaufwendiger und für den Verletzten weniger angenehm, aber bisweilen ist es die einzige Möglichkeit, sie vom Berg zu holen und in Sicherheit zu bringen.

Manchmal können wir so einen riskanten Einsatz bei Nacht und Nebel verhindern, denn auch Bergretter – je nach Ort sind bei einem solchen Einsatz bis zu zehn von ihnen beteiligt – und Heli-Crew dürfen nicht unnötig erhöhten Risiken ausgesetzt werden. Ist die Situation des Opfers aber lebensbedrohlich, rücken wir natürlich unverzüglich aus.

Unsere Arbeit beschränkt sich jedoch nicht nur auf die Schweiz. Wir wurden auch schon für Auslandseinsätze wie zum Beispiel am Nanga Parbat, einem 8125 Meter hohen Berg in Pakistan, und einigen Himalaya-Riesen in Nepal angefordert. Seit einigen Jahren sind wir für sechs Wochen pro Jahr in Nepal im Einsatz. In alternierenden Zweierteams (Air-Zermatt-Pilot und Bergretter) decken wir die Luftrettung im Himalaya mit ab und bilden – finanziell unterstützt von der 2011 gegründeten »alpine rescue foundation zermatt« (arf) – die lokalen Piloten und Retter aus. Die Haupttätigkeit unserer Rettungsstation und von mir liegt aber in Zermatt und darin, Ausbildungskurse in der Schweiz durchzuführen.

Während der letzten fünfundzwanzig Jahre habe ich an über 1000 Rettungseinsätzen in den Bergen teilgenommen. Ich habe viele negative Erlebnisse mit tragischem Ausgang gesehen. Durch Selbstverschulden – oder weil es das Schicksal so wollte. Viele Bergsteiger überschätzen sich und unterschätzen den Berg. Sie versuchen ihre Ziele zu erzwingen, ohne die Natur zu respektieren. Sie hören nicht auf gutgemeinte Ratschläge. Dabei wäre Zuhören (lebens-)wichtig, gerade dann, wenn die Natur uns etwas sagen will. Wer die Sprache der Natur nicht versteht, sollte einfach auf die Ratschläge der Bergführer und Hüttenwarte hören.

Ich erwähne das aus gutem Grund, denn leider habe ich es schon viel zu oft erlebt, dass Bergsteiger eine Tour wagen, obwohl ich ihnen dringend davon abrate, da die Verhältnisse am Berg schlecht sind und selbst die Bergführer die Tour nicht führen, weil es zu riskant ist. Diese Menschen hören mir gar nicht zu, denn sie glauben, ich gönne ihnen den Gipfel nicht.

Warum sollte ich grundlos von einer Tour abraten und freiwillig auf die Einnahmen der Übernachtung verzichten? Auch für die Bergführer bedeutet das einen Verdienstausfall. Sollte das nicht ein wirklich guter Grund sein, die Ratschläge ernst zu nehmen? Die Hobbykletterer können und wollen aber oft nicht verzichten. Dabei ist es »nur« eine Freizeitbeschäftigung. Doch sie wollen auf Biegen und Brechen ihren Plan in die Tat umsetzen – und dann geht etwas schief. Und für die vom Schicksal so schwer Getroffenen ist es natürlich selbstverständlich, gerettet zu werden. Dass wir unser eigenes Leben bei solchen Einsätzen auch oft aufs Spiel setzen, wird selten erkannt. Die Bergrettung wird zuweilen als selbstverständlicher Service missverstanden. Besonders unschön ist es, wenn ich Bergsteigern helfen muss, nachdem ich ihnen ein paar Stunden zuvor von der Besteigung abgeraten habe. Ich bin überzeugt, einige planen eine Rettung schon von Anfang an mit ein: »Sollte es nicht klappen, dann lassen wir uns eben retten.« So einfach geht das!

Es gibt leider immer wieder Bergsteiger, die sich über diese Problematik keine Gedanken machen. Sie täuschen einen Notfall vor, obwohl ihnen eigentlich nicht viel, oder mitunter gar nicht fehlt. Dank Mobiltelefon und einer guten Versicherung ist die Hemmschwelle stark gesunken. Da kann man »mal eben schnell« alarmieren. Und so bekommen wir es immer öfter mit heiklen Nacht- oder Schlechtwettereinsätzen zu tun, die nicht unbedingt sein müssten. Wenn wir die »Unfallstelle« erreichen, haben wir als Retter dann meist mehr riskiert als die angeblich Verletzten. Sollten solche unnötigen, riskanten Einsätze weiter zunehmen, könnte dies in naher Zukunft die Gebirgsrettung stark einschränken. Das jedoch wäre dann für die wirklich sich in Not befindenden Bergsteiger fatal.

Früher haben in Not geratene Bergsteiger sich durch Rufen, Lichtzeichen oder Leuchtraketen bemerkbar gemacht.

Die Alarmierung war eindeutig komplizierter, und die Bergrettung wurde nur in echten Notfällen in Anspruch genommen. Bergsteiger, die es bei Einbruch der Dunkelheit oder aufgrund eines Wetterwechsels mit der Angst zu tun bekamen, mussten einfach ausharren. Am nächsten Morgen war die Welt wieder in Ordnung, und man konnte den Abstieg fortsetzen.

Jede Alarmierung – ob es sich um einen Notfall handelt oder nicht – bedeutet nicht automatisch, dass ein »Lufttaxi« kommt.

Die Wunderheilung

In der Küche herrschte mal wieder Jubel, Trubel, Heiterkeit. Alle Bergführer waren mit ihren Gästen zurück auf der Hütte und hatten sich um den Tisch versammelt. Jene Bergsteiger, die ohne Führer unterwegs waren, befanden sich aber immer noch am Berg. Einige von ihnen würden es auch bis zum Einbruch der Dunkelheit nicht mehr bis hierher schaffen. Das bedeutete eine Übernachtung irgendwo am Berg, um bei Tagesanbruch den Abstieg dann fortzusetzen. Bei guten Wetterverhältnissen stellt das kein Problem dar, aber gegen 16 Uhr klingelte mein Handy.

»Es ist ein Alarm vom Gipfel des Matterhorns eingegangen. Zwei italienische Bergsteiger. Einer der beiden meldet, er habe eine Höhenkrankheit und könne nicht mehr absteigen.«

Ich lief hinaus und blickte den Berg hoch. Der Gipfel war vollständig im Nebel eingehüllt. Eine Direktrettung mit dem Hubschrauber war definitiv nicht möglich.

»Verbindet mich bitte mit den Italienern, ich würde gerne selber mit ihnen sprechen.«

Es dauerte ein paar Minuten, dann hatte ich einen der beiden am Telefon. Der Italiener sprach sehr schnell, zu schnell, so dass ich ihn kaum verstehen konnte.

»Könntest du bitte etwas langsamer sprechen? Sonst müssen wir es in Englisch versuchen.«

Er gab sich Mühe und erklärte mir, sein Freund habe ein Lungenödem und könne unmöglich vom Gipfel absteigen.

»Wir brauchen unbedingt einen Hubschrauber!«

Ich versuchte ihm die Wettersituation zu erklären: »Solange der Nebel am Gipfel hängt, können wir euch mit dem Hubschrauber nicht holen.« Das Beste wäre, wenn sie sich sofort auf den Abstieg begäben. Bei einem Lungenödem kann die betroffene Person nicht mehr ausreichend Sauerstoff in den Blutkreislauf aufnehmen. Daher ist es wichtig, so schnell wie möglich abzusteigen, denn mit zunehmendem Luftdruck verbessert sich auch der Zustand des Patienten.

»Der Heli kann mich und drei weitere Bergführer bis zur Nebelgrenze auf 4200 Meter fliegen. Von dort kommen wir euch zu Fuß entgegen.« Der Italiener hielt das für keine gute Idee: »Mein Freund kann nicht absteigen, er will mit dem Hubschrauber runtergeflogen werden.«

So langsam wurde ich ungehalten: »Es kommt nicht darauf an, was ihr wollt, sondern was möglich ist! Und zurzeit ist es nur möglich, euch zu Fuß da runterzuholen!«

Die Situation war schwierig, denn solange ich den Patienten nicht sah, konnte ich auch nicht mit Sicherheit sagen, wie gefährlich die Lage war. Mein Gefühl sagte mir jedoch, dass unser italienischer Freund nicht in Lebensgefahr war. Für mich war die Lage ziemlich eindeutig: Es war schon spät am Nachmittag, die Sicht schlecht, und sie hatten noch einen langen

Abstieg vor sich. Sicher war ihnen klar, dass sie es bis zur Hütte nicht mehr schaffen und ihnen eine Übernachtung am Berg bevorstand. Was wäre also einfacher – und vor allem bequemer –, als ein Höhenödem vorzutäuschen. Im Nachhinein ist ein Lungenödem generell nur noch sehr schwer nachweisbar. Und der komfortabelste Weg zurück zur Hütte ist das Lufttaxi – bezahlt von der Versicherung. So weit meine Vermutung, aber dennoch konnte ich einen wirklichen Notfall nicht ausschließen. Ferndiagnosen kommen grundsätzlich nicht in Frage.

Ich forderte bei der Air Zermatt einen Hubschrauber an und organisierte drei weitere Bergführer aus unserem Rettungsteam. Urs, Richi und Helmut saßen nach ihrer Matterhornbesteigung vergnügt in der Küche. Aber als Retter müssen sie jederzeit mit einem Einsatz rechnen.

»Tut mit leid, aber wir müssen noch mal raus«, unterbrach ich ihr Gespräch.

Sofort schoben die drei ihre Kaffeebecher zur Seite und standen auf. Als routinierte Retter wissen sie, dass es nicht viel Zeit für lange Erklärungen gibt. In Windeseile waren sie einsatzbereit. Heli-Pilot Dani rief mich über Funk an: »Ich bin gestartet und werde in zehn Minuten bei euch sein.«

Es hatte leicht zu regnen angefangen, und ich hoffte, der Nebel würde sich nicht noch mehr verdichten, denn das würde unseren Rettungsfußmarsch erheblich verlängern.

Dani landete. Es dauerte nur ein paar Minuten, dann war alles bereit. Wir entschieden uns gegen eine Tau-Bergung. Diesmal würde wegen der Sichtverhältnisse die Winde zum Einsatz kommen, da der Pilot mit geringem Bodenabstand fliegen musste und mit der Winde jederzeit die Möglichkeit bestand, den Retter oder Patienten wieder zurück an Bord zu ziehen. Am Tau ist das nicht möglich.

Ich setzte den Kopfhörer auf und besprach mit Dani das

weitere Vorgehen. Wenn wir uns beeilten, könnte die Aktion noch vor Einbruch der Dunkelheit abgeschlossen sein. Wir flogen in Zweierteams nach oben. Zuerst Richi und ich, dann Urs und Helmut. Nach ein paar Minuten erreichten wir die sogenannte »Schulter« auf 4200 Metern. Hier befand sich die Nebeluntergrenze, höher ging es nicht mehr. Sobald Dani den Hubschrauber fünfzehn Meter über der Schulter im Schwebeflug halten konnte, wurde ich am Windenseil abgelassen. Kurz darauf spürte ich den Fels unter meinen Steigeisen. Ich klinkte mich aus und meldete: »Seil frei.« Beim nächsten Anflug ließ er auch meinen Kollegen Richi ab. Anschließend flog er wieder zurück zur Hütte und holte Urs und Helmut ab. Richi und ich seilten uns in der Zwischenzeit an und machten uns auf den Weg Richtung Gipfel. Ich hoffte, dass uns die beiden Italiener entgegenkämen und wir dadurch Zeit einsparen könnten. Für den Aufstieg benötigten wir etwa eine Stunde. Nach ein paar Minuten – wir waren schon vom Nebel verschlungen – hörten wir den Hubschrauber, der Urs und Helmut ebenfalls absetzte. Fünfzehn Minuten später kam uns eine Zweierseilschaft entgegen. Es waren zwei Deutsche, die sich auf dem Abstieg befanden.

»Habt ihr die beiden Italiener gesehen?«

»Ja, die sitzen oben auf dem Gipfel und warten auf Rettung. Aber so schlecht geht es denen nicht.«

Ich sagte nichts, dachte mir aber meinen Teil. Inzwischen hatten Urs und Helmut zu uns aufgeschlossen, und wir gingen zu viert weiter in Richtung Gipfel. Oben angekommen, erblickten wir die beiden: Einer saß auf dem Schneegrat, der andere lag neben ihm im Schlafsack. Nach einer kurzen Begrüßung sah ich mir den im Schlafsack Liegenden genauer an und befragte ihn zu seinem Gesundheitszustand. Schnell war klar, dass es sich hier um nichts Ernstes handelte. Die beiden wollen aber unbedingt mit dem Hubschrauber zurück zur Hütte transportiert werden.

»Die Sichtverhältnisse sind schlecht. Wir müssen erst eine oder vielleicht auch zwei Stunden absteigen. Dann können wir mit dem Heli zurück zur Hütte fliegen.«

Wir forderten sie auf, sich schnell bereitzumachen, denn bald würde es dunkel werden, aber sie reagierten nicht. Kurzerhand teilten wir die Betreuung der beiden Bergsteiger unter uns auf. Urs und Helmut kümmerten sich um den im Schlafsack liegenden Bergsteiger. Urs beförderte den »Patienten« aus dem Schlafsack und stellte ihn auf die Beine. Meine Kollegen duldeten keine Widerworte, und er tat gut daran, sich nicht zu wehren. Nach einer Matterhornbesteigung ohne Not aus der gemütlichen Hütte geholt zu werden, verbessert nicht gerade die Laune.

Weil der italienische Bergfreund es sich bereits in seinem warmen Schlafsack bequem gemacht hatte, mussten sie ihm Jacke, Handschuhe, Steigeisen und Klettergurt anziehen. Zu guter Letzt verstauten sie den Schlafsack im Rucksack. Das Ganze dauerte vielleicht fünf Minuten, dann waren wir bereit. Richi und ich nahmen den zweiten Bergsteiger ans Seil und schickten ihn voraus. Er wurde von Richi am Seil gesichert, dann kam ich als dritter und letzter unserer Seilschaft. Ich sicherte Richi, für den Fall, dass er einen Sturz des Italieners nicht halten könnte. Urs und Helmut machten es genauso. Mit dieser Methode stiegen wir relativ schnell und sicher ab.

Am Anfang kletterten die beiden noch sehr zögerlich, vor allem der »Höhenkranke«. Unser strenger Ton hatte aber anscheinend motivierenden Einfluss, und es ging bald flott voran. Nach zwanzig Minuten waren wir schon weitaus zügiger unterwegs. Bei keinem der beiden konnten wir gesundheitliche Probleme feststellen. Die beiden schienen das Lungenödem bereits vergessen zu haben. Oder war es eine Spontanheilung? Wie auch immer, bei den Fixseilen hatten wir sogar die zwei

70

deutschen Bergsteiger, die uns beim Aufstieg entgegenkamen, wieder eingeholt.

»Ihr seid aber ganz schön flott unterwegs! Wie nennt man das Problem der beiden? Das muss eine tolle Krankheit sein!«

»Alles nur eine Frage der Motivation«, antwortete ich. Die beiden lachten und ließen uns passieren. Etwas unterhalb der Schulter hatten wir wieder freie Sicht und sahen 1000 Höhenmeter unter uns ganz klein die Hörnlihütte. Ich funkte Dani an, der dort wartete. »Wir sind auf 4100 Metern. Es ist freie Sicht. Ich sag Bescheid, sobald wir abholbereit sind.«

Auch den beiden Italienern teilten wir unser Vorhaben mit. Doch die waren plötzlich von der Idee mit dem Flugtaxi gar nicht mehr begeistert. Hatten sie etwa eingesehen, dass die Höhenkrankheit des einen nicht glaubwürdig war? Befürchteten sie nun, ihre Versicherung könnte diesen Einsatz nicht übernehmen? Genau so war es. Die beiden wollten nun, dass wir sie zu Fuß zurück zur Hütte führten. Sie dachten doch tatsächlich, das wäre billiger. Weit gefehlt! Weil wir für den weiteren Abstieg über den Hörnligrat gut drei Stunden benötigten, würde die ganze Aktion nämlich noch teurer werden. Außerdem mussten meine Bergführerkollegen am nächsten Morgen mit ihren Kunden wieder aufs Matterhorn, dieser Vorschlag kam bei ihnen verständlicherweise nicht wirklich gut an: »Das hier ist kein Wunschkonzert. Ihr wolltet gerettet werden, und hier sind wir. Aber wie diese Rettung abläuft, müsst ihr schon uns überlassen.«

Ein Rückflug war definitiv viel effizienter und sicherer. Ende der Diskussion. Wir machten alles bereit für den Abtransport, dann funkte ich Dani an: »Startklar!« Zuerst zog er mit der Winde unsere beiden Patienten an Bord und brachte sie zurück zur Hütte. Dann kamen Urs, Helmut, Richi und ich in zwei weiteren Rotationen an die Reihe. Inzwischen war es 19.30 Uhr, wir hatten es noch so gerade vor dem Dunkelwerden geschafft.

71

Währenddessen wurde der »höhenkranke« Italiener vom Flugarzt bei der Hütte untersucht. Eine Spitaleinweisung war nicht nötig, denn nichts deutete auf eine ernsthafte Erkrankung hin. Wer hätte das gedacht! Aber sie wurden mit dem Hubschrauber nach Zermatt geflogen und dort dem zuständigen Arzt zur näheren Untersuchung übergeben. Auch wir mussten uns so absichern, damit später nicht plötzlich rechtliche Probleme mit der Versicherung auftraten.

Es gibt nicht viele »Lungenödem-Einsätze« am Matterhorn. Die Bergsteiger hier begeben sich erst am zweiten Tag auf eine Höhe von über 4000 Metern. Sie bleiben dort auch nur für eine kurze Zeit und leiden dadurch sehr selten an Höhenkrankheiten. Anders ist es im Himalaya, wo sich Bergsteiger für lange Zeit auf großer Höhe befinden und viel öfter daran erkranken. Ausgenommen sind die sehr gut akklimatisierten Sherpas, die an die dünne Luft in ihrer Heimat gewöhnt sind. Wenn sich ein Sherpa am Matterhorn befindet, so stellt für ihn die Höhe sicher keine Belastung dar. Er kann es jedoch mit anderen, ungeahnten Problemen zu tun bekommen, und manchmal tun sich regelrechte Abgründe auf …

Der Glaube kann Berge versetzen

Als Edmund Hillary 1953 als Erster auf dem Gipfel des Mount Everest stand, war er nicht alleine dort oben. An seiner Seite war Sherpa Tenzing Norgay.

Die Sherpas sind ein Volksstamm im nepalesischen Himalaya. Sie leben in Dörfern bis auf 5000 Meter Höhe und sind bekannt für sehr gute Höhenverträglichkeit und ihre besondere Verlässlichkeit. Weltberühmt aber wurden sie im Zuge der Erstbesteigung des höchsten Berges der Welt.

Als Anfang des 20. Jahrhunderts der Kampf um die unbestiegenen Achttausender begann, wurden die Sherpas zunächst als Lastenträger, später auch als Führer und Kenner des Himalaya angeheuert. Bis heute sind sie treue und tapfere Begleiter, meist von Bergsteigern aus den Industriestaaten, die sich in Expeditionen an den dortigen Bergriesen versuchen wollen.

1988 habe ich den Sherpa Ang Kami auf einer Expedition Zermatter Bergführer am Lhotse Shar kennengelernt. Mit

8400 Metern ist der Lhotse Shar der vierthöchste Berg der Erde und ein Nachbarberg des Mount Everest. Ang Kami arbeitete für unsere Expedition als Höhenträger. Er gilt noch immer als einer der stärksten Sherpas und hat schon mehrere Achttausender bestiegen. Ich hatte ihn in die Schweiz eingeladen und ihm angeboten, ihn mal mit aufs Matterhorn zu nehmen. Im Sommer 1997 nun nahm er die Einladung an, und ich freute mich, diesen außergewöhnlichen Gast auf der Hörnlihütte zu begrüßen.

Ang Kami und ich sind auf den Tag genau gleich alt. Das war jedoch nicht immer so. Denn als ich ihn einlud, hatte er noch keinen gültigen Reisepass, und so musste er in Nepal zuerst einen beantragen. Ang Kami sollte Formulare ausfüllen und etliche Fragen beantworten wie beispielsweise, wann sein Geburtsdatum war. Ang Kami aber wusste nicht, wann er geboren wurde, weder Tag noch Jahr. So rief er mich an und fragte um Rat. Ich schlug Folgendes vor:»Dass du geboren wurdest, können die Behörden doch sehen, das ist ja nicht erfunden. Also such dir dein Geburtsdatum doch einfach aus.« Denn wie heißt es: Man ist so alt, wie man sich fühlt! Ich finde die Vorstellung sehr schön, nicht zu wissen, wie alt man ist. In unserer industrialisierten und modernen Welt wird sowieso viel zu sehr auf das Alter geschaut. Dennoch war Ang Kami ein wenig ratlos:»Bei uns ist das Alter nicht wichtig, meine Eltern und Geschwister wissen auch nicht, an welchem Tag oder in welchem Jahr sie geboren wurden.«

»Dann gib einfach mein Geburtsdatum an«, schlug ich vor,»so können wir von nun an unseren Geburtstag immer gemeinsam feiern.«

Gesagt, getan. Die Reisepapiere wurden ausgestellt, und seitdem sind Ang Kami und ich am gleichen Tag geboren. Unserer Matterhornbesteigung stand nun nichts mehr im Wege. Ich war sicher, mit ihm, einem erfahrenen Berggänger, der keinerlei konditionelle Probleme hatte und bestimmt schon gut akklimatisiert war, würde das sicher eine entspannte Führung. Auf der Hütte fühlte er sich schnell wohl, und die Umgebung kam ihm vertraut vor. Unsere Berge sind natürlich nicht so hoch wie die in seiner Heimat, aber sie sehen auch ziemlich spektakulär aus. Nach einer kurzen Nacht verließen wir gegen vier Uhr als erste Seilschaft die Hütte in Richtung Hörnligrat – gefolgt von etwa fünfzig weiteren Zweier-Seilschaften. Ang Kami und ich fanden schnell einen gleichmäßigen Rhythmus, was am Hörnligrat gar nicht so einfach ist, denn er ist wie ein riesiges Treppenhaus, dessen Stufen ungleich hoch sind. Gleichmäßigkeit ist beim Bergsteigen aber sehr wichtig; nur so kann sich der Körper der Anstrengung anpassen und diese auch längere Zeit durchhalten. Wir kamen gut voran und gewannen schnell an Höhe. Als es gerade hell wurde, erreichten wir die Solvayhütte. Die restlichen Seilschaften waren weit hinter uns. Wir machten eine kurze Rast, tranken etwas und aßen eine Kleinigkeit. Aber meinen Gast aus Nepal schien etwas zu beschäftigen.

»Ang Kami, was ist los mit dir?«

Er fühle sich unwohl, antwortete er.

»Wieso das?«

Die Achttausender, die er bis jetzt bestiegen habe, erkläre er, seien meist Schneetouren. Schmale Grate, Abgründe und steile Überhänge wie hier sei er nicht gewohnt.

Zwar gibt es im Himalaya auch schwierige Berge, aber nahezu alle Bergsteiger wollen auf die meist technisch eher leichteren Achttausender. Somit konzentriert sich die Arbeit der Sherpas auch meistens auf die »einfacheren« Routen. Eine so schwindelerregende Route wie den Hörnligrat kannte Ang Kami nicht.

Nun gut, dachte ich, aber das kann ich jetzt auch nicht mehr ändern. Und so schlimm wird es wohl nicht sein. Wir stiegen weiter auf. Doch nur eine halbe Stunde später – die Sonne ging gerade auf – bekam Ang Kami es dann richtig mit der Angst zu tun. Denn nun konnte er besonders gut in die Tiefe blicken. »Mir ist der Gipfel nicht so wichtig, ich möchte lieber wieder absteigen«, teilte er mir, etwas blass um die Nase, mit.

Ich glaubte, mich verhört zu haben. Ein Sherpa mit Höhenangst? Das war mir neu!

»Konzentrier dich. Und schau nicht ins Tal. Guck während des Kletterns auf meine Bergschuhe!«

Tapfer kletterte er also weiter hinter mir her. Schließlich erreichten wir auf 4200 Metern die Schulter des Matterhorns. Mein Gast folgte mir in regelmäßigen Schritten, so dass ich nicht wagte, noch einmal nach seinem Befinden zu fragen. Ich hoffte, dass das Thema sich erledigt hatte, und stieg weiter. Wir erreichten die Fixseile; es fehlten also noch 200 Höhenmeter bis zum Gipfel, noch eine Stunde. Dieser Teil ist allerdings der steilste des gesamten Aufstiegs, und als Ang Kami nun zwischen seinen Schuhen mehr als 1000 Meter in die Tiefe schaute, streikte er endgültig: »Ich will zurück.«

Ich versuchte, ihn mit überzeugenden Argumenten zum Weiterklettern zu überreden: »Das wirst du dir nie verzeihen, so kurz vor dem Gipfel! Gerade du als Sherpa!«

Ich appellierte an seine Ehre. Ang Kami jedoch konnte sich nicht vorstellen, auch nur einen Meter weiter zu gehen: »Wenn ich es mir so richtig überlege, habe ich auch eine höllische Angst vor dem Abstieg.«

»Na, dann spielt es ja jetzt auch keine Rolle mehr, wenn wir bis zum Gipfel steigen!«

Resolut befahl ich, mir weiter zu folgen. Wenn ich ihm

doch nur erklären könnte, warum! Normalerweise würde ich so etwas doch nie machen. Ich wusste aber von einer Überraschung, die am Gipfel auf ihn wartete. Schlagartig würde er aus seiner misslichen Situation befreit. Bei jeder Matterhornbesteigung ist nämlich nicht der Gipfel das Ziel, sondern die Hörnlihütte. Der Gipfel ist nur ein Etappenziel. Danach wartet ein ebenfalls anstrengender und anspruchsvoller Abstieg auf die Bergsteiger. Doch für Ang Kami, das wusste ich, würde der Gipfel tatsächlich das Ziel sein ...

Der arme Kerl traute sich fortan nicht mehr, etwas zu sagen. Wir setzten den Aufstieg fort und erreichten als erste Seilschaft des Tages den Gipfel. Ang Kami war zwar immer noch äußerst angespannt, aber doch überglücklich, es endlich hinter sich zu haben. Heute jedoch war mein endgültiges Ziel nicht der Schweizer Gipfel, sondern der italienische mit dem Gipfelkreuz. (Wir auf der Schweizer Seite haben nämlich keines). Und so kletterten wir auch noch die 150 Meter über den schmalen Verbindungsgrat bis auf den italienischen Gipfel.

Dort angekommen, ging Ang Kami direkt auf das Gipfelkreuz zu, umarmte es und dankte Gott. Dabei vergaß er auch nicht, um Beistand für den bevorstehenden Abstieg zu bitten. Ich war sehr erstaunt, dass er als gläubiger Buddhist unseren Gott um Hilfe bat. Buddhisten sind offenbar sehr tolerante Gläubige – schade, dass das nicht für alle Religionen dieser Welt gilt. Viel Elend auf dieser Welt könnte verhindert werden mit mehr Toleranz zwischen den verschieden gläubigen Menschen. Solange jedoch jeder denkt, sein Glaube sei der einzig richtige, ohne zu überlegen, dass wir vielleicht alle denselben Gott haben, wird sich in Zukunft nicht viel ändern ...

So saßen mein buddhistischer Freund und ich also auf dem Gipfel des Matterhorns. Es ist nicht der höchste, aber ganz sicher der markanteste und für mich der schönste Berg weit und breit. Und das *glaube* ich nicht – davon bin ich überzeugt!

Das Matterhorn ist ein Grenzberg, der zu einem Drittel auf italienischem und zu zwei Dritteln auf Schweizer Boden steht. Folglich gibt es natürlich auch zwei Gipfel. Der schmale Gipfelgrat ist circa 80 Meter lang. Am östlichen Ende befindet sich der höhere Schweizer Gipfel, am westlichen Ende der italienische mit dem Gipfelkreuz. Das 85 Kilogramm schwere und zwei Meter hohe italienische Kreuz war 1902 von italienischen Bergführern über den Italienergrat auf den Gipfel getragen und am Fels verankert worden. Über neunzig Jahre später war es dann so renovierungsbedürftig geworden, dass es für ein Jahr zur Überholung ins Tal geflogen worden war. Erst seit wenigen Wochen erstrahlte es in neuem Glanz an seinem alten Platz.

Ang Kami und ich genossen bei phantastischem Wetter das grandiose Panorama, als ich plötzlich am Funkgerät aufgerufen wurde. Ang Kami erschrak furchtbar: »Ist etwas nicht in Ordnung?«

»Nein, nein, alles okay. Das Funkgerät habe ich immer dabei, wie alle Bergführer.«

Es war Bruno, der Rettungschef aus Zermatt, der nach meinem Standort fragte.

»Ich stehe wie versprochen mit Ang Kami auf dem Gipfel des Matterhorns.«

Heute sollte das renovierte italienische Kreuz eingeweiht werden, wofür eine Delegation aus Cervinia mit dem Hubschrauber eingeflogen wurde. Mit dabei ein Pfarrer, um das Kreuz während einer Messe zu segnen. Die italienischen Bergführer hatten auch Bruno als Rettungschef und mich als Hörnlihüttenwart eingeladen.

»In etwa fünfzehn Minuten treffen wir mit dem Hubschrauber aus Cervinia am Gipfel ein.«

Zu diesem Zeitpunkt muss Ang Kami bereits etwas von seinem Glück geahnt haben. Denn obwohl er unser Walliserdeutsch bestimmt nicht verstand, wurde er mit einem Mal ganz enthusiastisch und gab mir auf Englisch zu verstehen, er wolle gerne bei der Einweihung dabei sein. So schnell also lernt ein Sherpa Deutsch und wird dabei auch noch zum Christen, dachte ich amüsiert.

»Ang Kami, ich sag dir jetzt die Wahrheit: Ich wusste gestern schon, dass es diese Feier auf dem Gipfel geben wird. Und auch, dass wir mit dem Helikopter zurückfliegen können. Sonst hätte ich dich beim Aufstieg nie und nimmer so gedrängt, den Gipfel zu erreichen.«

Ang Kami strahlte über das ganze Gesicht und war heilfroh, den Hörnligrat nicht wieder hinuntersteigen zu müssen. Ich hatte also alles wiedergutgemacht.

Auch die anderen Seilschaften näherten sich inzwischen dem Gipfel. Sie würden jedoch bis zu ihrem Abstieg auf dem höheren Schweizer Gipfel bleiben. Der italienische Hubschrauber flog an und setzte eine Kufe auf dem schmalen Grat ab, so dass die Passagiere aussteigen konnten. Drei Mal musste der Helikopter zwischen Cervinia und der Matterhornspitze hin und her fliegen, bis alle Gäste wie geplant auf dem italienischen Gipfel standen. Der Priester feierte mit uns die Messe und segnete das Gipfelkreuz. Ein sehr bewegender Moment. Nicht nur, weil so eine Feier höchstens einmal in hundert Jahren vorkommt, sondern auch, weil man hier oben wirklich das Gefühl hat, Gott näher zu sein. Auch Ang Kami schien berührt, wobei ich den Eindruck hatte, dass ihn das fliegende Taxi mehr interessierte. Nur bloß nicht wieder zu Fuß da runter!, sagte sein Gesichtsausdruck.

Gegen Ende der Feier wurde noch mit einem guten Tropfen Chianti Classico angestoßen, bevor wir uns voneinander verabschiedeten und in drei Flugrotationen den Gipfel wieder verließen. Zurück auf der Hörnlihütte, gab mir Ang Kami die Hand und bedankte sich für den schönen Tag – sicherlich vor allem dafür, dass er mit dem Hubschrauber zurückfliegen durfte. »Ich arbeite lieber im Himalaya. Hier bei euch sind die Berge zwar nur halb so hoch, aber viel steiler und gefährlicher!«

Ang Kami ist nie zur Schule gegangen, und bis vor zwei Jahren konnte er weder lesen noch schreiben. Das heißt aber nicht, er wäre dumm. Im Gegenteil, er hat eine natürliche Intelligenz und lernt sehr schnell. In weniger als einem Jahr hat er sich selber Lesen und Schreiben beigebracht, und inzwischen bekomme ich von ihm sogar E-Mails. Er ist ein praktisch denkender Mensch, der sich für vieles interessiert und alles hinterfragt. Das ist seine Methode zu lernen. Beim Rundgang durch unser Schweizer Dorf war er extrem aufmerksam, besonders die Lebensmittelgeschäfte schienen ihn zu beeindrucken. Im Supermarkt blieb Ang Kami lange vor dem Regal mit Hunde- und Katzenfutter stehen. Irgendetwas schien ihn zu stören.

»Ist etwas nicht in Ordnung?« fragte ich. Aber er schüttelte nur den Kopf.

Ich reimte mir meine Erklärung selbst zusammen. Sicher würde in Nepal niemand Geld für Hunde-, Katzen- oder Vogelfutter ausgeben. Dafür fehlte ihm wohl das Verständnis. Aber vielleicht steckte auch noch etwas anderes dahinter; ich nahm mir vor, ihn bei Gelegenheit noch einmal darauf anzusprechen. Sherpas bzw. Asiaten im Allgemeinen sind in der Regel sehr zurückhaltend. Vor allem dann, wenn Dinge für sie unerklärlich sind. Sie möchten niemanden bloßstellen oder beleidigen und weichen mit ihren Antworten aus. Aber weil ich nicht lockerließ, rückte er irgendwann mit der Sprache heraus: »Auf mehreren Expeditionen in Nepal habe ich Koreaner auf die Berge geführt. Sie aßen Hundefleisch. Zuerst war ich irritiert, dann habe ich mich daran gewöhnt.«

Ich stutzte: »Ja, und?« Was hatte das mit uns zu tun?

»Bei euch im Dorf habe ich Dosen im Regal gesehen. Darauf waren Tiere abgebildet.« So langsam dämmerte es mir.

Scheu erzählte er weiter: »Ich hätte nie gedacht, dass Schweizer Hunde, Katzen und Vögel essen. Und erst recht nicht aus Dosen.«

Ich musste lachen, aber seine Überlegung war ja nicht falsch. Er dachte einfach praktisch: Was auf einer Dose abgebildet ist, ist auch drin.

»Ich kann dich beruhigen, Ang Kami. In den Dosen sind keine Hunde, Katzen oder Vögel, sondern es ist lediglich das Futter für diese Tiere.«

Und zum zweiten Mal, seit er hier war, sah ich diese große Erleichterung auf seinem Gesicht …

Himmlische Genüsse

Wir leben auf der Hörnlihütte zwar am Rande der Zivilisation, müssen aber Gott sei Dank trotzdem nicht auf den Speiseplan der Koreaner zurückgreifen. Damit das auch so bleibt, müssen wir uns nach der Wasserversorgung nun dringend ums Essen kümmern. Das Einkellern steht an, das heißt, alle nicht verderblichen Getränke und Lebensmittel werden mit dem Hubschrauber auf die Hütte geflogen: Teigwaren, Reis, Kartoffeln, Kaffee, Tee, Zucker, Salz, Mineralwasser, Limonaden und alkoholische Getränke.

Also mache ich mich nach dem Mittagessen fertig, um zurück nach Zermatt zu fliegen: Lieferanten treffen, die bestellte Ware in Empfang nehmen und verladen. Nach einer Woche werde ich noch einmal einen Tag zu Hause verbringen.

Am nächsten Morgen setze ich mich um sechs Uhr an meinen heimischen PC, um den Wetterbericht abzurufen. Für den Lebensmitteltransport heute Vormittag brauchen wir ideales Flugwetter. Sonst müssen wir die ganze Aktion abblasen und auf Wetterbesserung hoffen. Aber wir haben Glück: Es ist wolkenlos, fast windstill und sommerlich warm.

Zu Fuß laufe ich zum vereinbarten Verladeplatz etwas außerhalb des Dorfkerns. Helmut wird mir auch heute tatkräftig zur Hand gehen. Für 7.30 Uhr haben wir uns mit den Lieferanten verabredet. Zermatt ist autofrei, was die Aktion nicht gerade einfacher macht. Die Waren müssen vier Mal auf- und abgeladen werden: zuerst auf die Elektrowagen, die sie zu unserem Treffpunkt transportieren, dann laden wir alles auf einen Lkw um und fahren bis zum Restaurant Stafelalp auf 2200 Meter. Dort übernehmen die Piloten der Air Zermatt.

Von der höher gelegenen Stafelalp aus zu fliegen erspart uns bis zu zehn Flugminuten je Rotation. Bei einem Minuten-Flugpreis von vierzig Schweizer Franken und mehr als einem Dutzend Rotationen lässt sich auf diese Weise eine Menge Zeit und Geld sparen. Beim Umladen auf den Lkw kontrolliere ich zur Sicherheit Anzahl und Inhalt der Kisten. Innerhalb von zwei Stunden haben wir zusammen mit den Lieferanten den Lkw bis zum Anschlag vollgeladen. Aber es wird immer nur so viel bestellt und eingelagert, wie wir mindestens brauchen. Sonst müssten wir die übriggebliebene Ware wieder ins Dorf fliegen lassen, und das wäre ganz und gar nicht in meinem Interesse.

Nun geht es auf einer holprigen Bergstraße hinauf zur Stafelalp. Dort angekommen, verteilen wir die Lebensmittel und Getränke auf große Netze, die später eines nach dem anderen unter den Helikopter gehängt werden. Auf Meeresspiegelhöhe kann der Hubschrauber, eine SA 315B Lama, bis zu 1100 Kilogramm Unterlast transportieren. Auf über 3000 Meter sind es jedoch nur noch maximal 700, wegen der geringeren Luftdichte. Nun gilt es also, das Gewicht richtig abzuschätzen. Das ist nicht immer ganz einfach, aber aus jahrelanger Erfahrung wissen wir ziemlich genau, wie viel wir in ein Netz laden können. Mittags ist dann alles verstaut: fünfzehn Netze à 650 bis 700 Kilo. Per Handy informiere ich Stephanie auf der Hörnlihütte:»Sobald der Hubschrauber auf der Stafelalp eingetroffen ist, also in etwa zehn Minuten, beginnen wir mit dem Transport.«

Pilot Robi und der Flughelfer sind im Anflug, und als der Heli rotierend über uns in der Luft steht, hängen wir das erste Netz an das achtzehn Meter lange Stahlkabel. Langsam versucht er anzuziehen, doch es stockt, und Robi meldet über Funk: »Es ist zu schwer.«

Die Waage im Hubschrauber zeigt zwar die erlaubten 700 Kilo an, aber da beim ersten Flug auch noch der Flughelfer mit an Bord ist, müssen wir das Gewicht reduzieren. Also hängen wir das Netz wieder aus und probieren es mit einem leichteren Netz: sechshundert Kilo plus Flughelfer. Perfekt. Nun haben wir auch eine Referenz und verteilen das überschüssige Gewicht des ersten Netzes auf die anderen, von denen wir annehmen, dass sie unter dem vorgeschriebenen Maximum liegen.

Der Flughelfer wird deshalb mit dem ersten Transportflug zur Hörnlihütte gebracht, damit wir dort jemanden mit Funkverbindung haben. Glücklicherweise passt für die folgenden Flüge alles, so dass es zügig vorangeht. Dabei gebe ich dem Flughelfer durch, welche Getränke und Lebensmittel sich jeweils im Netz befinden. So wissen sie oben genau, was sie erwartet und an welchem Eingang das Netz abgeladen werden muss.

Es gibt drei verschiedene Eingänge zu drei verschiedenen Lagerräumen, denn in unserer kleinen Hütte ist Ordnung ein wichtiges Gebot. Damit die vielen Lebensmittel nicht kreuz und quer gelagert werden, folgt das Einlagern einem logistischen Plan. Robi setzt die Netze direkt vor einem der Eingänge ab, und meine Mitarbeiter tragen die Waren durch die Küche, den Saal oder über das Treppenhaus in die verschiedenen Kellerräume. Nach einer Stunde sind zehn Tonnen Lebensmittel und Getränke auf der Hütte, und mit der letzten leichten Fuhre fliegen auch Helmut und ich auf die Hörnlihütte. Oben angekommen, packen wir die leeren Netze in den Heli, dann hebt Robi zum letzten Mal für heute ab.

Nach so vielen Jahren sind wir ein eingespieltes Team. Aber auch das Hüttenteam hat – mit tatkräftiger Unterstützung einiger Bergführer – ganze Arbeit geleistet, und die gesamte Ware ist bereits verstaut. Im Keller stapeln sich Getränke und Lebensmittel bis zur Decke, und doch wird es sicher nicht für die ganze Saison reichen, zumal die Frischware drei bis vier Mal pro Woche heraufgeflogen werden muss. Hunger und Durst braucht hier oben jedenfalls niemand zu leiden. Wir haben bestens vorgesorgt.

Unsere Gäste sollen glücklich und zufrieden sein, deshalb muss die Hütte zu jeder Zeit perfekt funktionieren. Und damit ist nicht nur das Essen, fließendes Wasser und Strom aus der Steckdose gemeint … So gut wie alles muss erst einmal per Telefon bestellt und dann mit dem Hubschrauber heraufgeflogen werden: Gemüse, Früchte, Eier, Milch, Butter, Käse, Kuchenteig und Brot. Aber auch jeder Nagel und jede Schraube. Messer und Gabeln, Putz- und Waschmittel, Geschirrtücher, Bettwäsche und Toilettenpapier. Batterien für Stirnlampen, Sicherungen für Elektrogeräte, Glühbirnen, Schneeschaufeln und Ersatzteile für Küchenmaschinen. Gas zum Kochen und Dieselöl für den Stromgenerator. Nichts davon können wir mal eben besorgen. Und was ist, wenn das Wetter einen Versorgungsflug nicht zulässt? Da hilft nur: stets rechtzeitig vorausplanen und vorbeugen. Natürlich gibt es trotzdem immer wieder Gäste, die nicht glauben können, dass sie hier oben nicht die neueste Zeitung kaufen können:

»Wie, man kann nicht duschen?«

»Das Brot ist knapp?«

»Mein Handy hat gar keinen Empfang! Und außerdem ist sowieso alles viel zu teuer!« Manch einer fühlt sich auch von dem Lärm des Hubschraubers gestört. Von jener Maschine, die erfrischende Getränke und Lebensmittel bringt und mit der wir in Not geratene Menschen aus dem Berg fliegen. Ich gebe es zu: Mit diesen Gästen, die wahrscheinlich auch glauben, die Milch komme aus dem Supermarkt, habe ich manchmal so meine Mühe ...

Es gibt Tage, an denen ich pausenlos damit beschäftigt bin, Bestellungen durchzugeben und Versorgungsflüge zu organisieren. Umso wichtiger, dass das Hüttenteam gut eingespielt ist und selbständig arbeiten kann: Stephan, der Koch, fängt morgens um acht Uhr an. Da die Küche recht klein ist und der Gasherd nur acht Flammen hat (davon sind zwei ständig in Gebrauch, um das Wasser abzukochen), ist eine perfekte Vorbereitung das A und O. Schließlich knurren die Mägen zwischen zwölf und fünfzehn Uhr am lautesten. Die Gäste kommen von oben und von unten: Wanderer und Bergsteiger kehren dann so hungrig ein, dass niemand lange auf sein Essen warten möchte.

Unsere Spezialität sind hausgemachte Rösti, ein Schweizer Kartoffelgericht. Jeden Tag müssen dafür 25 Kilo Kartoffeln vorgekocht, von Hand geschält, maschinell geraffelt und dann in der Pfanne gebraten werden. Ähnlich arbeitsintensiv sind die verschiedenen Spaghettigerichte (Napoli, Bolognese oder Aglio e olio), die diversen Suppen und Früchtekuchen.

Ein hoher logistischer Aufwand für die relativ einfachen, wenn auch schmackhaften Mahlzeiten. Und weil auch wir Hüttenmenschen bei Kräften bleiben müssen, wird das Personalessen ebenfalls am Morgen vorbereitet. Das Team langt dann schon um elf Uhr zu. Später bleibt dazu keine Zeit mehr, denn wenn sich der Tag am Berg dem Ende neigt, wollen zusätzlich die Bergsteiger und -führer versorgt werden.

Am Abend gibt es für alle das gleiche Menü. Als Vorspeise eine Suppe, dann Kalbsbraten, Schweinesteak, Rindsragout, Curry-Geschnetzeltes oder Putenschnitzel mit Gemüse und verschiedenen Beilagen wie Reis, Nudeln, Kartoffelpüree, Polenta. Jeden Abend ein anderes Menü. Stephan hat wirklich alle Hände voll zu tun, will er alle hungrigen Mäuler stopfen …

Für Yasmin, Stephanie und Martina beginnt der Arbeitstag um 7.30 Uhr: Frühstück servieren und abräumen. Esssaal, Terrasse, Toiletten, Zimmer und das Treppenhaus putzen. Getränke auffüllen, Essbesteck polieren, Tische decken, Speisekarten verteilen und Früchtekuchen backen. In der Mittagszeit arbeiten sie dann wieder im Service. Ab 15 Uhr begrüßen sie die nach und nach eintreffenden Bergsteiger und Wanderer, teilen ihnen die Zimmer zu, kassieren die Übernachtungsgebühr und erklären ihnen – je nach Bedarf auf Deutsch, Französisch, Englisch, Italienisch oder Spanisch – die Hausordnung.

Gleich neben der 100 Jahre alten Hörnlihütte gibt es einen Anbau mit fünfzig zusätzlichen Schlaf- und Essplätzen. Für diesen Bereich ist mittlerweile mein Sohn Kevin zuständig. Er steht in der Nacht auf, weckt seine Gäste und serviert ihnen das Frühstück. Am Morgen räumt er auf, macht die Betten und putzt, damit für den Abend wieder alles bereit ist. Dieser Hüttenteil ist tagsüber geschlossen, und das Abendessen, ebenfalls von Stephan in seiner kleinen Küche zubereitet, wird dort eine halbe Stunde früher serviert.

Gegen 22.30 Uhr endet unser Arbeitstag. Dann sind alle müde und froh, im Bett zu liegen, denn vor allem an »Schönwetter-Tagen« herrscht auf der Hütte Hochbetrieb. Die Stunden vergehen wie im Flug, und nach wenigen Wochen verliert man vollkommen das Zeitgefühl. Denn hier oben gibt es keine Wochenenden, keinen Ruhetag. Jeder Tag ist wie der andere. Es ist schon oft vorgekommen, dass ich Lebensmittel bestellen wollte und mich gewundert habe, dass keiner ans Telefon geht. Bis mir einfiel, dass Sonntag ist. Und nach einer gewissen Zeit gehen die kraftraubende Arbeit, die mangelnde Privatsphäre und der wenige Schlaf an die Substanz und zerren an den Nerven.

Inzwischen sind auch die ersten Gäste der Saison, die sich über das Alpin-Center Zermatt angemeldet haben, eingetroffen – ein sicheres Zeichen dafür, dass unser Geschäft für dieses Jahr langsam anläuft. Heute Abend haben wir zwar nur zwanzig Gäste, aber für uns fühlt es sich an, als wäre die Hütte fast voll. Jedes Jahr aufs Neue muss man sich an das eigentümliche, muntere Treiben hier oben erst gewöhnen; insofern ist es ganz gut, dass es nicht gleich vom ersten Tag an brechend voll ist.

Nach einem arbeitsreichen Tag sitzen wir nun nicht mehr alleine frierend in der Küche, denn jetzt gesellen sich die Bergführer dazu, die sich zum Teil monatelang nicht gesehen haben – da gibt es natürlich viel zu erzählen und vor allem viel zu lachen. Zur Saisoneröffnung spendiere ich eine Flasche Walliser Pinot-Noir. Launige Geschichten von der Hütte und vom Matterhorn machen die Runde, und mitunter nehmen sich die Bergführer ganz gerne mal selbst aufs Korn …

Irren ist menschlich

Es war Ende Juli, und auf der Hütte herrschte Hochbetrieb. Wir hatten an die hundertzwanzig Gäste: Wanderer, Bergsteiger und die Bergführer. Kein Wunder bei dem herrlichen Wetter und auch die Bedingungen am Berg waren ideal.

Nach dem Abendessen trafen sich einige einheimische Bergführer wie üblich an der kleinen Küchenbar. Andere saßen noch im Esssaal am Bergführertisch. Ihre Gäste hatten sich bereits schlafen gelegt, schließlich erwartete sie in ein paar Stunden eine aufregende, anstrengende Matterhornbesteigung. Die Profis hingegen legen sich meistens nach einer Tour für zwei oder drei Stunden ins Bett und gehen abends entsprechend später schlafen. Zudem sind die meisten Bergführer sehr routiniert: In einem Sommer klettern sie bis zu zwanzig Mal aufs Matterhorn. Da sieht man der nächsten Besteigung natürlich ziemlich gelassen entgegen.

Die jüngsten Bergführer sind um die zwanzig, die ältesten

zwischen sechzig und siebzig Jahre alt. Somit treffen in unserer Küche verschiedene Generationen mit ihren jeweiligen Ansichten und Meinungen aufeinander. Und dann wird munter diskutiert: über die Route, die Verhältnisse am Matterhorn und die Bergtauglichkeit der Gäste – vor allem jener, mit denen sie am Morgen auf den Gipfel wollen. Ein immer wiederkehrendes Thema sind die Bergsteiger, die ohne Bergführer unterwegs sind und sich dadurch mitunter in arge Schwierigkeiten bringen. Kaum ein Bergführer, der kein eigenes Erlebnis dazu beisteuern kann. Leider. Auch an jenem Juliabend kam es zu einem Wortgefecht am Bergführertisch. Es war bereits 21.30 Uhr, und wir bereiteten gerade das Frühstück vor, als Gianni, ein Zermatter Bergführer, vom Tisch aufstand und zu mir in die Küche kam. Er wirkte ein wenig verstört und sagte: »Ich glaube, Rony hat ein Problem.« Seit einer Stunde sei sein Kollege in einen heftigen Disput verwickelt und verhalte sich, als sei er betrunken.

Ich kenne Rony schon seit mehr als zwei Jahrzehnten. Auch er ein Zermatter Bergführer, sechzig Jahre alt, zuverlässig und seriös.

»Er schwankt, beim Trinken trifft er den Mund nicht, und seine Sätze ergeben keinen Sinn mehr.«

»Das klingt gar nicht gut«, sagte ich und eilte zum Bergführertisch in den Esssaal. Die mangelnde Koordination seiner Hände und das Gleichgewichtsproblem machten mich nachdenklich. Was mochte dahinterstecken? Um Rony zu beobachten, gesellte ich mich zu den Bergführern hinzu. Der sonst eher wortkarge Mann sprach eindeutig mehr als üblich, aber ziemlich wirres Zeug.

»Was hat er denn heute Abend alles getrunken?«, erkundigte ich mich bei meinen Kollegen.

»Ein oder zwei Gläser Wein vielleicht.«

So hatte ich Rony wirklich noch nie erlebt. Irgendetwas

war ganz offensichtlich nicht in Ordnung. Handelte es sich womöglich um einen leichten Hirnschlag? Anders konnte ich mir sein Verhalten nicht erklären. Aber hier war kein Platz für Mutmaßungen. Also lief ich zum Telefon und rief Axel, Notarzt bei der Air Zermatt, an und schilderte ihm Ronys Zustand.

»Das hört sich gar nicht gut an«, erwiderte auch er sofort. Er müsse den Patienten aber unbedingt selber sehen, um die Lage einschätzen zu können. Der Einsatzpilot der Air Zermatt würde ihn zur Hütte fliegen. Eine halbe Stunde später landete der Hubschrauber auf der Plattform. Da es vermutlich etwas länger dauern würde, stellte der Pilot die Turbine aus; denn er wollte die schon im Bett liegenden Bergsteiger nicht länger als nötig beunruhigen. Heilfroh, einen Arzt hier oben zu haben, begrüßte ich Axel. Rony benahm sich immer seltsamer. In der Zwischenzeit hatte ich versucht, mit ihm zu reden, um mehr über seinen Zustand zu erfahren, doch es wurde zunehmend schwieriger, ihn zu verstehen. Behutsam bereitete ich Rony auf den Arztbesuch vor: »Ich habe einen Doktor auf die Hütte gerufen.«

Davon wollte er überhaupt nichts wissen.

»Wieso? Mir geht's blendend.«

Natürlich schaute Axel sich den Bergführer trotzdem an, konnte aber auch keine Erklärung für sein ungewöhnliches Verhalten finden. Allerdings zog auch er einen leichten Hirnschlag in Betracht. »Für eine eindeutige Diagnose sollten wir ihn sofort in ein Krankenhaus bringen«, so seine abschließende Meinung.

Rony sah das ganz anders: »Quatsch, mir geht es gut. Ich bleibe hier und führe morgen meinen Kunden aufs Matterhorn.« Er war mehr schlecht als recht zu verstehen.

Hier und jetzt würden wir über die Gründe seines Zustandes ganz sicher nichts mehr herausfinden. Also sagte ich noch einmal: »Es ist das Beste für dich, wenn wir dich jetzt mit dem Hubschrauber ins Krankenhaus fliegen. Dort wirst du gründlich untersucht. Nur so können wir sicher sein, dass nichts Ernsthaftes dahintersteckt.«

Er schüttelte den Kopf und wiederholte das Gelallte von eben.

»Deinem Kunden werde ich alles erklären, der wird das sicher verstehen. Gesundheit ist wichtiger. Und du musst ja auch an die Sicherheit denken, Rony.«

Doch er blieb unbeeindruckt. Als ich ihn schließlich am Arm packte, um ihn mit sanfter Gewalt nach draußen in Richtung Hubschrauber zu dirigieren, wehrte er sich leicht, und ich merkte, dass dies wohl der falsche Weg war. Axel sah mich vielsagend an. »Ich gebe ihm ein Beruhigungsmittel, dann können wir ihn problemlos verladen.«

Rony, der Axels Vorhaben gehört haben musste, reagierte wider Erwarten nicht. Er wurde von Minute zu Minute apathischer. Axel zog das Beruhigungsmittel mit der Spritze auf, und als er sich Rony näherte, wehrte sich dieser nicht mehr. Ich machte seinen Unterarm frei. Nachdem Axel ihm das Mittel verabreicht hatte, dauerte es nicht lange, und wir konnten den nun schlafenden Rony auf eine Trage verpacken. Zu viert trugen wir ihn zur Heli-Plattform und legten ihn in den Hubschrauber, der ihn dann in das dreißig Kilometer entfernte Spital nach Visp flog. Noch in derselben Nacht sollte Rony in der Notfallambulanz untersucht werden.

Ich war erleichtert, meinen Kollegen nun in guten Händen zu wissen. Hätte es während der Nacht oder bei der geplanten Matterhornbesteigung Probleme gegeben und Rony wäre etwas zugestoßen, hätte ich mir zu Recht Vorwürfe machen müssen, nicht das Bestmögliche für ihn getan zu haben.

Auch Ronys Gast trug die schlechte Nachricht am frühen Morgen mit Fassung: Dann müsse er seine lang ersehnte Matterhornbesteigung wohl auf ein anderes Datum verschieben. Aber Ronys Gesundheit sei wichtiger. Dafür hatte der Bergsteiger natürlich Verständnis, schließlich ging es auch um seine eigene Sicherheit.

Als alle Bergführer am frühen Morgen mit ihren Gästen die Hütte verlassen hatten, rief ich im Spital an, weil ich hoffte, etwas über Ronys Zustand zu erfahren. Da ich jedoch kein naher Verwandter von ihm bin, durfte mir der zuständige Arzt keine konkrete Auskunft geben. Nur so viel: »Rony geht es gut. Ich werde ihm ausrichten, dass er mit Ihnen Kontakt aufnehmen soll.«

Und nur eine knappe Stunde später rief mich Rony tatsächlich an.

»Wie geht es dir? Was haben die Untersuchungen ergeben?«

»Es geht mir gut.« Und nach einer kurzen Pause fuhr er fort: »Ich möchte mich für gestern Abend entschuldigen.« Es tue ihm sehr leid, uns so viel Sorgen und Mühe bereitet zu haben.

»Aber das war doch selbstverständlich!«, antwortete ich.

Rony druckste herum: »Ich glaube, ich muss dir etwas erklären.« Da er auf Berghütten immer schlecht einschlafen könne, nehme er meistens (und so auch am gestrigen Abend) kurz vor dem Zubettgehen eine starke Schlaftablette, die aber nur kurze Zeit wirkt. Sie ermöglicht ein schnelles Einschlafen, und am nächsten Morgen ist man sofort wach und topfit. Nach der Einnahme habe er etwa eine halbe Stunde Zeit, sich hinzulegen, bevor die Tablette wirkt. Diesmal habe er sich jedoch in eine Diskussion verwickeln lassen, und dann sei es bereits zu spät gewesen. Er habe es, so müde, wie er war, einfach nicht mehr bis in sein Bett geschafft.

»Aber Rony, du hättest doch einen von uns bitten können, dich ins Bett zu bringen«, sagte ich.

Die Blöße habe er sich nicht geben wollen. Deshalb habe er nichts gesagt.

Ich schmunzelte. Wieso hatten wir an diese Möglichkeit nicht gedacht? Warum nimmt man immer gleich das Schlimmste an? Andererseits: Eine leichtsinnige Einschätzung dieser Situation hätte fatale Folgen haben können. Deshalb gilt auch für einen Optimisten wie mich: lieber einmal zu früh als zu spät die Rettung alarmieren.

»Ich werde heute gegen zehn Uhr aus dem Spital entlassen und komme am Nachmittag auf die Hütte. Und morgen gehe ich dann mit meinem Kunden aufs Matterhorn.«

Als Rony nachmittags eintraf, mussten wir beide lachen, und er versprach sofort, diesmal keine Schlaftablette zu nehmen. An diesem Abend ging er früher als sonst auf sein Zimmer. Und auch ich hatte ein wenig Schlaf nachzuholen.

Wir machen die Nacht zum Tag

Der Wecker reißt mich aus meinen Träumen. Drei Uhr. Zeit, aufzustehen. Ich muss die Bergsteiger aus ihren Kojen scheuchen. Den Weckdienst übernehme ich. Jedes Jahr. Den ganzen Sommer über. Und es gibt drei gute Gründe dafür: erstens das Wetter: Schon am Morgen muss ich je nach Wetterlage entscheiden, ob ich die Bergsteiger überhaupt wecken soll oder nicht. Wird das Wetter womöglich besser oder verschlechtert es sich?

Zweitens die Kontrolle: Nur wenn ich selber morgens dabei bin, kann ich Einfluss nehmen, dass es geregelt und gesittet zugeht.

Und drittens die Hüttenordnung: Ich sehe genau, welche Bergsteiger zu früh losgehen und dadurch andere gefährden, weil sie den Weg nicht kennen. Für diese fehlbaren Kandidaten, die sich nicht an die Hüttenordnung halten, wird es beim nächsten Mal auf der Hütte keinen Platz mehr geben. Die Gesichter merke ich mir! Außerdem ist es für mich einfacher, regelmäßig so früh aufzustehen, weil ich mich dann an diesen Rhythmus leichter gewöhne.

Geweckt wird nicht immer zur selben Zeit. Bis Ende Juli um 3.30 Uhr, im August um vier Uhr und im September um 4.30 Uhr. Die Weckzeit richtet sich nach dem Sonnenaufgang, und der verschiebt sich nach hinten, je weiter die Saison voranschreitet. Ich stehe eine halbe Stunde vorher auf, um das Frühstück vorzubereiten: Wasser kochen für Kaffee und Tee, den Tisch mit Brot, Butter, Käse und Konfitüre eindecken. Mein erster Weg führt mich jedoch immer auf die nächtliche Terrasse. Dort vergewissere ich mich, wie das Wetter am Matterhorn ist. Sollte es schlecht und eine Besteigung deshalb nicht möglich sein, können die Bergführer und ihre Gäste etwas länger schlafen. In Richtung Zermatt sehe ich Hunderte von Lichtern, über mir leuchten die Sterne. Es wird also wieder ein wunderschöner Tag. Und so gehe ich in die Küche, mache die kleine Gaslampe an und drehe die Flammen am Herd auf.

Da wir auf der Hütte kein Trinkwasser, sondern nur das gewonnene Schmelzwasser haben, gibt es keine Garantie, dass es sauber ist. Deshalb kochen wir es sicherheitshalber ab. Auf Meereshöhe kocht Wasser bekanntlich bei 100 Grad Celsius, auf der Hörnlihütte wegen des geringeren Luftdrucks bereits bei unter 90 Grad. Das ist beim Kochen zu berücksichtigen, da es länger dauert, bis die Speisen gar sind – ein Vier-Minuten-Ei ist hier oben eben ein Fünf-Minuten-Ei. Weil das Wasser also nie heißer als etwa 87 Grad wird, lassen wir es länger sieden, um sicherzugehen, dass keine Bakterien überleben. Unsere Gäste sollen schließlich nicht mit Bauchkrämpfen am Gipfel stehen.

Heute werden sieben Zweier-Seilschaften die Tour in Angriff nehmen. Punkt 3.30 Uhr starte ich per Knopfdruck un-

Gipfel 4478 Meter
Oberes Dach
Unteres Dach
Fixseile Ende

Fixseile Anfang
Oberer Roter Turm
Axelgrat
Schulter

Unterer Roter Turm

Obere Mosleyplatte
Solvayhütte 4003 Meter
Untere Mosleyplatte

Gebiss
Faules Eck

Alte Hütte 3800 Meter

Bohrlöcher

Steinschlagcouloir

Elwe Fad

Eisloch

Zweites Couloir

Erstes Couloir

Einstieg

Hörnlihütte 3260 Meter

Weg von Schwarzsee

Vorhergehende Seite: Der Hörnligrat gilt als die Normalroute auf den Gipfel des Matterhorns und wird von den meisten Bergsteigern für eine Besteigung genutzt.

◁ Seit sechzehn Jahren führt Kurt Lauber die Hörnlihütte am Matterhorn.

▽ Vor hundert Jahren wurde die Hörnlihütte am Fuß des Matterhorns erbaut. Eine neue, zeitgemäße Hütte ist geplant und soll zum 150jährigen Jubiläum der Erstbesteigung eröffnet werden.

△ »Über den Wolken muss die Freiheit wohl grenzenlos sein.« – Blick von der Hörnlihütte bei Sonnenaufgang. Zermatt liegt noch unter der Nebeldecke.

Morgens um sechs Uhr ist die Welt wieder in Ordnung. In der Nacht zuvor hat es ordentlich geschneit. ▽

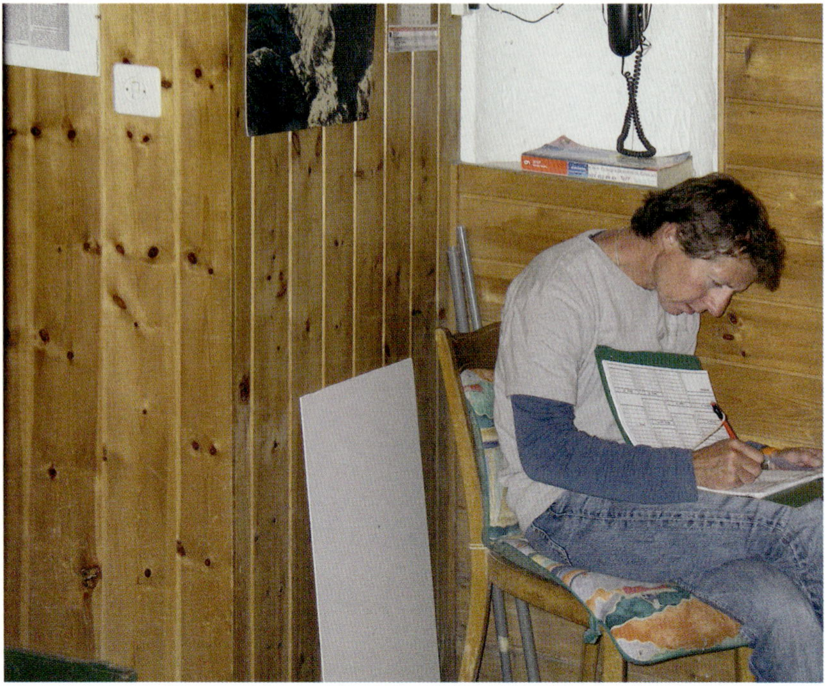

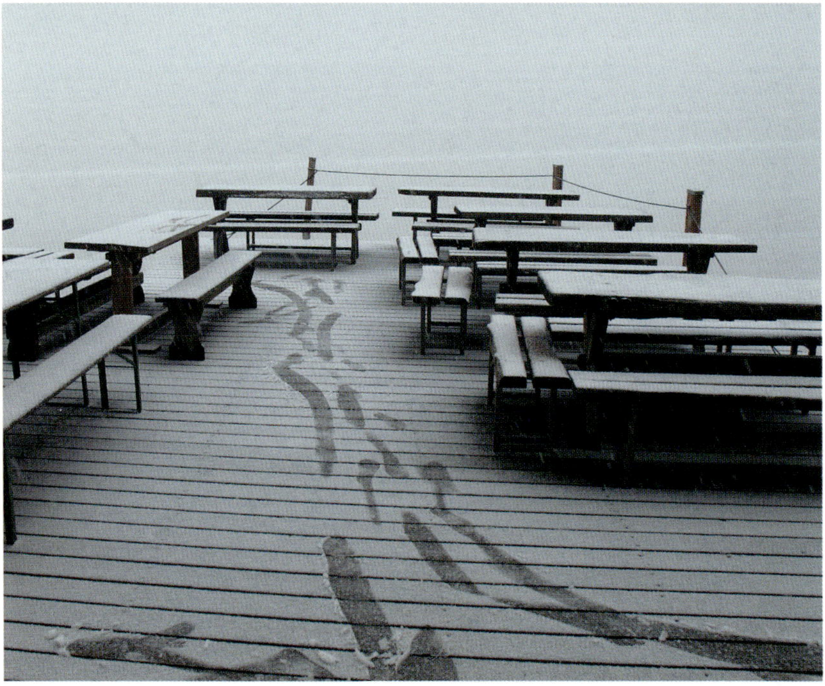

Bevor die Saison beginnt, muss die Hütte aus dem Winterschlaf erweckt, gründlich hergerichtet und bevorratet werden. ▷

Aufgrund der fortschreitenden Gletscherschmelze ist die Wasserversorgung ein großes Problem. ▷

◁ Wenn das Wetter nicht mitspielt, kehrt Ruhe in der Hütte ein. Ein Schlechtwettereinbruch auf dieser Höhe geht auch im Sommer meist mit Neuschnee einher.

Der Aufstieg von der Seilbahn-Station Schwarzsee bis zur Hütte dauert etwa zwei Stunden. ▷

◁ Der Campingplatz unterhalb der Hörnlihütte: In der Hochsaison herrscht hier fast Basecamp-Atmosphäre.

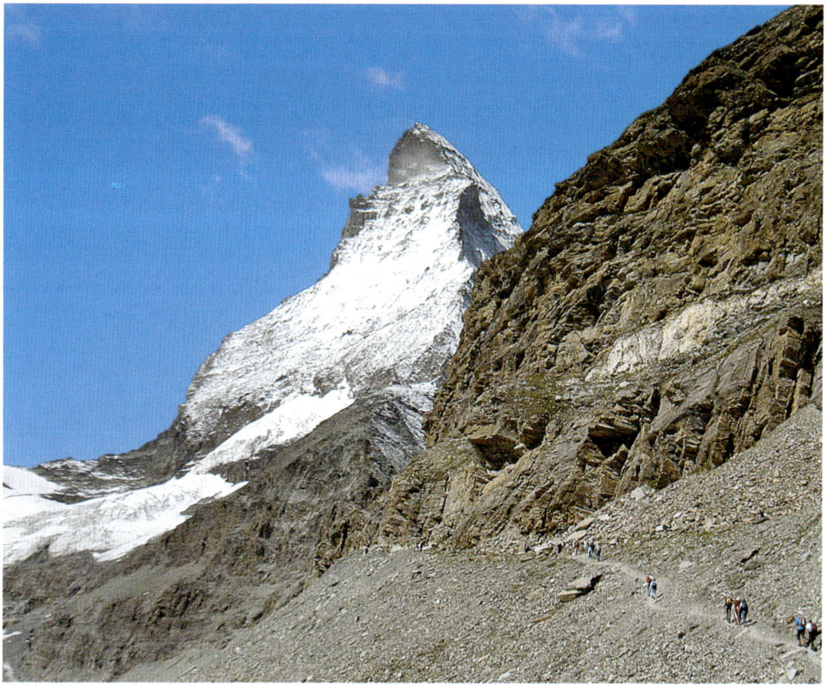

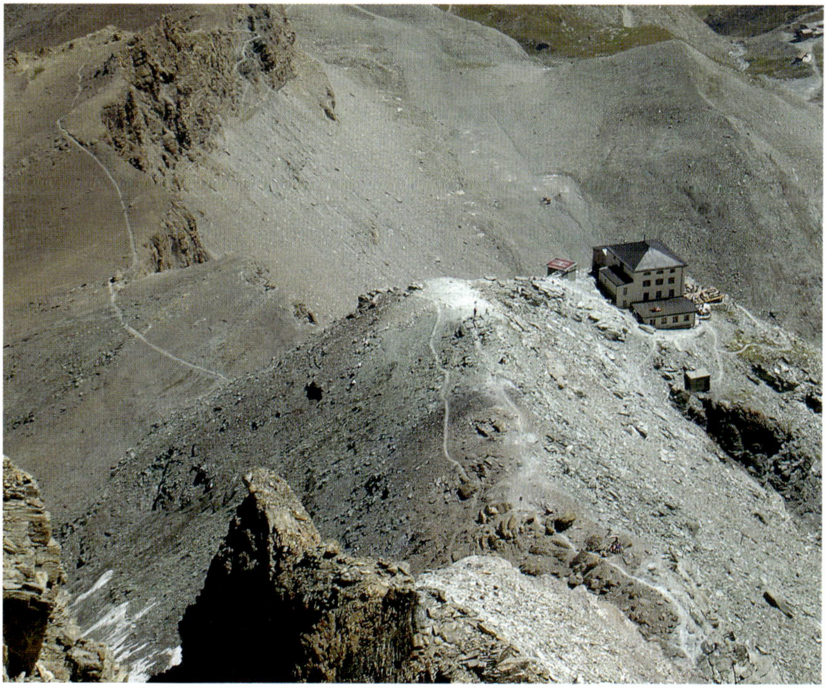

»Vertrauen ist gut, Kontrolle ist besser.« – Vor Saisonbeginn müssen die Fixseile zweihundert Höhenmeter unterhalb des Gipfels überprüft und gegebenenfalls ausgebessert werden.

Jedes Jahr muss die Zermatter Bergrettung zahlreiche verunglückte Menschen bergen.

Himmlische Genüsse: Auch am Rande der Zivilisation muss man auf nichts verzichten.

»Der Glaube kann Berge versetzen.« – Mit einer Zeremonie wird das renovierte Kreuz auf dem italienischen Gipfel des Matterhorns eingeweiht. Mit dabei der Sherpa Ang Kami.

Mächtig erhebt sich das Matterhorn über der Hörnlihütte.

Früher wurden die Lebensmittel mit Maultieren mühsam von Zermatt aus bis zur Hörnlihütte hochtransportiert. Heute wird die Hütte mit dem Helikopter versorgt. An die vierzig Tonnen Lebensmittel werden so pro Sommer auf die Hütte geflogen.

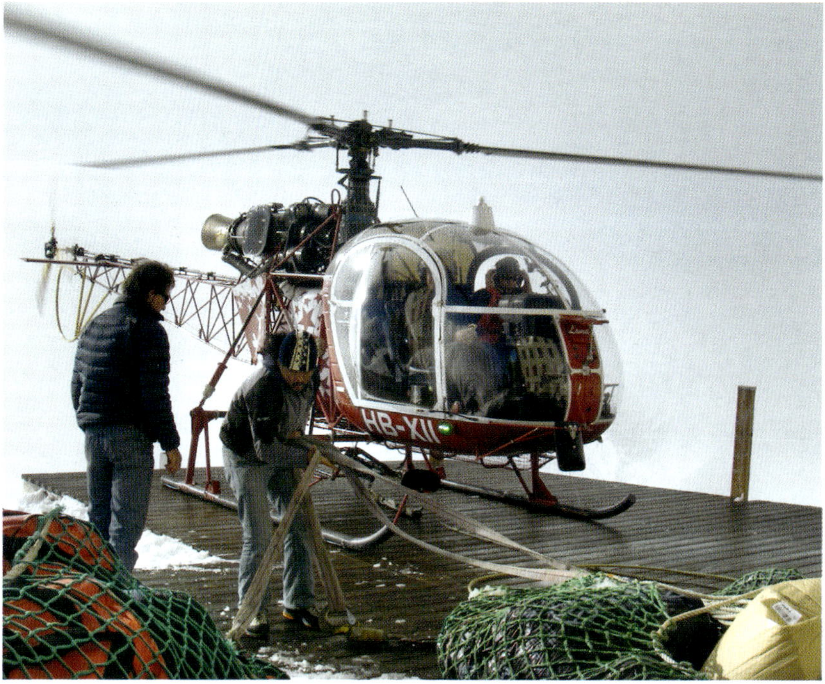
HB-XII

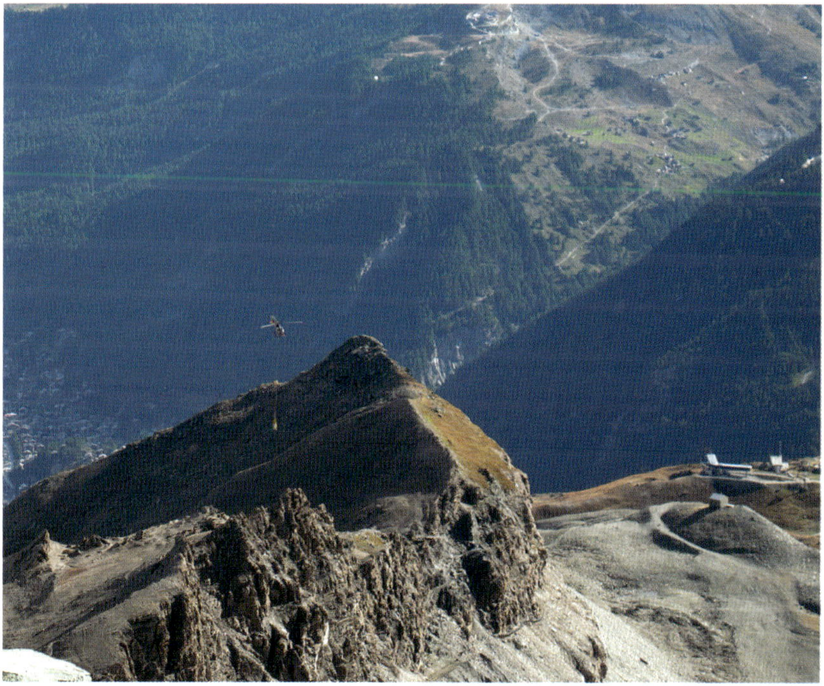

»Wir machen die Nacht zum Tag.« – Die Bergsteiger werden je nach Sonnenaufgang zwischen 3.30 und 4.30 Uhr geweckt – dann müssen alle gleichzeitig mit Frühstück versorgt werden.

Eilig werden die Rucksäcke gepackt. Jeder will der Erste sein, weil sich beim Einstieg zum Hörnligrat oft ein längerer Stau bildet.

In der Dunkelheit bilden die Stirnlampen der aufeinander folgenden Seilschaften eine Lichterkette.

sere Stromversorgung: ein Generator, der hier oben schon seit gut fünfundzwanzig Jahren zuverlässig seine Dienste verrichtet.

Sobald die Lichter angehen, laufe ich die Treppe hinauf in den dritten Stock, wo die Bergführer untergebracht sind. Anschließend wecke ich die Bergsteiger, die, sobald ich in ihrem Zimmer das Licht andrehe, schlaftrunken, aber zügig aus ihren Betten steigen.

Wieder unten in der Küche, fülle ich Kannen mit Kaffee und Tee und verteile sie zusammen mit den Brotkörben auf die Tische im Esssaal. Das Hörnlihüttenfrühstück der Bergsteiger ist kein gemütliches, ausgedehntes Frühstück. Die Bergsteiger wollen so schnell wie möglich die Hütte verlassen. Zwar ist der Einstieg zum Hörnligrat nur 200 Meter von der Hütte entfernt, so dass er in nur wenigen Minuten zu erreichen ist, aber er ist ein Nadelöhr, das die Bergsteiger nur Seilschaft für Seilschaft durchlässt. Somit entstehen Wartezeiten, und bisweilen herrscht ein ziemliches Gedränge. Also gilt es, möglichst unter den Ersten am Einstieg zu sein. Schnell eine Tasse Kaffee und eine Scheibe Brot, oft auch im Stehen. Viele seilen sich währenddessen auch schon an. Heute geht es allerdings weniger hektisch zu, da nur vierzehn Leute auf den Gipfel wollen. Trotzdem haben sie wie immer ihre Ausrüstung schon an, die Rucksäcke sind griffbereit, und diese eigentümliche Stimmung erfüllt den Raum. Vorfreude, aber auch eine latente Nervosität sind spürbar.

Die meisten haben eine oder zwei Vorbereitungstouren wie das Riffelhorn (2928 Meter) oder den Pollux (4091 Meter) hinter sich und sind gut akklimatisiert. Am Vorabend haben sie mit ihren Bergführern die Tour besprochen und den Rucksack gepackt, um sicherzugehen, dass nichts vergessen oder zu viel mitgenommen wird.

Die Checkliste

GoreTex-Jacke und -Hose

Windstopper-Pullover

Warme, gefütterte Handschuhe

Mütze

Sonnencreme

Passende Steigeisen

Klettergurt

Helm

Stirnlampe

einen Liter zu trinken

Zwischenverpflegung (z. B. Müsli- oder Schokoriegel)

Generell verlassen zuerst die Bergführer und ihre Kunden die Hütte. Das ist enorm wichtig! Der Hörnligrat ist nämlich nicht einfach ein Grat, dem man bis auf den Gipfel folgen kann. Vielmehr ist es wie in einem Labyrinth, in dem man ganz schnell vom richtigen Weg abkommen kann. Solange man sich auf der Route bewegt, ist der Fels fest und griffig, aber nur zwei Meter daneben ist er so brüchig, dass es gefährlich wird. Daher sollte man unbedingt jemandem folgen, der sich hier auskennt – ein ungeschriebenes Gesetz, wie auch der Respekt gegenüber älteren und erfahrenen Bergführern. Sie haben nicht nur ihr eigenes Bett im Bergführerzimmer, vor allem haben sie das Sagen und am Morgen beim Verlassen der Hütte den Vorrang. Nachdem der Hüttenwart geweckt hat, obliegt ihnen die endgültige Entscheidung, ob sie die Tour bei zweifelhaftem Wetter in Angriff nehmen oder nicht. Die Entscheidung fällt immer einstimmig. Die jüngeren Bergführer akzeptieren das. Die älteren verfügen über eine langjährige Erfahrung, die es zu respektieren gilt. So war es früher, und ich hoffe, das wird auch in der Zukunft so sein.

Grundsätzlich gilt es für alle Alpinisten, Regeln zu beachten, die schon seit Jahrzehnten gelten und absolut ihre Berechtigung haben. Aber es gibt immer wieder Bergsteiger, die sich für klüger halten: Entgegen aller Ratschläge stehen sie morgens vor allen anderen auf und verlassen die Hütte ohne Frühstück und ohne Führer. Kaum im Hörnligrat, versteigen sich viele hoffnungslos und gefährden damit die folgenden Bergsteiger durch den Steinschlag, den sie im brüchigen Gelände lostreten. Egoistischer geht's nicht …

Es ist also überlebenswichtig, dass die Bergführer, die den Weg bestens kennen, zuerst losklettern und alle anderen ihnen folgen – nicht umgekehrt!

An diesem Morgen geht es gesittet zu. Nur eine halbe Stunde nach dem Wecken haben alle Bergsteiger die Hütte verlassen. Hier ist es jetzt zwar ruhig, aber es sieht aus wie auf einem Schlachtfeld. Überall liegen Hüttenschuhe herum, die in Windeseile gegen Bergschuhe getauscht wurden. Auch die Schlafkojen in den Zimmern wurden fluchtartig verlassen und müssen später aufgeräumt und wieder hergerichtet werden. Ich beginne im Esssaal mit dem Abräumen der Tische. Dann wird alles in die Spülmaschine geräumt, und anschließend werden die Tische für das zweite Frühstück eingedeckt. Sobald das erledigt ist, drücke ich den roten Ausschaltknopf des Generators. Es ist kurz nach fünf Uhr. Wieder liegt die Hütte im Dunkeln. Wer jetzt zur Toilette muss, benutzt seine Stirnlampe.

Für kurze Zeit kehrt noch einmal die Nacht ein. Ich gehe hinaus auf die Terrasse und schaue in Richtung Matterhorn. Nur die Lichter der Stirnlampen sind am Berg zu sehen. Wie leuchtende Perlen einer Kette ziehen sie den Grat hinauf. Die schnellste Seilschaft ist bereits weit oben, die letzte noch auffallend nah bei der Hütte. Für diese Truppe wird es also eine ziemlich lange Tour werden: Wenn sie schon hier unten so langsam sind und Zeit verlieren, werden sie diese auch weiter oben nicht mehr aufholen. Die Route wird schließlich nicht einfacher. Die Besteigung über den Hörnligrat mit einem kundigen Bergführer dauert je nach Verhältnissen zwischen drei und viereinhalb Stunden für den Aufstieg und drei bis vier Stunden für den Abstieg. Somit werden die letzten Seilschaften vermutlich auf dem Rückweg von der einsetzenden Dunkelheit eingeholt werden, so dass sie am Berg übernachten müssen. Solange das Wetter mitspielt, kein Problem, aber bei einem Wettersturz kann die Situation schnell dramatisch werden ...

Im Osten sehe ich, wie das nächtliche Schwarz allmählich von einem Hellblau abgelöst wird. In einer halben Stunde wird die Sonne aufgehen. Ein neuer Tag bricht an. Diese Augenblicke genieße ich immer sehr – heute sogar so, dass ich mich entschließe, nicht noch einmal für zwei Stunden ins Bett zu gehen. Es ist wunderbar windstill und erstaunlich warm. Ich lasse meine Gedanken und Blicke schweifen. Gibt es einen schöneren Ort auf der Welt? Dabei hätte ich mir früher nicht vorstellen können, dass ich eines Tages Hüttenwart der Hörnlihütte sein würde. Viele Jahre lang war ich als Bergführer im Sommer hier oben mit meinen Gästen. Und auch sie wissen diesen besonderen Platz zu schätzen. Trotzdem ist er für viele nur eine Durchgangsstation auf ihrem Weg zum Gipfel.

Erste
Gehversuche

Als meine Frau und ich im Sommer 1995 die Hörnlihütte übernahmen, war Kevin gerade vier Jahre alt. Da die Hütte auf einem
Felsrücken liegt, der durch steile Felsabbrüche begrenzt ist,
kann es an einigen Stellen für einen kleinen Jungen sehr gefährlich sein. Kevin musste also zuerst lernen, sich draußen frei und
sicher zu bewegen. Dies ging jedoch recht schnell, und so
konnten wir ihn schon bald alleine in und um die Hütte herum
laufen lassen, ohne ihn ständig kontrollieren zu müssen. Von
Anfang an fühlte er sich hier oben pudelwohl. Tagsüber sprang
er stundenlang von Stein zu Stein, und obwohl er hier weder
Spielsachen noch ein Fernsehgerät hatte, war ihm nie langweilig. Die Kargheit hier oben regte seine kindliche Kreativität an:
Er sammelte Steine, stapelte sie aufeinander und mauerte sich
eine Phantasiewelt zusammen.

Jeden Abend hörte er gespannt den Bergführern zu, die
von ihren Erlebnissen am Berg berichteten. Der Junge saugte

die Geschichten förmlich auf, und manchmal fragte ich mich, ob ein solches Umfeld für einen kleinen Kerl wirklich das Richtige sei. Immer wieder bat Kevin die Bergführer, ihm doch ein paar kleine Steine vom Gipfel des Matterhorns mitzubringen – wofür, wusste ich nicht. Tage später sah ich ihn dann während der Mittagszeit auf der Terrasse, seine Gipfelsteine auf einem der Tische ausgelegt und mit dem Kaufpreis versehen. Ich musste lachen, aber sein Geschäft florierte! Zahlreiche Japaner wollten wissen, wie er die Steine vom Gipfel heruntergeholt hatte. Sie misstrauten ihm wohl: Wo hatte der kleine Mann die Steine wirklich her? Die meisten Touristen konnten nicht glauben, dass sie tatsächlich vom Gipfel stammten, und ich musste seine Kunden immer wieder von der Herkunft beziehungsweise Echtheit der Steine überzeugen.

Als Kevin fünf Jahre alt war, stand er immer häufiger morgens mit mir zusammen auf, um die Bergsteiger zu wecken. Eines Tages – sie brachen gerade mit ihren Kunden auf und verließen die Hütte – fing Kevin an zu weinen: »Ich bin sehr traurig, Papa. Alle klettern aufs Matterhorn, nur ich darf da nicht hinauf.« Dieser kleine Junge war überzeugt, er könne das auch und ich müsse mit ihm da hinaufgehen.

»Diese Tour ist ganz sicher eine Nummer zu groß für einen Fünfjährigen«, antwortete ich, versprach ihm aber, das Ziel etappenweise anzugehen. In jenem Sommer wollten wir mit dem Eisloch beginnen, was in etwa einem Viertel der gesamten Strecke entspricht. Im folgenden Jahr würden wir bis zur Alten Hütte auf 3800 Meter gehen, und als Nächstes noch mal 200 Höhenmeter weiter zur Solvayhütte. Sollte das alles gut klappen, so könnten wir den Gipfel ins Auge fassen, wenn er acht Jahre alt sei.

Jedes Jahr eine neue Etappe, lautete also unser Plan, und

Kevin gab sich mit diesem Vorschlag zufrieden. »Ich brauche dann aber ein paar Steigeisen – für ganz kleine Schuhe.«

Am nächsten Tag suchte ich auf der Hütte nach ein paar Steigeisen, die passen könnten. Vergeblich. Auch wenn ich die Dinger so weit wie möglich verkleinerte, passten sie vielleicht auf Bergschuhe der Größe 37 – und das war immer noch viel zu groß. Ich fand ein paar alte, abgenutzte, von mir ausrangierte Steigeisen. Durch die vielen Besteigungen am felsigen Matterhorn waren die einzelnen Zähne nicht mehr zwei, sondern nur noch einen Zentimeter lang. Also ideal für einen so kleinen und leichten Jungen. Ich sägte sie mit einer Eisensäge auseinander, bohrte Löcher in die verschiedenen Metallstege und schraubte sie mit rostfreien Schrauben wieder zusammen. Nun hatte Kevin seine eigenen Steigeisen. Voller Stolz versuchte er sie sogleich an seinen Schuhen zu befestigen. Das ging noch nicht ganz ohne Hilfe. Aber auch das würde er eines Tages lernen. Eifrig lief er zuerst in der Küche umher, dann im Esssaal über die Fliesen. Er verursachte natürlich einen unerträglichen Lärm, und die Gäste schauten den Jungen verständnislos an. Ich bat Kevin, doch vor die Hütte zu gehen und dort zwischen den Felsblöcken umherzuklettern. Das war wohl das beste Training, und so lernte er spielerisch, sich im Fels mit Steigeisen zu bewegen.

Zwei Tage später gegen neun Uhr gingen Kevin und ich los Richtung Einstieg. Wir wollten zusammen ein Stück den Hörnligrat hochklettern, nicht allzu weit, da ich Rettungsdienst hatte und für einen möglichen Einsatz innerhalb von 15 Minuten jederzeit bereit sein musste. Meine Ausrüstung nahm ich vorsichtshalber mit und versteckte sie am Einstieg unter einem großen Felsblock – es gehen so viele Bergsteiger ständig hinauf und runter, da weiß man nie …

Ich nahm Kevin ans Seil, und wir kraxelten los. Die kleinen Stufen und Tritte waren für den Jungen fast unüberwindbare

Absätze. Ich versuchte dieses Problem zu lösen, indem ich immer wieder die Route leicht änderte. Ansonsten kamen wir sehr gut voran und gewannen schnell an Höhe. Kevin machte das hervorragend. Aber nach etwa zwanzig Minuten sagte ich:»Wir müssen umdrehen. Falls ein Notruf eingeht, bin ich nicht mehr rechtzeitig unten.« Er wollte natürlich lieber noch etwas weiterklettern, aber so lautete unsere Abmachung. Und als hätte ich es geahnt, hörten wir auch schon das Funkgerät in meinem Rucksack:»Auf der Air Zermatt ist ein Notruf eingegangen. Absturz am Matterhorn«, erfuhr ich aus der Einsatzzentrale.

Schnell kletterten Kevin und ich zurück. Beim Abstieg ging er voraus, so hatte ich ihn immer unter Kontrolle und konnte ihn jederzeit am Seil halten. Als wir unten ankamen, hörte ich bereits den Hubschrauber bei der Hütte landen, und der Arzt mitsamt medizinischer Ausrüstung stieg aus. Er würde hier auf dem Zwischenlandeplatz warten, um die Patienten, die wir aus dem Berg fliegen, entgegenzunehmen.

Ich löste das Seil, das Kevin und mich verband, und verabschiedete mich, denn von hier aus konnte er alleine zurück zur Hütte laufen. Ich holte meine Ausrüstung aus dem Versteck und war auf die Minute pünktlich einsatzbereit. Über Funk ließ ich den Piloten wissen, dass ich mich beim Einstieg befände und er mich da aufnehmen könne.

Im Himmel
die Hölle

Auf circa 4200 Metern beim Unteren Roten Turm unterhalb der Schulter waren vier Bergsteiger abgestürzt. Die Priorität lautet immer: den Unfallort finden und die Beteiligten (ob verletzt oder unverletzt) vor weiteren Schäden schützen und sichern.

Pilot Gerold und ich mussten an die 1000 Meter Höhe gewinnen und erreichten die gesuchte Stelle drei Minuten später. Zuerst verschafften wir uns einen Überblick, um eventuelle weitere Gefahren wie Steinschlag oder Absturzrisiken erkennen zu können. Hundert Meter oberhalb der Unfallstelle konnten wir zwölf Bergsteiger ausmachen, die uns gefährlich werden konnten, wenn sie Steine lostraten.

Leben retten und Menschen in Sicherheit bringen gehören zu den schönen und zufriedenstellenden Aufgaben eines Retters. Aber es gibt immer wieder Einsätze, die wir nur ungern ausführen. Dazu gehören in erster Linie Leichenbergungen.

Nichts ist schlimmer für ein Rettungsteam als das Bergen toter Bergsteiger. Nach einem 1000 Meter Absturz sehen wir oft schrecklich zerschlagene Körper, und an diese Bilder kann und wird man sich nie gewöhnen. Aber es ist eine Arbeit, die gemacht werden muss.

Ich hatte in meiner Zeit als Bergretter schon viel mit ansehen müssen, aber auf das, was mich in jenem Sommer 1996 erwartete, war ich nicht vorbereitet. Es sah aus, als hätte eine Bombe eingeschlagen: überall Blut und abgetrennte Körperteile. Und all das auch noch genau auf der Route des stark frequentierten Hörnligrats. Dreißig Meter unterhalb der Unfallstelle erblickten wir vom Helikopter aus an die fünfundzwanzig Bergsteiger, die sich noch im Aufstieg befanden. Sie bewegten sich nichtsahnend auf diesen schrecklichen Ort zu. Bergführer mit ihren Gästen waren keine in unmittelbarer Nähe; die befanden sich zu dieser Zeit wohl schon beim Abstieg kurz unterhalb des Gipfels und würden erst später hier zu erwarten sein.

Nun sah ich zwei weitere Bergsteiger, die sich in Not befanden; es war ja auch von vier abgestürzten Personen die Rede gewesen. Die beiden hatten das Unglück überlebt. Sie standen etwa zwanzig Meter weiter unterhalb, gesichert an einem Seil, und gaben uns Zeichen. Aus dem Hubschrauber heraus konnte ich die beiden gut sehen und erkannte, dass sie nicht schwer verletzt waren. Deshalb entschieden wir, mich zunächst an den oberen Unfallort in der Nähe der zwei Leichen abzusetzen.

Gerold ließ mich mit Hilfe der Seilwinde etwa zwanzig Meter nördlich neben der Unglücksstelle bei einem Eisenstift ab. Diese Stelle war durch eine senkrechte Felswand besser vor Steinschlag geschützt. Ich klinkte mich aus und meldete »Heli frei«. Gerold zog den Hubschrauber vom Berg weg und flog zurück zur Hütte. Ich sicherte mich mit meinem Bergseil am Eisenstift und kletterte rüber in Richtung Unfallort.

Ich wollte vor Eintreffen der aufsteigenden Bergsteiger den Platz ein wenig aufräumen. Denn das konnten, wollten und durften wir niemandem zumuten. Was ich schon vom Hubschrauber aus gesehen hatte, war aus nächster Nähe kaum zu ertragen. Es sah grauenvoll aus. Überall lagen menschliche Körperteile: Arme, Teile von Beinen, ein Torso, Hirnmasse, Innereien. Einfach schrecklich!

Die Opfer waren nicht, wie die sonst verunfallten Bergsteiger, Hunderte von Metern abgestürzt und dadurch so furchtbar entstellt worden. Diese Zweier-Seilschaft war in einer Verschneidung vom Steinschlag überrascht und von einem großen Felsblock getroffen und total zerquetscht worden. Sie hatten quasi in einer steinernen Falle gesessen und keine Möglichkeit gehabt zu entkommen. Nach einem vergleichsweise geringen Absturz von ungefähr zehn Metern waren die beiden dann an dieser Stelle liegen geblieben. Aber es war weder die Zeit noch der richtige Ort, mir länger darüber Gedanken zu machen. Auch ich befand mich in Gefahr, denn noch immer drohte jederzeit ein Steinschlag. In diesem Fall würde ich mich schnell zurück zum Eisenstift in Sicherheit bringen. Nun musste ich die Route für die nachfolgenden Seilschaften freiräumen und ihnen vor allem diesen Anblick ersparen.

Ich hatte aus dem Hubschrauber zwei Kunststoffsäcke – sogenannte Leichensäcke – mitgenommen. Mechanisch verpackte ich die größten Gliederteile in die Säcke und deckte auch die zwei Torsi damit ab. Dann erst seilte ich mich die zwanzig Meter zu den beiden Verletzten ab. Dort angekommen, verschaffte ich mir einen Überblick über die Gesamtsituation. Die beiden Bergsteiger, Engländer, waren ebenfalls vom Steinschlag überrascht worden und wohl auch fünf bis zehn Meter abgestürzt, aber das Schicksal hatte sie vor Schlimmerem bewahrt.

107

»Ich bin seit zwanzig Jahren Priester. Aber erst heute habe ich gelernt zu beten«, sagte einer der beiden mit zitternder Stimme.

Wie es aussieht, hat es genützt, dachte ich nur: Die beiden hatten schwere Prellungen und auch kleinere Schürfwunden abbekommen, ansonsten ging es ihnen jedoch gut.

Gerold übermittelte ich über Funk diese Informationen. Da es nur leichte Verletzungen waren, verpackte ich sie nicht in eine Rettungsbahre, sondern befestigte sie direkt mit ihrem Klettergurt an die Hubschrauberwinde. Ich wollte vor allem, dass die beiden diesen gefährlichen Ort so schnell wie möglich verließen. Einzeln und ganz langsam wurden die Patienten an Bord gezogen und zur Hörnlihütte geflogen.

In der Zwischenzeit traf ein zweiter Hubschrauber mit der Polizei an der Unfallstelle ein. Das Gesetz schreibt vor, dass bei Bergunfällen mit tödlichem Ausgang die Polizei den Unfall aufnehmen, Ursachen abklären und Zeugen vernehmen muss. Die Beamten fotografierten aus dem Hubschrauber heraus die Stelle, an der noch immer die beiden Leichen lagen, und flogen danach ebenfalls zur Hörnlihütte.

Damit auch ich endlich aus der Steinschlaggefahr herauskam, stieg ich an meinem Seil die zwanzig Meter wieder hinauf bis auf die Normalroute. Bevor ich mit dem endgültigen Verpacken der sterblichen Überreste begann, ließ ich erst mehrere Seilschaften die Unfallstelle passieren. Die meisten der Bergsteiger hatten von dem tragischen Vorfall nicht viel mitbekommen. Sie dachten wohl, das viele Blut stamme von den beiden Verletzten, die man aus dem Berg herausgeflogen hatte. Zum Glück hatte ich die beiden Leichen zuvor abdecken können und die umherliegenden Körperteile verpackt. Sonst hätte dieser Anblick hier sicher eine Panik ausgelöst, was an diesem Ort besonders gefährliche Folgen haben kann.

Über Funk nahm ich mit Gerold Kontakt auf: »Wie geht es unseren beiden Patienten?«

»So weit ganz gut. Aber sie werden jetzt zur genauen Untersuchung nach Visp ins Spital geflogen.«

Jedoch mit einem anderen, größeren Hubschrauber, ein EC 135, somit blieb Gerold mit seiner Maschine jederzeit für mich einsatzbereit.

»Ich benötige noch ein Heli-Netz, damit ich die Leichensäcke verpacken kann. In zehn Minuten kannst du mich abholen. Dann bin ich hier fertig.«

Kurze Zeit später flog Gerold an. An einem Doppelhaken am Ende des Taus baumelte das Heli-Netz. Während der Hubschrauber über mir stand, klinkte ich es aus, und Gerold flog im Kreis, bis ich mit dem Einpacken der Leichensäcke fertig war. Nach drei Minuten gab ich über Funk durch: »Okay, du kannst kommen.«

Zuerst machte ich das Netz und dann mich am Doppelhaken fest. »Langsam aufziehen.« Es zog mich vom Boden weg, und nach ein paar Metern folgte das Netz mit den sterblichen Überresten der beiden Bergsteiger. Gemeinsam schwebten wir zurück zur Hütte. Ich begleitete sie auf dem letzten Flug durch ihre geliebten Berge.

Die beiden Polizisten warteten bereits, um mit mir den Fall zu besprechen. Die zwei verletzten Engländer (die sich bereits im Krankenhaus befanden) hatten über die Identität der beiden Toten keine Angaben machen können. Die beiden Seilschaften kannten sich nicht, sie waren nur zur gleichen Zeit am falschen Ort gewesen. Und so wussten wir nicht, um wen es sich handelte. Noch nicht. Auf der Hütte sammeln wir zwar am Vorabend einer Besteigung genau aus diesem Grund die Ausweise von den Bergsteigern ein – bis jedoch nicht alle vom Berg zurück sind und ihre Ausweise wieder abgeholt haben, wissen wir nichts über ihre Identität. Entweder werden sie als vermisst gemeldet, oder zwei Pässe bleiben übrig ... Bis wir dies wussten, blieb also nichts anderes zu tun, als sie ins Tal zum Bestatter zu transportieren und abzuwarten, bis etwaige Zeugen des Unfalls, die noch am Berg unterwegs waren, die Hütte erreicht hatten. Ich versprach, sie an die Zermatter Polizei zu verweisen, damit der Unfallhergang protokolliert werden konnte.

Menschen verlieren in den Bergen ihr Leben – das war schon immer so und wird auch in Zukunft nicht zu verhindern sein. Es ist und bleibt tragisch, und ich werde mich nie an solche Bilder gewöhnen können. Mit der Zeit ist mir jedoch bewusst geworden, dass es keine absolute Sicherheit gibt und der Tod – wie die Geburt – zum Leben dazugehört.

Nach all den Hunderten tödlichen Unfällen, die ich bei meinen Rettungseinsätzen erlebt habe, wird immer nach dem Warum und Wieso gefragt: Welche Fehler wurden gemacht? Wer hat Schuld daran? Ich persönlich glaube nicht an Zufälle, und für mich gibt es keine Schuldigen. Bergsteiger sind auch keine Selbstmörder, die sich bewusst in tödliche Situationen begeben. Ich glaube, unser aller Glück oder Pech steht schon lange irgendwo niedergeschrieben – und somit auch, ob wir ein solches Ereignis überleben oder nicht. Wir selber können das nicht beeinflussen.

Der Alltag auf der Hütte geht für uns auch nach einem solchen schrecklichen Unfall bald weiter. In einem durchschnittlichen Sommer ereignen sich alleine am Matterhorn an die vierzig Rettungseinsätze, etwa ein Drittel davon mit tödlichem Ausgang. Darüber wird im Hüttenteam nicht näher gesprochen, es sei denn, es wird gewünscht. Aber der Tod ist kein Tabuthema, im Gegenteil, er gehört zu unserem Leben dazu, gerade hier oben. Und geteiltes Leid ist halbes Leid. Die Mitarbeiter auf der Hörnlihütte lernen mit der Zeit, ebenso wie wir als Retter, Abstand zu den Unfällen zu gewinnen.

Sogar Kevin hatte hier schon einiges erlebt. Natürlich war er ein wenig erschrocken gewesen, als der Rettungseinsatz losging und tragisch endete. Aber er konnte schon früh die guten Dinge von den schlechten trennen. Als ich von diesem traurigen Einsatz zurückkehrte, versprach ich ihm daher, schon bald einen neuen Kletterversuch zu unternehmen – mit dem Ziel, 3700 Meter zu erreichen. Denn das erste, wenn auch kurze Training hatte ihm gut gefallen. Schließlich hatten wir einen Plan – und ein Ziel vor Augen.

Kurze Beine
auf langer Tour

Inzwischen war Kevin sieben Jahre alt geworden und kletterte ganz natürlich und sicher in Fels und Eis. Die wichtigste Voraussetzung für ein kräftesparendes Bergsteigen (den Laufrhythmus halten und seinen Körper an Höhe und dauerhafte Anstrengung gewöhnen) erfüllte er bereits, denn zwei einfache Viertausender, das Breithorn (4164 Meter) in Zermatt und das Allalinhorn (4027 Meter) in Saas Fee, hatten wir beide schon gemeinsam erfolgreich erklommen.

Mit unserem Plan, das Matterhorn zu besteigen, waren wir ein wenig im Vorsprung, denn eigentlich wollte ich erst im nächsten Jahr mit Kevin den Gipfel in Angriff nehmen. Doch das diesjährige Etappenziel, bis zur Solvayhütte hinaufzusteigen, hatten wir schon in der letzten Saison erreicht – und das ohne jegliche Anzeichen von Überanstrengung. Das bedeutet jedoch nicht, dass das Matterhorn ein Berg für Kinder ist! Kevin hat während seiner Kindheit und Jugend jeden Sommer zwei bis drei Monate auf der Hörnlihütte verbracht und war schon damals ausgesprochen gut akklimatisiert. Für ein Kind aus dem Tal oder womöglich aus dem Flachland ist eine Matterhornbesteigung ganz sicher nicht zu empfehlen.

Ich schlug also ein Jahr früher als geplant vor, noch einmal bis zur Solvayhütte zu gehen und dann, je nach Lust und Laune, weiterzuklettern. Kevin sollte das alleine entscheiden. Nur einen Sherpa mit Höhenangst darf man zu seinem Glück zwingen, Kinder nicht …

Die Schutzhütte liegt auf halber Strecke zum Gipfel, und so erinnerte ich ihn noch einmal an einen wichtigen Grundsatz: »Denk dran, Kevin, die Strecke bis zur Schutzhütte ist nur ein Viertel, und der Gipfel nur die Hälfte der gesamten Tour – und damit auch der gesamten Anstrengung. Du darfst nie vergessen, dass man auch wieder runter muss.«

Am nächsten Morgen machten wir uns vor Tagesanbruch zusammen mit den anderen Bergführern und ihren Gästen auf den Weg. Angeseilt verließen wir die Hütte in Richtung Einstieg. Da Kevin und ich nicht zu den schnellsten Seilschaften gehörten, ließen wir die anderen zuerst passieren. Wegen der mäßigen Verhältnisse waren nicht viele Bergsteiger unterwegs. Am Hörnligrat lag mehr Schnee und Eis als bei wirklich guten Bedingungen, und der Wetterbericht für die kommenden Stunden hört sich auch nicht positiv an. Ich hatte das alles im Blick und war darauf gefasst, rechtzeitig umzukehren.

Kevin und ich kletterten los, und ich bat ihn, mir die Namen der markanten Punkte zu nennen. Die Orientierung am Berg ist nicht so einfach, deshalb haben die heimischen Bergführer schon vor ungefähr hundert Jahren den wichtigen Stellen Namen gegeben. Diese sind meist nur unter Bergführern bekannt, da man die Route richtig gut kennen muss, um zu wissen, wo sich welche Stelle mit der richtigen Bezeichnung befindet.

So lernte mein Sohn automatisch und spielerisch die Route immer besser kennen. Wir passierten das erste, dann das zweite Couloir, und Kevin sagte laufend die kommenden Punkte an: Eisloch. Elwe Fad. Steinschlag-Couloir. Eseltritte. Bohrlöcher. Alte Hütte. Faules Eck. Gebiss. Untere Mosley-Platte. Und schließlich standen wir vor der Solvayhütte.

Obwohl wir schon früh Steigeisen anziehen mussten, weil der Fels vereist war, kamen wir gut voran. Klettern am eisigen Fels mit Steigeisen ist natürlich viel anstrengender als ohne auf trockenem Gestein, aber auch ein nützliches Training. Nun hatten wir also unser Etappenziel erreicht. Lockte jetzt der Gipfel?

»Und Kevin, was meinst du?« Mich interessierte seine Einschätzung der Situation. Nicht nur seine persönliche, sondern auch die der Lage insgesamt. Achtete er auf Wetterverhältnisse, die Bedingungen am Berg und sein eigenes Befinden?

»Eigentlich fühle ich mich gut, und der Gipfel würde mich schon reizen. Aber das Wetter ist nicht so schön, und deshalb macht es keinen großen Spaß, weiterzusteigen. Man kann ja auf dem Gipfel nichts vom Panorama sehen, und da wir ja eh ständig hier vor Ort sind, können wir auch einen besseren Tag aussuchen.«

Er hatte vollkommen recht. Aber noch ein anderes Argument überzeugte mich: Wir hatten Rebecca versprochen, mit ihr zusammen das Matterhorn zu besteigen, und dieses Versprechen wollten wir beide halten. »Wir kehren lieber wieder um. Außerdem fängt es an zu schneien.« Selbst die anderen Bergsteiger, die vor uns unterwegs waren, konnten nicht sicher sein, es heute bis auf den Gipfel zu schaffen.

Während des Abstiegs konnte Kevin seine Kenntnis über

die Route noch ein bisschen vertiefen. Nun alles in umgekehrter Reihenfolge: Untere Mosley-Platte. Gebiss. Faules Eck …

Etliche Bezeichnungen später trafen wir wieder auf der Hütte ein. Auch ohne Gipfelerfolg war es für meinen Sohn und mich ein tolles gemeinsames Erlebnis. Aber in dieser Saison unternahmen wir keinen neuen Versuch mehr.

Nachdem ein weiteres Jahr ins Land gegangen war, rückte der Tag für die geplante Familienbesteigung immer näher. Rebecca hatte das Matterhorn zehn Jahre zuvor das erste Mal bestiegen – zusammen mit mir. Dass sie nun mit ihrem achtjährigen Sohn hinaufgehen würde, hätte sie sich niemals träumen lassen.

Wir mussten nur den idealen Tag mit den bestmöglichen Verhältnissen abwarten. Dann endlich, am 13. August, war es so weit: Der Wetterbericht versprach perfektes Wetter, und am Berg wurden nicht allzuviele Bergsteiger erwartet. Eine Konstellation, die selten vorkam und deshalb natürlich für uns ein großer Glücksfall war.

Auch auf der Hütte war es relativ still, so dass wir ohne schlechtes Gewissen die Crew alleine lassen und die Tour in Angriff nehmen konnten. Die Verhältnisse am Berg hingegen waren nicht die allerbesten, es gab mehr Schnee und Eis als üblich. Aber dafür hatten wir den Vorteil, die Route nicht mit so vielen anderen Bergsteigern teilen zu müssen. Eine Premierenbesteigung mit einem Achtjährigen, wenn sich mehr als hundert Bergsteiger umeinander tummeln, ist nicht gerade ideal. Dann schon lieber weniger gute Verhältnisse.

Wir ließen also die schnelleren Seilschaften vorauskletterntern, denn wir wollten die Tour langsam angehen. Für Kevin war es wichtig, sich vom Start weg an einen gleichmäßigen Kletterrhythmus zu gewöhnen und so wenig Kraft wie möglich zu verbrauchen. Das zahlt sich bei einer stundenlangen Besteigung aus.

Auf 3700 Metern, bei den Bohrlöchern, mussten wir anhalten und unsere Steigeisen anziehen. Normalerweise ist das erst auf der Schulter auf 4200 Metern notwendig, aber wie gesagt: Es gab mehr Eis und Schnee als sonst. Kein Problem für Kevin und Rebecca, sie waren geübt, mit Steigeisen im Fels zu klettern.

Nach zweieinhalb Stunden erreichten wir die uns allen gut bekannte Solvayhütte. Hier machten wir eine kleine Rast und stärkten uns. Rebecca war erstaunt, wie gut es Kevin ging. Man sah ihm keinerlei Anstrengung oder Müdigkeit an. Er war sehr motiviert, vor allem, da von jetzt an für ihn Neuland begann.

Damit die nun warmen und gut durchbluteten Muskeln nicht wieder abkühlten, ging es nach einer kurzen Pause weiter. Ein erneutes kräfteraubendes Einklettern wäre sonst vonnöten gewesen, und das galt es unbedingt zu vermeiden. So kletterten wir weiter, zuerst über die Obere Mosley-Platte, dann zum Unteren Roten Turm und schließlich machten wir auf der Schulter erneut eine kleine Rast. Wir hatten knapp 1000 Höhenmeter hinter uns, und es war entsprechend kalt geworden. Also zogen wir uns eine Jacke, Mütze und wärmere, gefütterte Handschuhe an. Kevin war euphorisch und sah den Gipfel immer näher kommen. Rebecca war wohl eher froh, es bald hinter sich zu haben. Denn die Besteigung des Matterhorns mit dem kleinen Sohn ist schon ein abenteuerlicher Familienausflug. Trotzdem genossen wir noch kurz das phantastische Panorama und machten ein paar Erinnerungsfotos. Dann ging es weiter: Axelgrat, Oberer Roter Turm und dann endlich die fixen Seile.

»Jetzt beginnt der anstrengendste Teil der Route«, erklärte ich den beiden.

Die Fixseile sind etwa 150 Meter lang, und steile 100 Höhenmeter können mit ihrer Hilfe überwunden werden.

»Es ist wichtig, dass ihr die Seile nur als Hilfsmittel für euer Gleichgewicht nutzt. Wie ein Treppengeländer.« Man sollte auf keinen Fall versuchen, sich mit Armkraft daran hochzuziehen. Das Körpergewicht muss hauptsächlich durch die Beinmuskulatur bewegt werden, denn Beine sind viel stärker als Arme. Zahlreiche Bergsteiger machen das falsch und verlieren so ungeheuer viel Kraft. Und die ist auf dieser Höhe nur schwer wieder zurückzugewinnen.

Die Namen der verschiedenen Fixseile kannten meine beiden Gefährten noch nicht: »Zuerst kommen die Lätzen Seile, dann der Kreuzsatz und danach der Kettensatz.« Wir passierten noch zwei weitere kurze Seile, und vor uns lag das Untere und Obere Dach. In zwanzig Minuten sollten wir das lang ersehnte Ziel erreichen. Die Bergführer, die sich mit ihren Kunden auf dem Abstieg befanden, gratulierten Kevin schon jetzt zu seinem bevorstehenden Gipfelerfolg. Viele Kunden konnten nicht glauben, einen so jungen Mann hier oben zu sehen – vor allem so frisch und munter, denn unser Sohn sah weniger müde aus als die meisten von ihnen.

Wir näherten uns dem Gipfel und erreichten ihn genau fünf Stunden nach dem Verlassen der Hütte. Rebecca, Kevin und ich nahmen uns ganz fest in die Arme. Wir waren den Tränen nahe, so berührend war dieser Augenblick. Da standen wir drei auf dem Gipfel des wohl schönsten Berges der Welt bei traumhaftem Wetter mit bester Fernsicht. Wir machten natürlich das obligatorische Gipfelfoto und ließen uns glücklich auf einen Stein nieder. Diesen erhabenen Moment wollten wir genießen. Beide, Kevin und Rebecca, hatten eine großartige Leistung vollbracht.

Da fiel mir plötzlich etwas ein: »Kevin, jetzt kannst du selber ein paar Steine mit nach unten nehmen, um sie zu verkaufen.« Aber er hörte mich nicht, er war zu sehr mit seinem Erfolg und der Tatsache beschäftigt, auf dem Gipfel des Matterhorns zu sein. Sein Traum war endlich wahr geworden.

Nach einer Weile kam der Moment, an dem wir wohl oder übel diesen grandiosen Platz verlassen mussten. »Wir haben noch einen Abstieg vor uns, der genauso lang, schwer und anstrengend ist.«

Also kletterten wir wieder hinunter. Diesmal lief Rebecca voraus, Kevin in der Mitte und ich zum Schluss, um beide halten zu können, wenn es nötig sein sollte. In der Schutzhütte legten wir wieder eine kleine Pause ein und zogen Jacke, Handschuhe und Mütze aus. Währenddessen begegneten uns Bergsteiger, die noch immer beim Aufstieg waren. Das machte sogar Kevin stutzig: »Was haben die denn bis jetzt gemacht? Es ist doch schon viel zu spät. Sie werden es heute nie und nimmer zurück zur Hörnlihütte schaffen.« Wenn schon ein Achtjähriger weiß, dass das nicht richtig und vor allem nicht sicher sein kann, was haben diese erwachsenen Bergsteiger in ihrer Karriere wohl verpasst zu lernen?

Nach den Bohrlöchern waren die Felsen endlich wieder trocken, und wir konnten die Steigeisen ausziehen. Der Abstieg dauerte länger, als ich dachte. Kevin war nicht nur sehr jung, er war ja auch noch klein, und für die größeren Absätze, die er hinunterklettern musste, wendete er eine bestimmte Technik an: Er setzte sich jedes Mal zuerst auf den Hintern, damit er die tiefer liegenden Tritte erreichen konnte. Das ging an die Substanz und nahm entsprechend mehr Zeit in Anspruch. Aber das alles spielte keine Rolle: »Nimm dir so viel Zeit, wie du brauchst.«

Gegen 16 Uhr trafen wir auf der Hütte ein. Jetzt sah man Kevin den anstrengenden Tag schon ein wenig an. Er war überglücklich, es geschafft zu haben, aber auch heilfroh, wieder auf der Hütte zu sein. Das Team begrüßte ihn herzlich, und alle gratulierten zu seiner herausragenden Leistung: Er war und ist der jüngste Bergsteiger, der je das Matterhorn bestiegen hat!

Ich selbst stand mit zwanzig Jahren zum ersten Mal auf dem Gipfel des »Horu«, wie wir Zermatter das Matterhorn nennen. Das bedeutete, dass mich mein Sohn mit mehr als einem Jahrzehnt und um Längen geschlagen hatte. Ich freute mich sehr über diesen gelungenen und etwas ungewöhnlichen Familienausflug mit all seinen Eindrücken. Vor allem aber freute ich mich für Kevin! Dieser Tag wird uns sicher für immer in schönster Erinnerung bleiben.

Ohne Fleiß kein Preis

Für die meisten Gäste ist eine Matterhornbesteigung in der Regel ein lange im Voraus geplantes Ziel, auf das sie sich konditionell gut vorbereitet haben. Aber eben nur für die meisten ... Leider trifft das nicht immer auf alle zu.

Da letztlich der Bergführer die volle Verantwortung für das Unternehmen trägt, wird eine Tour frühzeitig abgebrochen, wenn sich jemand nicht gut genug vorbereitet hat. Denn das geht eindeutig zu Lasten der Sicherheit. Doch nicht nur mangelnde Vorbereitung kann der Grund für einen Misserfolg sein. Manch einer unterschätzt die Tour über den Hörnligrat – oder überschätzt sich selbst. Obwohl technisch nicht besonders schwierig, ist die Besteigung lang und sehr anstrengend, weshalb gute Kondition eine wichtige Grundvoraussetzung ist. Außerdem erfordert das Klettern im Fels, teilweise mit Steigeisen, viel Kraft. Effektives, Kräfte sparendes Bergsteigen heißt: Jeder Handgriff und jeder Schritt müssen genau überlegt sein. Ich habe schon mehr als 350 Mal mit Gästen das Matterhorn bestiegen, und alle sagten mir nach der Tour, sie hätten es sich viel kürzer und einfacher vorgestellt.

Jemanden auf das Matterhorn zu führen ist für uns nicht immer gleich schwer oder leicht, denn jeder Kunde, ob Europäer, Amerikaner oder Asiat, ist anders: Den einen muss man ermuntern, ein anderer ist möglicherweise übermotiviert. Einige überschätzen sich total, andere trauen sich, völlig zu Unrecht, gar nichts zu. Manch einer denkt, mit Bergführer klappt es immer, auch wenn er selbst schlecht trainiert ist. Aber weit gefehlt. Ohne nötiges Training und körperliche Fitness wird es nicht gelingen. Das wollen manche Gäste nicht wahrhaben und suchen Gründe für ihr Scheitern. Schuld sind dann die Verhältnisse am Berg, die Ausrüstung, der Bergführer oder das Essen auf der Hütte. Als Bergführer wünscht man sich natürlich einen gut trainierten Gast. Heikel wird es mit unsicheren Gästen, man muss jeden Moment damit rechnen, dass sie Fehler machen, ausrutschen und plötzlich am Seil hängen. Das verlangt einen Bergführer sieben bis acht Stunden volle Konzentration ab und geht ganz schön an die Substanz.

Leider kursiert immer wieder das seltsame Gerücht, ein Bergführer würde jeden am Seil auf den Gipfel ziehen, wenn er es aus eigener Kraft nicht schafft.

Aber die Berge kann man nicht täuschen, sie erkennen Könner und solche, die es nur vorgeben zu sein. Leistung wird am Erfolg gemessen. Der Rest sind Ausreden und Selbstbetrug.

Ich habe nur ein einziges Mal jemanden auf Biegen und Brechen auf den Gipfel geführt. Danach nie wieder – weder aus Mitleid noch aus Sympathie. Man darf den Wunsch nach einem Gipfelerfolg nicht unter allen Umständen erfüllen, schon gar nicht, wenn der Bergsteiger oder die Bergsteigerin nicht gut vorbereitet ist. Davon erzählt die nächste Geschichte.

Das Gegenteil von
gut ist gut gemeint

Es war im Sommer 1986, seit einem Jahr arbeitete ich als Bergführer und hatte schon an die sechzig Mal Gäste auf das Matterhorn geführt.

Nach einem kurzen Mittagsschlaf in der Hörnlihütte machte ich mich auf, meinen nächsten Gast zu treffen, der mir vom Alpin-Center in Zermatt vermittelt worden war. Ich wusste von ihm nur, dass er Friedrich hieß und aus Deutschland stammte. Er war an jenem Tag von Zermatt mit der Bahn bis nach Schwarzsee gefahren und weiter zu Fuß auf die Hütte gegangen. Wie jeder Bergführer war ich ein wenig gespannt auf meinen Kunden: Ist er gut trainiert und akklimatisiert? Hat er viel oder wenig Erfahrung im Klettern? Handelt es sich um einen jüngeren oder älteren Kandidaten?

Friedrich saß an dem eigens für die Gäste der Bergführer reservierten Tisch und wartete auf mich. Nach der Begrüßung suchten wir uns ein ruhiges Plätzchen und besprachen den nächsten Tag. Er schien gut trainiert und sogar sehr gut akklimatisiert zu sein, denn er war bereits seit zwei Wochen in Zermatt und viel umhergewandert. Geklettert war er jedoch noch fast nie, und der Jüngste schien er auch nicht mehr zu sein. Ich beschloss, ihn direkt zu fragen, wie alt er sei.

»Ich werde fünfundsiebzig.« Ich staunte nicht schlecht, aber für ihn schien es das Normalste der Welt zu sein. »Es ist ein lang ersehnter Wunsch von mir, mit fünfundsiebzig Jahren das Matterhorn zu besteigen.«

Ich hatte (und habe immer noch) kein Vorurteil älteren Kunden gegenüber. Aus meiner Erfahrung wusste ich, dass sie oft sogar eine bessere Kondition haben und ausdauernder sind als manch junger Bergsteiger. Jedoch befand ich, dass fünfundsiebzig Jahre schon ein hohes Alter für eine so lange Tour war – nur sehr wenige versuchten es in diesem Alter überhaupt noch. Und wenn, dann waren es Bergsteiger oder Bergsteigerinnen, die in ihrem Leben schon viele Touren gemacht hatten und extrem routiniert waren.

Nach einer kurzen Unterhaltung war aber schnell klar, dass Friedrich nur wenig Erfahrung hatte, und es erstaunte mich, dass die Bergführervermittlung ihm von dieser Tour nicht abgeraten hatte. Erst später erfuhr ich, dass er nie persönlich im Büro des Alpin-Centers war; er hatte alles telefonisch organisiert. Außerdem entsprachen seine Angaben nicht der Wahrheit: Er sei fünfundfünfzig Jahre alt und habe schon einige Viertausender hinter sich. Das stimmte eindeutig nicht. Vielleicht hatte er sich dieser Notlügen aus Sorge bedient, man könnte ihm das Matterhorn »verbieten«.

Dennoch war er ein sympathischer Mann, wir unterhielten uns gut. Auch wenn er mein Vater hätte sein können: Er war total überzeugt davon, den Gipfel zu schaffen. Ich hingegen glaubte, dass der morgige Tag für mich sicher nicht einfach werden würde. Die Chancen schienen nicht die besten zu sein. Bald würde ich wissen, ob sich meine Befürchtung bestätigte oder nicht.

Damit es für ihn nicht schon am Anfang der Tour zu stressig wurde, ließ ich am Morgen den Bergführern mit den schnelleren Gästen den Vortritt und reihte mich, viel weiter, als ich es nach meinem Alter und meiner Erfahrung wegen hätte tun müssen, im hinteren Teil der Kolonne ein. Es war Hochsaison, und an die hundert Bergsteiger und -führer machten sich gleichzeitig auf den Weg. Das führte wie immer am Einstieg zum Stau. Nach zehn Minuten jedoch verteilten sich die vielen Menschen, und ich fand zügig ein gleichmäßiges, Kräfte schonendes Tempo.

Friedrich jedoch hatte erhebliche Mühe, seinen Rhythmus zu finden, er sah die Tritte im Fels nur sehr schlecht und versuchte in viel zu großen Schritten zu klettern. Eindeutig ein Zeichen von fehlender Erfahrung im Fels, die Folge ist schnelle Ermüdung. Also kletterte ich noch langsamer, trotzdem stieß er schon bald an seine Grenzen. Alle Bergführer und ihre Gäste überholten uns, und erst als es langsam Tag wurde, kletterte er ein wenig flüssiger und somit weniger kraftraubend. Unterhalb der Solvayhütte machten wir eine kurze Rast, die ich für eine kleine Motivationsansprache nutzte: »Friedrich, du musst dich wirklich zusammenreißen. Schau einfach auf mich und versuche es mir gleichzutun. Sonst haben wir keine Chance, den Gipfel zu erreichen.«

Er nickte ernst, und ich fuhr fort: »Wir können nicht warten, bis es gar nicht mehr geht, und dann erst umdrehen. Denk dran, wir müssen ja auch wieder runterkommen. Und das ist nicht weniger anstrengend als hinaufklettern!«

Ich schlug vor, auf der Solvayhütte zu entscheiden, wie es weitergehen soll. Darüber war er überhaupt nicht erfreut: »Mein Ziel ist der Gipfel und nichts anderes.«

124

Ich wollte dem alten Mann seinen Traum gerne erfüllen, aber das war nicht der richtige Ort für falsche Illusionen: »Hier entscheiden Naturgesetze und keine Wunschgedanken.« Das war die Realität, und außerdem lag es in meiner Verantwortung, ihn auch wieder heil hinunterzubringen. Tatsächlich ging es plötzlich besser, und wir erreichten die Solvayhütte. Zwar mit großer Verspätung, aber immerhin. Doch die bis dahin benötigte Zeit stellte ein Viertel des Zeitaufwandes der gesamten Besteigung dar. Wir hatten drei Stunden gebraucht, und das war viel zu lange. Die durchschnittliche Zeit beträgt zwei Stunden.

So würde die Tour zwölf Stunden dauern, und wir wären erst gegen 16 Uhr zurück bei der Hörnlihütte. Ich besprach das mit meinem Gast: »Und das klappt auch nur dann, wenn du nicht noch langsamer wirst. Wenn deine Kraft nachlässt, haben wir ein Problem, denn wir haben keine Zeitreserve.«

Friedrich verstand meine Bedenken, gab sich aber zuversichtlich: »Ich kann das Tempo halten. Ich fühle mich inzwischen sicherer und körperlich besser als vor zwei Stunden.«

Ich dachte nach. Normalerweise würde ich in einer ähnlichen Situation an dieser Stelle umkehren. Ich wollte jedoch alles versuchen, ihm den Gipfelerfolg zu ermöglichen. In seinem Alter würde es wohl keine zweite Chance geben, und ich gönnte es ihm von Herzen. Also ließ ich mich von meinen gutgemeinten Gefühlen leiten, und wir kletterten weiter. Er stieg mit regelmäßigen Schritten hinter mir her, und wir gewannen stetig an Höhe. Auf der Schulter in Höhe von 4200 Metern legten wir eine weitere kleine Pause ein und zogen unsere Steigeisen an.

Bei den Fixseilen kamen uns die ersten Bergführer entgegen, die sich bereits im Abstieg befanden. Einer davon Onkel Richard. »Bist du dir sicher, noch bis zum Gipfel zu klettern?«, fragte er mich.

»Ich denke schon. Mein Gast ist zwar langsam, aber gleichmäßig langsam. Und das Wetter zeigt sich ja von seiner besten Seite.«

»Pass auf dich auf und kehr lieber um, wenn du das Gefühl hast, dass es besser ist.«

Ich versprach es, und wir verabschiedeten uns voneinander. Friedrich und ich kletterten weiter, und zwei Stunden später standen wir tatsächlich oben auf dem Gipfel des Matterhorns. Ich gratulierte meinem Gast zu seiner Leistung – in seinem Alter wahrlich keine Selbstverständlichkeit! Tränen der Freude standen in seinen Augen. Auch ich freute mich mit ihm, wenngleich die Freude ein wenig getrübt war. Wir mussten schließlich die ganze Strecke wieder zurück.

Nach ein paar Erinnerungsfotos und einer kleinen Stärkung machten wir uns wieder auf den Weg. So langsam, wie wir hinaufgestiegen waren, stiegen wir auch wieder ab: Oberes Dach, Unteres Dach, über die Fixseile, beim Oberen Roten Turm vorbei bis zur Schulter, wo wir die Steigeisen auszogen. Um 14.30 Uhr waren wir wieder bei der Solvayhütte. Friedrich sah sehr geschafft und müde aus, er versicherte aber: »Mir geht es gut!« Dafür hatte ich nun ein anderes Problem. Beim weiteren Abstieg musste ich ständig auf Steinschlag achten. Da wir so spät unterwegs waren, befanden wir uns nun unter all den Bergsteigern, die ohne Bergführer unterwegs waren. Und die kamen immer wieder von der sicheren Route ab, kletterten im losen Gestein und traten so Steine ab, von denen wir dauernd attackiert wurden.

Im zweiten Couloir passierte es dann. Schnell sprang ich zur Seite und blickte nach oben: Dicke Steine flogen auf uns zu. Alles ging extrem schnell, ich konnte noch nicht einmal meinen Gast warnen. Ich hielt das Seil, so fest es ging, in meinen Händen und warf mich auf den Boden. Da trafen mich auch schon die ersten Brocken. Am Seil gab es einen heftigen Schlag, aber ich konnte den alten Mann halten. Drei Sekunden später war alles vorbei. Ein großer Stein hatte meinen Rucksack getroffen. Ich hatte zwar Schmerzen am Rücken und in der Brust, meine Hände waren blutig, aber abgesehen von den Prellungen und Schürfungen schien alles in Ordnung zu sein. Friedrich hatte weniger Glück gehabt: Ihn hatte es am Kopf, an der Schulter und den Armen erwischt. Er blutete stark am Kopf, war aber Gott sei Dank ansprechbar. Ein Arm war gebrochen.

Zuerst zog ich ihn ein paar Meter weiter, weg von dieser gefährlichen Stelle, in Sicherheit. Dann alarmierte ich die Air Zermatt, er musste dringend ins Krankenhaus geflogen werden. »In fünfzehn Minuten kommt der Hubschrauber mit einem Arzt an Bord, und dann fliegen wir dich hier raus. Mach dir keine Sorgen, alles wird gut werden.« Er schien nicht sonderlich erschrocken, im Gegenteil, er nahm es total gelassen. Was muss dieser Mann schon alles erlebt haben? Vielleicht ist man aber im Alter auch nicht mehr so leicht zu erschüttern. So gut es ging, verband ich seine Kopfwunde.

Endlich traf der Hubschrauber ein. Ich klinkte zuerst meinen verletzten Gast in den Haken der Winde ein. »Ihr fliegt zurück auf die Hütte, dort wartet ein Arzt auf dich«, rief ich ihm zu, dann flog er davon. In der zweiten Rotation war ich dann dran. Auf der Hörnlihütte entschied der Arzt: »Der Patient muss sofort ins Spital geflogen werden. Wir werden ihn in die Vakuummatratze verpacken und von hier direkt nach Visp fliegen.«

Diese Tour war jäh zu Ende. Ich blieb aber trotzdem auf der Hütte, da ich schon am nächsten Tag erneut einen Kunden hatte, der aufs Matterhorn geführt werden wollte. Wir verabschiedeten uns voneinander: »Morgen werde ich dich nach meiner Tour im Krankenhaus besuchen. Gute Besserung!«

Nachdenklich schaute ich dem Heli nach. Musste das wirklich passieren? Es war mein erster Unfall mit einem Gast gewesen. Ich fühlte mich schuldig. War ich zu weit gegangen? Hätte ich doch früher umdrehen sollen? War ich zu gutgläubig, zu gutmütig? Oder war es einfach nur Pech? Fragen, die man sich als Bergführer – egal ob jung oder alt, erfahren oder unerfahren – immer nach einem solchen Vorfall stellt. Eines ist sicher: Wir hatten Glück – und nicht Pech. Es hätte nämlich viel schlimmer ausgehen können. Also, alles nur eine Frage, von welcher Seite man es betrachtet.

Wie versprochen, besuchte ich Friedrich am darauffolgenden Tag im Krankenzimmer. Er saß im seinem Bett, und es schien ihm den Umständen entsprechend gutzugehen. Glücklicherweise hatte er keine schwerwiegenden Verletzungen davongetragen. »Alles halb so schlimm«, meinte er und fügte hinzu: »Es gibt unsichtbare, bleibende Verletzungen, die viel dramatischer sind.«

»Was meinst du damit?«

Und da fing er an, mir von seiner Vergangenheit zu erzählen: Während des Zweiten Weltkrieges, 1941, wurde er mit dreißig Jahren zum Militärdienst eingezogen. 1945 wurde er dann an die russische Front geschickt. Mein fünfundsiebzigjähriger Seilpartner musste damals nicht nur gegen die Russen kämpfen, sondern vor allem auch gegen den kalten weißen Winter in Russland. Es war eine harte Zeit, und Worte können nur schwer beschreiben, was die Männer durchgemacht haben. Friedrich fuhr fort, und ich lauschte gebannt: »In einem Gefecht wurde ich von einer russischen Kugel schwer am Kopf verletzt. Unterhalb des rechten Auges trat die Kugel in den Kopf und hinter dem linken Ohr wieder aus. Ein glatter Durchschuss.«

Ich war total erschüttert und schwieg. Wie konnte man

das überleben? Er berichtete weiter. Schwer verletzt blieb er am Boden liegen, sogar seine Kameraden hatten ihn aufgegeben und seinem Schicksal überlassen. So kam es, wie es kommen musste: Er fiel in die Hände der Russen. Sie brachten ihn in ein Lazarett, wo er einige Wochen blieb, bis er sich von seinen schweren Verletzungen wieder einigermaßen erholt hatte. Es folgten ein paar Jahre Gefangenschaft, bis sich die Kriegswirren gelegt hatten und er zurück nach Deutschland durfte. »Von den Verletzungen habe ich mich gut erholt und keine erkennbaren oder bleibenden Schäden davongetragen. Aber ich habe mein Gedächtnis verloren.« Seitdem könne er sich an nichts mehr erinnern. »Die Zeit vor der Kopfverletzung ist quasi ausgelöscht. Ich weiß nicht, wo ich geboren und aufgewachsen bin, wo ich zur Schule ging, wer meine Eltern waren und wie sie hießen.«

An gar nichts, nicht einmal an seinen Namen konnte er sich erinnern. Zu allem Unglück hatte er an der Front auch noch seinen Ausweis mit den einzigen Identitätsangaben verloren. Nach jahrelangen Nachforschungen hatte er es irgendwann aufgegeben, noch etwas über seine Vergangenheit zu erfahren. Lange Zeit war es für ihn sehr schwierig, mit dieser Situation klarzukommen und eine neue Identität anzunehmen.

Seine Lebensgeschichte war eine der eindrücklichsten, die ich je gehört habe. Nun verstand ich auch, warum ihn seine Kopfverletzung gestern am Matterhorn nicht sonderlich beunruhigt hatte. Im Vergleich zu dem, was er im Krieg erlebt und überlebt hatte, war das für ihn wohl eine eher harmlose Verletzung.

Bewegt und beeindruckt verabschiedete ich mich. Dies war zum Glück der erste und einzige Unfall in meiner bislang fünfundzwanzigjährigen Bergführerlaufbahn, bei dem sich einer meiner Gäste verletzt hatte. Aber an das Ereignis und den alten Kriegsveteranen muss ich häufig denken. Denn unter den Bergführern gibt es auch echte Veteranen. Alte Haudegen, die schon alles erlebt haben und schwer zu erschüttern sind. Sie genießen den vollen Respekt der jungen, zu denen ich ja auch einst gehörte.

Die Letzten werden die Ersten sein

An jenem Abend, an dem ich lernte, was es hier oben heißt, sich hinten anzustellen, waren viele einheimische Bergführer in der Hörnlihütte. Einige von ihnen hatten ihr halbes Leben hier oben verbracht. Die meisten waren zwischen fünfzig und fünfundsechzig Jahre alt, arbeiteten schon seit dreißig Jahren in diesem Beruf und kannten den Hörnligrat in- und auswendig.

Viele unserer Kunden hatten sich schon schlafen gelegt, aber wir Bergführer saßen noch in der Küche bei einem Glas Rotwein zusammen und ließen uns von den älteren, meinem Onkel Richard, Rony, Alphons F., Gabriel und Viktor, Geschichten von vergangenen Bergführer- und Rettergenerationen erzählen. Leider sind viele dieser Geschichten verlorengegangen, da sie niemand aufgeschrieben hat. Es wurde immer später, der Spaß immer größer und die Augen immer kleiner. So legten wir uns auch bald schlafen, denn in ein paar Stunden würden wir vom Hüttenwart Franz auch schon wieder geweckt.

Am Morgen stellten wir zu unserem Leidwesen fest, dass es regnete, und die älteren Bergführer beratschlagten untereinander, was zu tun sei: »Bei Regen zu starten hat keinen Sinn, denn weiter oben am Berg schneit es, und die Verhältnisse sind nicht besonders gut«, meinte Richard, und Alphons schlug vor: »Wenn wir später starten, hat die Sonne im oberen Teil die Felsen schon ein wenig aufgeheizt.«

»Also gut, wir warten eine Stunde, vielleicht hört es bis dahin auf.« Die Entscheidung war gefallen, wurde von allen akzeptiert, und wir frühstückten etwas länger als sonst. Der Essenssaal war gut gefüllt. Der Duft von frischem Kaffee hing in der Luft, und ein allgemeines Murmeln erfüllte den Raum. Alle Bergsteiger waren bereits in voller Montur und mit Ausrüstung versammelt. Seile hingen über den Stuhllehnen, Rucksäcke lagen auf dem Boden, und hier und da klimperten die Karabinerhaken. Von Zeit zu Zeit spähte einer ungeduldig aus dem Fenster in die Dunkelheit.

Plötzlich rief mein Onkel mir zu: »Kurt, geh bitte mal nach draußen und schau, wie es im Westen aussieht. Die Wetterfronten ziehen praktisch immer von West nach Ost. Wenn du im Westen eine Wetterbesserung erkennen kannst, dann werden wir aufbrechen.«

Ich ging hinaus auf die Nordseite der Hütte. Von hier hatte ich eine freie Sicht in den Westen. Es war stockdunkel, und ein empfindlich kalter Wind wehte mir von Norden ins Gesicht. Nur mit Hüttenschuhen an den Füßen und einem dünnen Windstopper bekleidet, suchte ich unter dem Hüttendach Schutz vor dem Regen. In der Dunkelheit war nur schwer zu erkennen, ob es im Westen besser würde. Mich umgab eine von pechschwarzen Wolken verhangene Nacht. Aber nach ein paar Minuten hatten sich meine Augen an die Dunkelheit gewöhnt, und ich konnte erkennen, dass es im Westen heller wurde. Zurück im Frühstücksraum, bemerkte ich die gespannte Stimmung, alle Bergführer hatten aufgehört zu essen und schauten mich erwartungsvoll an. »Ich glaube, das Wetter wird besser.«

In Sekundenschnelle stand Onkel Richard auf und griff nach seiner Ausrüstung. Sofort machten die anderen Bergführer und Gäste es ihm nach. Das alles ging unglaublich schnell. So etwas hatte ich in meinem jungen Bergsteigerleben noch nie erlebt. Kaffee und Brote wurden stehen und liegen gelassen, alle wuselten durcheinander, schnappten sich ihre Sachen, und nicht wenige seilten sich im Laufen an. Blitzartig verließen die ersten Bergführer mit ihren Kunden die Hütte, allen voran Richard. Dieser rasante Schnellstart hatte mich total überrascht, und ich verließ die Hütte mit ein wenig Verspätung. Auf der Terrasse hatte sich bereits eine Schlange gebildet. Richard führte die Kolonne an. Hinter ihm standen vielleicht zwanzig Bergführer und Gäste. Als er mich sah, rief er: »Wo ist unser ältester Bergführer, der Alphons?«

»Er kommt gleich«, antwortete ich, immer noch beeindruckt von dem, was ich gerade gesehen hatte. Im gleichen Moment betrat der fünfundsechzigjährige Alphons mit seinem Gast die Terrasse. Richard hob die Hand. »Alphons komm her und stell dich direkt hinter mich!«

Das war der Platz, der ihm gebührte. Der Platz vor der Hütte war jedoch so überfüllt von Menschen, dass ein Durchkommen bis zur Spitze der Gruppe nicht ohne weiteres möglich war. Also stieg Alphons flugs auf einen Tisch und sprang, mit seinem verdutzten Gast am Seil, von Tisch zu Tisch, bis er Richard erreichte und sich in die Schlange einreihen konnte. Es gab ein großes Gelächter – ein herrliches Schauspiel, das ich so leider nie mehr erlebt habe. Manche Rituale sollten eben einfach erhalten bleiben.

Dann ging es los, und wir alle folgten Richard bis zum

Einstieg. Vorne die älteren Bergführer, hinten die jüngsten, dann die nicht Einheimischen und zum Schluss jene Bergsteiger, die ohne Führer gingen. So viel zum Thema: Hierarchie am Matterhorn.

Inzwischen hat sich für mich die Reihenfolge etwas verschoben. Ich stehe nicht mehr auf den hinteren Plätzen, sondern an der Spitze, da auch ich nun einer der älteren Bergführer bin – so ändern sich die Zeiten.

Wieder was gelernt ...

Bergführer haben sicher eine große Vorbildfunktion, von ihnen kann man eine Menge lernen. Dass es dabei manchmal auch etwas zu weit gehen kann, erfuhr ich vor ein paar Jahren: Ich war mit einem jungen Schweizer Gast Richtung Matterhorngipfel unterwegs. Wir hatten schon einige Touren zusammen unternommen, und es würde ganz sicher eine harmonische Besteigung werden. Ab der Schulter kletterten wir wie üblich mit Steigeisen Richtung Gipfel und erreichten ihn ohne Probleme und bei herrlichem Wetter nach dreieinhalb Stunden. Beim Abstieg begegneten wir immer wieder Bergführern, die sich mit ihren Gästen auf den letzten Metern befanden. Auch sie kletterten alle mit Steigeisen. Am Unteren Dach kam uns mein Kollege Thomas, Spitzname Turbo, mit seinem Gast am Seil entgegen. Mein Blick fiel auf seine Bergschuhe. Links trug er nur ein Steigeisen. Sein Gast hingegen trug nur eins am rechten Schuh. Das interessierte mich nun brennend, und ich fragte nach dem Grund.

»Mein Kunde hat seine Steigeisen in der Hütte vergessen. Leider haben wir das zu spät bemerkt, deshalb teilen wir uns nun mein Paar«, erklärte Turbo. »Wir klettern jeder mit einem weiter, das funktioniert ja auch, wie du siehst!«

Gut, dachte ich, zur Not kann man das mal machen. Es geht zwar ein bisschen langsamer voran, aber wenigstens müssen sie die Tour nicht abbrechen.

Am Hörnligrat müssen die Steigeisen immer mitgenommen werden, da ein Teil der Route dauernd vereist ist. Nur an Ausnahmetagen, nach einer längeren Trockenperiode, ist es manchmal möglich, die Tour ohne Steigeisen zu bewältigen. Aber auch dann nehmen wir sie mit, denn bei einem Wettersturz, mit dem man immer rechnen muss, kann es von einer Minute zur nächsten anfangen zu schneien, und auch der Fels ist in null Komma nichts total vereist. Ohne Steigeisen ist man dann aufgeschmissen. Also immer noch besser ein Eisen als gar keines.

Wir gingen weiter unserer Wege. Sie hinauf, wir hinab. Kurz darauf begegnete ich weiteren Bergführern. Die meisten kannte ich vom Sehen, sie stammten aus Frankreich, Deutschland und Österreich. Ich traute meinen Augen nicht: Alle waren nur mit einem Steigeisen unterwegs! Es kann doch nicht sein, dass heute alle ihre Steigeisen in der Hütte vergessen haben. Also hielt ich an und fragte vorsichtig nach: »Wo habt ihr denn das zweite, fehlende Steigeisen?«

»Im Rucksack.«

Die Antwort kam so prompt, als wäre es das Selbstverständlichste der Welt, dass man sein zweites Steigeisen im Rucksack mit sich herumschleppt. Ich hakte nach und wurde sofort aufgeklärt: »Ein einheimischer Bergführer wendet diese neue Methode hier am Matterhorn an, und wir wollen das jetzt auch mal ausprobieren.«

Ich habe selten so gelacht! Soso, eine neue Methode ... »Ihr müsst mir später unbedingt von eurer Erfahrung berichten!«, rief ich noch, bevor wir amüsiert mit der letzten Etappe des Abstiegs begannen.

Natürlich orientiere ich mich auch immer wieder an einheimischen Bergführern, wenn ich in einem mir unbekannten Gebiet unterwegs bin, weil sie ihr Gebiet und die Gegebenheiten einfach am besten kennen. Und ich bin der Meinung, dass man immer und von jedem etwas lernen kann – aber man sollte die Dinge eben auch dann und wann kritisch hinterfragen.

Vom Blitz getrieben

Nicht immer war und ist der Weg zum Gipfel mit solchen Anekdoten verbunden oder ein derart schönes Erlebnis wie die erste gemeinsame Tour mit Kevin und Rebecca. Die Natur macht einem da oft einen Strich durch die Rechnung. So war es auch im August 1986.

Ich kannte die Route über den Hörnligrat inzwischen bei Tag und Nacht, bei Sonne und Nebel. Da das Matterhorn bekannt und berüchtigt ist für schnelle Wetterwechsel, ist es für Alpinisten von Vorteil, wenn man sich notfalls blind orientieren kann.

Für die meisten Bergsteiger liegt die Hauptschwierigkeit einer Matterhornbesteigung in der Orientierung, und die Wegfindung am Hörnligrat ist alles andere als einfach. Befindet man sich nicht auf der Idealroute, verliert man sehr viel Zeit und stößt eher an die eigenen Grenzen. Sollte sich das Wetter und dadurch die Verhältnisse ändern, ist die Reaktionszeit erheblich länger, und es vergeht viel Zeit, bis man wieder zurück auf der Hütte und damit in Sicherheit ist. Vor allem die einheimischen Bergführer kennen den Hörnligrat in- und auswendig und können dadurch auch bei nicht idealen Verhältnissen eine Besteigung wagen. Vorausgesetzt, man hat einen fähigen Gast am Seil. Nur dann hat auch dieser mehr Sicherheitsreserven, und zusammen ist man, wenn nötig, schneller wieder zurück in der Hörnlihütte. Somit kann man sich auch an Grenzen wagen und gleicht durch Schnelligkeit, Klettergeschick, Kraft und Kondition vermeintlich schlechte Bedingungen aus. So war es auch bei jenem Gast im Sommer vor fünfundzwanzig Jahren.

Wie gewohnt traf ich mich mit meinem Kunden am Vorabend in der Hütte, und wir besprachen die Tour. Es handelte sich um einen jungen, sehr gut trainierten Japaner. Das einzige Problem war die Kommunikation: Er sprach kein Wort Englisch, und ich war des Japanischen nicht mächtig. Demzufolge verständigten wir uns per Zeichensprache. Aber das kannte ich schon, denn viele japanische Gäste sprechen keine Fremdsprache. Dafür beobachten sie besonders genau, schauen, wie wir Bergführer vorgehen, und machen es dann einfach nach. Also »learning by doing«. So könnte es auch diesmal gut klappen.

Ich packte seinen Rucksack und achtete darauf, dass er weder zu viel noch zu wenig mitnahm. Außerdem kontrollierte ich seine Ausrüstung: Steigeisen, Jacke, Hose, Handschuhe und Helm, Zwischenverpflegung, Batterien für die Stirnlampe usw. Da er sehr fit wirkte und wir sicher zu den schnellsten Seilschaften gehören würden, hatte ich vor, die Hütte mit den ersten Bergführern zu verlassen, um an der Spitze des Feldes zu sein. Auf einem Blatt Papier skizzierte ich meinem japanischen Kunden den Plan. Er schien es verstanden zu haben, und so hoffte ich, dass er morgen früh rechtzeitig parat sein würde.

Um vier Uhr weckte Franz die Bergsteiger, und schon kurz darauf herrschte im Essraum reges Treiben. Etwa hundertzwanzig Leute wollten auf den Gipfel, sie aßen emsig ihr Frühstück und zogen Bergschuhe und Klettergurt an. Auch mein Japaner war startklar: Er hatte seinen Klettergurt bereits an, den Helm auf dem Kopf, und auch die Stirnlampe leuchtete. Das freute mich, er hatte meinen gestrigen Ratschlag also richtig verstanden. Schnell seilte ich ihn an, und wir verließen als erstes Team die Hütte. Es war noch nicht einmal halb fünf, als wir uns Richtung Einstieg bewegten. Mein Gast folgte mir, und ich merkte sofort, dass er rhythmisch und leichtfüßig kletterte. Er atmete leise und gleichmäßig, meine Einschätzung von gestern Abend bestätigte sich: Er war sehr gut vorbereitet und tipptopp in Form. Dadurch gewannen wir schnell an Höhe und ließen all die anderen weit hinter uns. Diese Art des Kletterns machte natürlich Spaß – es war fast, als wären wir allein am Berg.

Kurz unterhalb der Solvayhütte wurde es Tag. Wir löschten unsere Stirnlampen und bewunderten den außergewöhnlich schönen Sonnenaufgang. Der Himmel war durchzogen von leuchtend roten Schleierwolken, eine einzigartige Atmosphäre. Doch irgendwie kam mir das verdächtig vor: »Morgenrot: Schlecht Wetter droht.« Das lernt man schon als Kind. Der Wetterbericht hatte allerdings schönes Wetter für heute vorausgesagt, nur am späteren Nachmittag sei mit einigen Gewittern zu rechnen. Bis dahin würden wir aber längst wieder zurück auf der Hörnlihütte sein. Dennoch vergewisserte ich mich lieber noch einmal: Da schlechtes Wetter meist aus westlicher Richtung kommt, wie ich ja schon früh von meinem Onkel gelernt hatte, blickte ich hinüber zum Montblanc, dem mit 4810 Metern höchsten Berg der Alpen. Tatsächlich versprach der Westen nichts Gutes. Der etwa 60 Kilometer entfernt liegende Berg war schon nicht mehr zu sehen, er war in dicke, dunkle Wolken gehüllt. Das gefiel mir gar nicht! Aber wie war das möglich? Unserem Schweizer Wetterbericht konnte man eigentlich meistens vertrauen, vor allem, wenn schwere Gewitter drohten. Und von einem heftigen Wettersturz war nirgends die Rede gewesen. Also kletterten wir weiter. Ich verlangsamte das Tempo jedoch ein wenig, so dass wir im Notfall immer noch rechtzeitig umdrehen konnten. Unterhalb der Schulter blickte ich zurück: Im aufkommenden Nebel konnte ich die Schutzhütte so gerade noch erkennen und versuchte herauszufinden, wie meine Bergführerkollegen sich entschieden. Alle, auch Onkel Richard, drehten an der Hütte um. Das war eindeutig und bestätigte mein Gefühl, mich diesmal besser nicht auf den Wetterbericht zu verlassen. Dennoch stand meine Entscheidung noch nicht endgültig fest. Richard hatte seine Entscheidung bestimmt hauptsächlich vom Können seines Kunden abhängig gemacht. Ich zögerte. Dann sah ich, dass es noch einen Bergführer gab, der mit seinem Seilpartner weiter hochkletterte: Gabriel – Gabi genannt – war ein sehr erfahrener, mit allen Wassern gewaschener Bergführer. Auch er hatte einen sehr gut trainierten Gast dabei und befand sich inzwischen 200 Meter unterhalb von mir und meinem Kunden.

Und so entschied ich· Wenn Gabi weitersteigt, werde auch ich weiterklettern. Die Verhältnisse am Berg waren ja sonst perfekt. Die Felsen trocken, schnee- und eisfrei. Steigeisen mussten wir erst auf über 4000 Metern anziehen. Plötzlich aber fing es an zu schneien, und ich sah Gabi nur noch ganz schwach durch den Nebel. Aber er stieg weiter. Also setzten auch wir unseren Weg Richtung Gipfel fort. Noch immer folgte mir mein Gast mühelos. Er schien auch keinerlei Befürchtung wegen des Wetters zu haben. Japaner lassen sich nicht so schnell einschüchtern, zumindest merkt man es ihnen nicht an. Wir stiegen bis zu den fixen Seilen. Meinen Bergführerkollegen konnte ich inzwischen nicht mehr sehen, zu stark war der Schneefall und zu dicht der Nebel. Oder war auch er inzwischen umgekehrt? Der Wind hatte zugenommen und blies uns mit etwa achtzig Stundenkilometern um die Ohren. Wenn wir uns ordentlich beeilten, könnten wir den Gipfel in einer halben Stunde erreichen, und in zweieinhalb Stunden wären wir wieder bei der Solvayhütte.

In den Augen des Japaners stand eindeutig die Befürchtung, wir würden umdrehen. Er sah den ersehnten Gipfelerfolg bereits in weite Ferne rücken. Das tat mir leid. Ja, dachte ich, er ist ein guter und sicherer Kletterer, wir ziehen das jetzt durch. Mit Händen und Füßen erklärte ich ihm meinen Plan: »Wir gehen auf den Gipfel, aber dafür müssen wir ab jetzt alles geben!«

Schnelligkeit war nun unsere Sicherheit. Je schneller wir waren, desto weniger Schnee würde uns Probleme bereiten. Zügig stiegen wir die Seile hoch, dann das Untere und Obere Dach, und schließlich erreichten wir den Gipfel bei Schneefall und starkem Wind – so stark, dass wir nicht aufrecht stehen konnten. Kniend gratulierte ich meinem Gast zu seinem Erfolg. Er war dennoch überglücklich, und in Windeseile machte ich auch noch ein Foto. Eine Prachtaufnahme war das nicht, aber Hauptsache, mein Gast war zufrieden. Ich empfand es nicht unbedingt als Genuss, es war aber sicher eine Herausforderung und ein Spiel mit den Elementen. Auch das kann der Gipfel sein: eisig und unwirtlich, ein Ort, den man zügig wieder verlassen will.

Und so waren wir auch schon wieder beim Abstieg. Es dauerte nicht lange, da brach ein ordentliches Gewitter über uns herein – als wären Schneefall und Wind nicht genug. Mit einem ohrenbetäubenden Lärm schlugen die Blitze in unmittelbarer Nähe in den Berg ein. Die Luft war so stark aufgeladen, dass alle Metallteile, wie Steigeisen oder Karabiner, anfingen zu surren. Auf den Eisenstiften an den Fixseilen sah ich bereits sogenannte Elmsfeuer (eine durch elektrische Ladung hervorgerufene Erscheinung grün-bläulicher Lichter), und ich traute mich nicht mehr, die Eisenstifte anzufassen. Da wir hier dem Gewitter schutzlos ausgeliefert waren, trieb ich meinen Gast zu einer noch schnelleren Gangart an. Zügig passierten wir die Stelle und kamen nun in weniger exponiertes Gelände, wo uns die Felsen etwas Schutz gaben. Allmählich ließen Blitz und Donner nach. Ich sah mich um, konnte Gabi aber nirgends entdecken. Wahrscheinlich waren er und sein Gast wirklich umgekehrt.

Bei der Schutzhütte lagen mittlerweile knapp dreißig Zentimeter Neuschnee, und die dicken Flocken tanzten kräftig weiter. Nun kam mir meine Routenkenntnis zugute, denn bei schlechter Sicht versteigt man sich gerade hier sehr leicht, und dann wird es gefährlich. Wir überholten immer wieder Bergsteiger, die alleine unterwegs waren und nach dem richtigen Weg suchten. Doch die Schneespuren der Bergführer, an denen sie sich hätten orientieren können, waren längst nicht mehr zu erkennen.

Als mein Gast und ich endlich bei der Hörnlihütte eintrafen, lagen auf der Terrasse fast zwanzig Zentimeter Neuschnee. Wintereinbruch mitten im August – noch nicht einmal mehr auf den Wetterbericht ist Verlass!

Nachdem wir uns der Steigeisen entledigt hatten, traten wir ein. Die Bergführer und ihre Gäste waren nicht mehr da, sondern schon nach Zermatt abgestiegen. Nur Gabi saß noch in der Küche. Der alte Hase lächelte verschmitzt: »So, wie war es denn heute da oben?«

»Jeden Tag muss ich ein solches Schauspiel nicht haben«, entgegnete ich und fügte hinzu: »Beim Unteren Roten Turm habe ich mir ernsthaft überlegt umzudrehen, aber als ich sah, dass du auch noch weitersteigst, packte mich der Ehrgeiz. Ich dachte, so schlimm wird's wohl nicht werden.«

Gabi lachte. »Und ich habe gedacht: Wenn du weitergehst, dann gehe ich auch. Als es dann aber bei den Seilen anfing zu donnern, reichte es, und ich hatte die Nase voll. Da konnte ich dich allerdings schon nicht mehr sehen ...«

Zu diesem Zeitpunkt waren wir gerade auf dem Gipfel, sonst wären wir beim ersten Donnergrollen sicher auch umgekehrt.

Diese Geschichte zeigt: Bergtour ist nicht gleich Bergtour, nicht jede Gefahr ist gleich gefährlich, und jede Entscheidung muss individuell getroffen werden. Aber generell muss ein Bergführer seiner *eigenen* Erfahrung und Intuition vertrauen und sich – das ist das höchste Gebot! – am Können seines Gasts orientieren.

Kein Schwein ruft mich an

Solange man in der Hütte ist, empfindet man einen solchen Wetterumschwung schon mal als Segen, weil er uns eine kleine Verschnaufpause verschafft. Von einem Tag auf den anderen fällt dann nicht nur Schnee, sondern auch der Besucherstrom auf null. Langweilig wird uns trotzdem nicht: Wir müssen neu vorausplanen, die Bestellungen entsprechend anpassen und achtgeben, dass die Ware nicht verdirbt.

Bei schlechtem Wetter und entsprechender Hüttenflaute haben die Mitarbeiter auch mal frei. Yasmin und Martina dürfen diesmal hinunter ins Tal. Immerhin haben sie mehr als zwei Wochen durchgearbeitet und sich ein paar erholsame Tage in Zermatt verdient. Einmal wieder grüne Wiesen sehen, im Café ein Eis genießen, ausgiebig duschen, zum Friseur gehen – oder einfach nur ausschlafen. Es gibt so viel nachzuholen! Erst im Dorf realisiert man die Entbehrungen und schätzt die vielen Annehmlichkeiten, die Zivilisation so mit sich bringt.

145

Stephan, Kevin, Stephanie und ich bleiben auf der Hütte. Denn auch wenn das Wetter noch so schlecht ist, kommt es nicht in Frage, die Hütte ganz zuzumachen. Einige unerschütterliche Gäste wandern schließlich trotzdem hoch, und die Reservierungen für die nächsten Wochen laufen ja auch weiter. Auf der faulen Haut liegen können wir vier also nicht. Es gilt, das Wasser zu sammeln, die vielen Lebensmittel, die gerade nicht verbraucht werden, zu kühlen und die Terrasse immer wieder von Schnee zu befreien. Gerne nutzen wir die Schlechtwetterzeit auch zum Großreinemachen oder für einen frischen Anstrich der Wände. Ich muss mich vor allem um die liegengebliebene Papierarbeit kümmern oder schreibe weiter an meinem Buch.

Nach drei Tagen Sauwetter besuchen uns aber schließlich gar keine Gäste mehr. Bei meinem Inspektionsgang um die Hütte stelle ich fest, dass es einfach zu viel geschneit hat und der Weg von Schwarzsee herauf nur noch schwer zu begehen ist. Aber es klart immerhin endlich ein wenig auf: Von der Terrasse aus kann ich für einen Moment bis zur Schulter blicken. Der Berg ist weißer als im Winter, das heißt, wir werden eine gute Woche lang Sonnenschein brauchen, bis der Berg wieder schneefrei ist. Wir werden also mal wieder improvisieren müssen – sicher eine unserer Stärken. Was bleibt uns auch anderes übrig? Wir müssen uns den Wetterverhältnissen eben einfach dauernd neu anpassen. Da kann es dann auch schon mal passieren, dass wir Feiertage eigenmächtig verschieben. Man kann die Feste bei uns eben nicht feiern, wie sie fallen …

Das Schweizer Wahrzeichen unter Beschuss

Unseren Nationalfeiertag am 1. August begehen wir natürlich auch auf der Hörnlihütte – am Fuße unseres Wahrzeichens. Es gibt ein besonderes Dessert und um 22 Uhr ein kleines Feuerwerk, das man (in einer klaren Nacht) sogar vom Dorf aus sehen kann. Der Sommer 2005 jedoch war ein Spielverderber.

Dabei hatte die Saison vielversprechend begonnen: Die Verhältnisse waren Anfang Juli schon so gut, dass die Bergführer ihre Kunden vollkommen problemlos über den Hörnligrat führen konnten. Mit dem 6. Juli änderte sich das Wetter jedoch schlagartig. Und drei Wochen später waren die Verhältnisse am Matterhorn nicht nur immer noch miserabel, es war sogar der schlechteste Sommer, den ich je auf der Hörnlihütte erlebt habe. Seit Wochen bescherte uns das unbeständige Wetter immer wieder Schnee. Kaum geschmolzen, fiel neuer. Es war zum Verrücktwerden, aber eben nicht zu ändern. Wir machten das Beste daraus und hofften täglich auf Besserung.

147

Drei Wochen war es mittlerweile her, dass die letzten einheimischen Bergführer das Matterhorn bestiegen hatten. Und auch am Abend des Nationalfeiertages war das Wetter so schlecht, dass es keine Gäste zu bewirten gab und wir schweigend am Küchentisch saßen. Die Lust auf Feiern war uns vergangen.

Die Arbeit hier oben verlangt nicht nur Fleiß, Ausdauer und Durchhaltevermögen, auch eine hohe soziale Kompetenz ist gefragt. Es ist nicht jedermanns Sache, während der Hochsaison achtzehn Stunden am Tag zu arbeiten, und auch bei einer längeren Schlechtwetterperiode ist ein ausgeglichener Charakter gefragt. Diese beiden Zustände, Akkordarbeit oder zum Nichtstun verdammt zu sein, wechseln sich unter Umständen von einem Tag auf den anderen ab. Damit muss man umgehen können. Angestaute Aggressionen und Frust haben auf der Hörnlihütte nichts zu suchen.

Jeder hatte so seine Methode, mit der Ruhe und Einsamkeit fertig zu werden. Die einen spielten Karten, andere lasen Bücher oder schrieben Briefe. Ich war in Gedanken versunken und sehnte mich nach mehr Betrieb und Abwechslung.

Meine Gedanken schweiften bis an ferne Sandstrände, wo es schön und warm ist. Doch ich riss mich selbst aus meinen Südseeträumen und war schnell wieder im Hier und Jetzt: Es war der 1. August, Schweizer Nationalfeiertag, und wir bliesen Trübsal. »Wir verschieben das Feuerwerk auf einen anderen Tag!«, entschied ich. Die Raketen würden einfach im Nebel verschwinden, das wollten wir nicht. Ich vertröstete die Crew und vor allem Kevin, der sich natürlich besonders auf das Spektakel gefreut hatte. Es würde sicher nicht mehr lange dauern, denn für die kommenden Tage hatte der Wetterbericht endlich beständiges Wetter angesagt. Ich hoffte, dass sich auch die Verhältnisse am Hörnligrat normalisierten. Bis dahin vegetierten wir in der Einsamkeit vor uns hin. Die Gespräche wurden immer spärlicher, alle Spiele waren gespielt, sämtliche Bücher beinahe ausgelesen. Hin und wieder versuchte der ein oder andere, die Mannschaft durch einen Spaß aufzumuntern, was mal gelang und mal eben nicht.

Am 4. August war es dann endlich so weit: Der Hörnligrat war schneefrei und begehbar, und die Bergführer kamen wieder auf unsere Hütte. Da war die Freude nach fast einem Monat groß! Wir fühlten uns ein bisschen so, als hätten wir auf einem fremden Planeten gelebt und wären endlich entdeckt worden. Nun konnte die Saison doch noch starten. Abgesehen vom Umsatz, ist es natürlich auch viel schöner zu wissen, warum man sich eigentlich dort oben auf dieser Hütte aufhält.

Um den Umsatz musste ich mir allerdings keine Sorgen machen. Die Nachfrage war schnell gestiegen, denn es gibt immer verdammt viele Matterhornaspiranten, die unten in Zermatt auf ihre Chance warten. Aber normalerweise verteilen sie sich während einer Sommersaison über drei Monate. Da jetzt nur noch knapp acht Wochen blieben, lief die Saison nicht langsam und gemächlich an, sondern konzentrierte sich nun auf einen eng begrenzten Zeitraum.

Wir sahen das mit gemischten Gefühlen: auf der einen Seite die Freude, nicht mehr gelangweilt rumzusitzen, andererseits hatten wir durch die fast vierwöchige Zwangspause von heute auf morgen Hochsaison. Das war für das Team stressig, denn wir waren alle noch nicht perfekt eingespielt. Es lief nicht so rund, wie es sollte. Unsere Motoren waren quasi kalt und sollten nun extrem hochtourig fahren – von null auf hundert. Auch unsere gedämpfte Stimmung musste sich schnell verbessern, unsere Gäste hatten schließlich ein Recht auf Freundlichkeit und gute Laune.

Die Nachricht vom begehbaren Hörnligrat sprach sich herum wie ein Lauffeuer, und wir hatten schon am selben Abend an die hundert Bergsteiger zu Gast. Die fünfzehn einheimischen Bergführer waren davon nicht besonders begeistert, denn auch erfahrene Bergführer müssen sich immer erst wieder eingewöhnen und wünschen sich ebenfalls einen entspannteren Saisonbeginn. Unter ihnen war auch Onkel Richard, der in der Nacht mit einem Gast losklettern und in diesem Sommer das erste Mal aufs Matterhorn steigen würde. Obwohl ein sehr erfahrener Bergführer, war auch er (wie seine Kollegen) etwas nervös und nicht gerade erfreut, plötzlich so viele Bergsteiger in der engen Hütte um sich zu haben.

Sobald sich auf der Hütte die vielen Leute tummelten, kam eine Nervosität auf, die ansteckend war – sowohl für uns als auch für die Bergführer. In der auch sonst schon kleinen Küche wurde es schnell eng und hektisch. Nachdem wir das Abendessen serviert, abgeräumt und das Geschirr gespült hatten, saß unser Hüttenteam gegen 20 Uhr erschöpft am Küchentisch. Die Bergführer hockten noch mit ihren Kunden im Saal zusammen. Seit dem Mittagessen waren neun Stunden vergangen, und wir hatten großen Hunger. Nun hatten wir endlich Zeit, auch etwas zu essen. Plötzlich kam mir eine Idee: »Was haltet ihr davon, wenn wir uns einen kleinen Scherz erlauben?« Vorsichtig schaute ich mich um, ob auch kein Bergführer in der Nähe war. Das hier sollte unter uns bleiben.

Der kommende Tag war ja eigentlich der »richtige« Saisonstart, wenngleich schon August war. Zum ersten Mal in diesem Sommer war hier was los. Ein guter Grund, unsere Nationalfeiertagsraketen abzufeuern! Zwar mit ein paar Tagen Verspätung, aber besser als gar nicht. Zur Feier des Tages wollte ich, wenn alle Gäste um 4.30 Uhr in der Früh die Hütte Richtung Matterhorn verlassen hatten, die Raketen abschießen.

»Super Idee!« Die Crew war begeistert und allen voran natürlich Kevin.

»Aber das bleibt unser Geheimnis, keiner verrät etwas den Bergsteigern. Das soll eine Überraschung sein.«

Die würden Augen machen, wenn in der Stille der dunklen Nacht beim Einstieg zum Hörnligrat plötzlich die Raketen hochgingen. Schlagartig verbesserte sich die Stimmung. Alle hatten eine diebische Freude an der Idee. Nach diesem anstrengenden Kaltstart verzog sich das Team früh in die Zimmer. Denn diesmal würde es für alle auch eine kurze Nacht werden.

Es war fast vier Uhr, als ich auf die Terrasse trat und die Wetterverhältnisse checkte: sternenklar, windstill. Perfekt für eine Matterhornbesteigung und perfekt für ein Feuerwerk. Zurück in der Küche, sah ich die Hüttencrew schon gespannt am Küchentisch sitzen. Alle waren aufgestanden, keiner wollte sich das Ereignis entgehen lassen. Etwa zwanzig Minuten später hatten sich langsam auch alle Bergsteiger im Frühstücksraum eingefunden. Die Stimmung war anders als sonst. Irgendetwas lag in der Luft. Besonders die alten Hasen witterten etwas: »Was ist denn heute los? Normalerweise kümmerst du dich doch immer alleine ums Frühstück?«, fragten mich einige.

»Wieso ist die ganze Hüttencrew schon auf den Beinen? Ihr führt doch was im Schilde!«

Aber ich grinste nur und antwortete: »Die haben alle schon so lange keine Bergführer mehr gesehen.«

Natürlich glaubte mir das keiner, aber den wahren Grund erahnten sie auch nicht. Dann war es endlich so weit. Als Erster verließ wie immer Richard die Hütte, gefolgt von zahlreichen anderen Bergführern und Gästen aus aller Herren Länder. Sofort liefen wir auf die Terrasse und befestigten dort ein ein Meter langes Eisenrohr – die Abschussrampe für unsere Rakete. Besondere Sorgfalt legten wir auf die richtige Neigung, denn die Rakete musste unbedingt in Richtung Einstieg gelenkt werden. In ein paar Minuten würde dort mein Onkel als Erster ankommen, und dann wollten wir das Feuerwerk abfeuern.

Ich hatte mich schweren Herzens für nur eine entschieden, denn wir durften das Ganze auch nicht übertreiben. Die Rakete war nicht von schlechten Eltern und würde schon für genug Schreck und Aufsehen sorgen. Selbst im vier Kilometer entfernten Zermatt würde man sie sehen und hören können. Ich schaute noch einmal den Bergsteigern nach. »Jetzt ist der richtige Zeitpunkt.«

Die Rakete musste unbedingt abgeschossen werden, bevor die Bergsteiger mit dem Klettern begännen. Sollte sich jemand erschrecken (wovon wir ausgingen), durfte das unter gar keinen Umständen einen Kletterfehler nach sich ziehen.

»Los geht's.« Kevin hatte die ehrenvolle Aufgabe das Ding zu zünden. Mit einem lauten Zischen flog sie in Richtung Hörnligrat und explodierte mit einem gewaltigen Knall und in den allerschönsten Farben haargenau über dem Einstieg. In der Stille des frühen Morgens hörte sich die Explosion noch viel heftiger an, und die Dunkelheit ließ die Farben prächtig leuchten.

Dann war der Spuk vorbei. Vorerst, denn ich war schon sehr gespannt, was unsere Gäste sagen würden, wenn sie heute gegen Mittag zurück auf die Hütte kämen. Ob sie alle begeistert waren? Hatten wir möglicherweise jemanden fast zu Tode erschreckt? Bei dem ersten Bergführer, der eintraf, war beides der Fall: »Es hat zwar toll ausgesehen, ich habe mich aber auch ziemlich erschrocken.« Auch er hatte geahnt, dass ich etwas plante, aber mit einem Feuerwerk absolut nicht gerechnet. Und er fügte hinzu: »Übrigens, Kurt, dein Onkel war überhaupt nicht begeistert. Er war gerade die ersten Meter geklettert, als es über ihm krachte. Hast du ihn nicht bis hierher fluchen hören?«

Gespannt wartete ich nun also auf Onkel Richards Rückkehr. Kurz darauf betrat er mit seinem Gast die Hütte und sagte kein Wort. Lediglich sein Gesichtsausdruck sprach Bände. Die Augen grimmig zusammengekniffen, schaute er mich fragend an, unterhielt sich aber weiter mit seinem Gast. Auch ich sagte nichts und ging meiner Arbeit nach, als wäre nichts geschehen.

Aber das Thema war natürlich nicht gegessen. Das konnte Richard nicht so im Raum stehen lassen. »Du hast mich ganz schön erschreckt.« Ich musste mir ein Lächeln verkneifen. »So etwas habe in all den Jahren morgens um vier Uhr am Matterhorn noch nie erlebt,« knurrte er streng. »Und auch nicht erwartet. Das nächste Mal sagst du mir gefälligst Bescheid!«

Nicht allen hatte also unser verspäteter Gruß zum Schweizer Nationalfeiertag gefallen. Vergessen werden sie es aber nie. Und zumindest der Wetterfee schien unser Feuerwerk gefallen zu haben, denn wir hatten nun bis zum Ende der Saison schönes Wetter.

Es geht
bergauf

Meistens ändert sich das Wetter jedoch von ganz alleine. Und auch diesmal hat Petrus ein Einsehen. Am Morgen ist es so weit: In die Sonne blinzelnd, stehen wir allesamt auf der Terrasse und bewundern den blauen Himmel. Herrlich!

Yasmin und Martina werden noch heute zurückkommen, doch bis der Betrieb hier oben wieder richtig anläuft, wird es noch dauern. Deshalb dürfen Stephanie und Kevin nun morgen für drei Tage in den Ort gehen. Stephans Arbeitsplan hingegen sieht vor, dass er drei bis vier Wochen am Stück bleibt und dann von Arno, unserem anderen Koch, für sieben Tage abgelöst wird.

Plötzlich ist es wieder sehr warm geworden, und der Schnee schmilzt rasend schnell. In wenigen Tagen werden die Verhältnisse am Berg wieder perfekt sein. Diese Information gebe ich auch an die verschiedenen Bergführerbüros weiter, und dann dauert es nicht lange, und die ersten Bergsteiger reservieren sich ihre Plätze.

Die Bergführer warten, bis der gröbste Schnee am Hörnligrat geschmolzen ist, denn solange so viel Schnee liegt, ist es aus verschiedenen Gründen zu riskant. Auf dem Abstieg, wenn der Schnee durch die Sonne aufgeweicht ist, wird es lawinengefährlich. Unzählige Stellen, die es horizontal zu queren gilt, sind schlecht zu sichern und stellen eine zusätzliche Absturzgefahr dar. Die Tritte und Griffe im Fels sind mit Schnee bedeckt und nur schwer auszumachen. Der Hörnligrat zählt schon bei idealen Verhältnissen zu den schwierigsten Normalrouten in den Alpen. All dies würde die Tour noch zusätzlich erschweren. So gilt es immer, Nutzen, Aufwand und Risiko zu hinterfragen.

Die Sonne gibt sich redlich Mühe und hilft mir, den Schnee von der Terrasse zu räumen. Stephanie gesellt sich zu mir, ich mache eine kleine Pause, und gemeinsam genießen wir die Aussicht. »Schau mal, da unten auf dem Campingplatz steht immer noch ein einzelnes Zelt.«

Tatsächlich. Jetzt sehe ich es auch. Die Camper dort haben weder Wasser noch Toiletten. Normalerweise nutzen sie die Hütten-Infrastruktur, doch bei uns war schon seit Tagen keiner mehr.

»Das Zelt ist mir schon vor gut einer Woche aufgefallen. Ich glaube, es ist ein Einzelgänger, der sich da schon seit längerem aufhält.« Jetzt steht er draußen und befreit sein Zelt von der Schneelast. Wir schippen ebenfalls weiter und begeben uns anschließend wieder in die Hütte.

Am Abend gibt es ein Schweizer Käsefondue und dazu eine gute Flasche Fendant. Für uns eine Abwechslung und für Stephan keine große Arbeit. Die Stimmung ist ausgelassen, nicht nur der Wein, auch die Aussicht auf munteren Hüttenbetrieb hebt die Laune. Gerne unterhalten wir uns über unsere Gäste und darüber, was wir mit ihnen erlebt haben, aber wenn keine da sind, gibt's auch keine Geschichten. Gott sei Dank haben wir heute den einsamen Camper erspäht, und so hat wenigstens Stephanie etwas zu erzählen:»Vor einer Woche war er hier oben, und ich habe mit ihm gesprochen. Ein komischer Kauz!« Sehr ungepflegt sei er, mit langen Haaren und einem Bart. Jacke und Hose im Militärlook starrten vor Dreck, und auch er selbst habe sich wohl schon länger nicht mehr gewaschen.»Das eigenartige Styling wurde von einer grünen Wollmütze und einer dunklen Sonnenbrille gekrönt«, berichtet Stephanie weiter. Von nun an wird er bei uns nur noch»der Taliban« genannt.

»Ob er auch an die zweiundsiebzig Jungfrauen glaubt, die im Paradies auf ihn warten?«, entgegne ich lachend.

Aber Stephanie winkt ab:»Nein, nein. Er ist kein Taliban aus Afghanistan. Es ist ein deutscher Aussteiger und ein friedlicher Geselle.«

Soso, denke ich. Ein friedlicher Geselle.»Irgendwie erinnert er mich an jemanden. Das ist zwar schon fünfzehn Jahre her, aber den Typen werde ich wohl nie vergessen ...«

Alle schauen mich erwartungsvoll an.»Erzähl!«

Der Gipfel
der Geschäfte

Auf dem Campingplatz erspähten wir einen Neuankömmling. Europäer, Mitte dreißig, Typ Aussteiger. Seine Kleider waren ungewaschen und zerschlissen. Das war nichts Ungewöhnliches, viele Camper sahen so aus. Es dauerte nicht lange, da saß er bei uns in der Hütte. Von nahem war sein gesamtes Erscheinungsbild noch erschreckender, aber sein Gehirn schien einwandfrei zu funktionieren, denn er hatte, wie er meinte, eine geniale Idee: »Eigentlich bin ich nur auf der Durchreise in Richtung Süden. Länger als zwei Tage wollte ich gar nicht bleiben. Aber auf dem Weg hierher hatte ich einen echten Geistesblitz.«

Da war ich aber mal gespannt.

»Ich habe eine Marktlücke entdeckt. Würdest du mir helfen?«

»Und was soll das bitte sein?«, fragte ich, und er erzählte, er habe auf dem Weg zur Hütte mit einem Bergsteiger gesprochen. Der kam vom Matterhorngipfel und war nun auf dem

Weg nach Hause. »Dieser Bergsteiger hat mir erzählt, dass es sogar möglich ist, auf dem Gipfel des Matterhorns mit dem Handy zu telefonieren!«

»Ich weiß.« Ich zuckte mit den Schultern. Was sollte daran genial sein? Wir schrieben das Jahr 1996, man konnte schon seit Ende der achtziger Jahre dort oben auf dem Gipfel telefonieren – wenn man denn ein Handy hatte. Heute ist das natürlich anders, da besitzt nahezu jeder eins. Bergsteiger lassen sich mit Familie, Freunden und Verwandten auf der ganzen Welt verbinden, um live ihren Gipfelerfolg kundzutun. Wann immer ich auf dem Gipfel stehe, sehe ich Leute am Handy. Früher sah man sie andächtig genießen, heute telefonieren und fotografieren sie, und das Beweisfoto wird schnell via SMS oder MMS übermittelt.

Anfangs hatten von unseren Gästen, sowohl Bergsteiger als auch -führer, nur wenige ein eigenes Handy. Hauptsächlich aus Kostengründen. Es war ein Luxusartikel, und wer eines besaß, galt als privilegiert. Das musste man sich leisten können. Nun also, in meinem zweiten Sommer als Hüttenwart, eroberte das moderne Kommunikationsmittel die Hörnlihütte …

Der Camper berichtete weiter: Der Bergsteiger hätte zufällig sein Handy dabeigehabt und die Gelegenheit wahrgenommen, seine Frau vom Gipfel aus anzurufen. Und die hätte sich natürlich riesig gefreut. Na klar, dachte ich, wann bekommt man schon mal einen Anruf vom Gipfel auf 4478 Metern? »Und dann kam mir die Idee!« Seine Augen leuchteten. »Ich möchte auf der Hörnlihütte eine Handyvermietung einrichten. Für vierundzwanzig Schweizer Franken pro Tag vermiete ich den Bergsteigern ein Handy. Das ist doch eine tolle Sache!« Sie könnten vom Gipfel ihre Freunde, Familie oder Bekannten anrufen und live ihren Gipfelerfolg verkünden.

»Und was habe ich damit zu tun?«, fragte ich vorsichtig.

»Von dir brauche ich nur einen kleinen Tisch im Speisesaal, und eine Möglichkeit, die Handys am Abend aufzuladen.« Ich war skeptisch. Wo wollte er denn die ganzen Handys hernehmen? »Unten in Zermatt habe ich einige funktionierende Handys, die hole ich. Ich brauche nur dein Okay.« Es kam mir schon merkwürdig vor. Der Bursche hatte noch nicht einmal eine heile Hose am Hintern, aber er besaß gleich mehrere Handys? Wieso? Dennoch interessierte es mich, wie seine Geschäftsidee bei unseren Gästen wohl ankommen würde. Andererseits hielt ich es auch für Blödsinn. War das wirklich wichtig für Alpinisten, vom Gipfel aus zu telefonieren? Damals konnte ich mir das nicht so richtig vorstellen. Aber warum eigentlich nicht?, dachte ich, eine kleine Abwechslung konnte ja nicht schaden. Nachteile hatten wir auf der Hütte dadurch nicht, und so gab ich ihm mein Einverständnis. Kurz darauf verabschiedete er sich und stieg ab ins Dorf, um seine Handys zu holen. Am späten Nachmittag wollte er wieder zurück sein. Ich hatte nicht einmal nach seinem Namen gefragt, und so nannten wir ihn von nun an einfach den »Handyman«.

Am Abend war er tatsächlich zurück, und wir richteten seinen »Geschäftsbereich« her. Sechs Handys lagen nun auf dem Tisch, und ein kleines Pappschild verkündete das sensationelle Gipfel-Telefon-Angebot. Es funktionierte. Gleich am ersten Abend vermietete er für den kommenden Tag vier Geräte. Er saß an seinem Tisch, vor ihm die Handys, und versuchte mit viel Überzeugung seine Geräte an den Mann zu bringen. Zwar waren nicht alle von seiner Idee begeistert – es gab immer wieder Leute, die davon überzeugt waren, diese Technik und der Service gehörten nicht an den Berg –, aber das Interesse der Leute war alles in allem sehr groß. Unser Handyman war der Zeit ein paar Jahre voraus.

Einen Haken hatte die Sache trotzdem. Vielleicht war ihm das gar nicht bewusst? Ich sprach ihn darauf an: »Wie willst du eigentlich verhindern, dass die Leute nicht unendlich lange mit den Handys telefonieren? Am Ende übersteigen die Gesprächskosten deine Mieteinnahmen.«

»Kein Problem«, er lächelte, »alles eine Frage des Vertrauens.«

Am nächsten Tag kehrten die Bergsteiger zurück und gaben die Geräte wieder ab. Sie waren von der Geschäftsidee des Handyman begeistert. Von nun an saß er jeden Abend im Speisesaal, vermietete seine Geräte und plauderte mit den Gästen. Er war in der Tat ein guter Verkäufer, denn er konnte auch ein paar hartnäckige Zweifler überzeugen. Das Team amüsierte sich über diesen komischen Typen, aber offensichtlich hatte der Handyman wirklich eine geniale Idee. Denn während der nächsten Tage stieg die Nachfrage stetig, und er hatte nicht mehr genug Mobiltelefone zur Verfügung. »Morgen gehe ich runter ins Dorf und besorge neue Geräte«, verkündete er.

Ich staunte nicht schlecht. So ein Handy kostete zu jener Zeit sicher an die 800 Schweizer Franken. Ein kostspieliges Unterfangen. Da müsste er ein Handy schon verdammt oft vermieten, um die Anschaffungskosten wieder reinzuholen. Aber ich dachte nicht weiter darüber nach. Das war schließlich sein Problem, und er würde es sicher irgendwie lösen. Der Handyman schien ein Businessman zu sein.

Am Abend wollte er wieder zurück sein, doch er kam nicht. Auch auf dem Campingplatz sah ich ihn nicht. Im Speisesaal war noch sein Vermietungsstand aufgebaut. Sechs Handys lagen dort, aufgeladen und bereit für den Gipfel. Ich räumte sie zusammen und schob den Tisch zu den anderen. Morgen würde er sicher zurück sein, dann könnte er sein Geschäft wieder aufbauen. Aber er kam auch am nächsten Tag nicht.

Das Matterhorn mit seiner 1200 Meter hohen Nordwand. Diese Wand gilt als
eine der klassischen Nordwände der Alpen.
Glück im Unglück: Nach meiner ersten Durchsteigung der Nordwand riss beim
Abstieg über den Hörnligrat eines der Fixseile.

»Kurze Beine auf langer Tour« – Als unser Sohn Kevin mit vier Jahren seine ersten Kletterversuche machte, musste ich ihm ein paar Steigeisen anfertigen, damit sie auf seine kleinen Bergschuhe passten. Jahr für Jahr erkundete er den Hörnligrat immer ein Stück weiter. Mit acht Jahren stand er dann zum ersten Mal auf dem Gipfel.

Nächste Seite: Blick von der Hütte auf das Obergabelhorn, die Wellenkuppe, das Zinalrothorn und das Weisshorn (v. l. n. r.)

◁ Innerhalb weniger Stunden kann sich das Wetter in den Bergen dramatisch ändern und zwanzig Zentimeter Neuschnee können den Bergsteigern zum Verhängnis werden.

In der recht engen Küche herrscht fast immer Hochbetrieb – vor allem in der Hochsaison.   ▷

Abends diskutieren die Bergführer an der Theke über die Bergtauglichkeit ihrer Gäste und die Verhältnisse auf der Route zum Gipfel.   ▷

◁ »Ein Herz für Tiere: dicke Freunde für ein paar Tage« – Kevin und ein Husky, der sich herrenlos auf die Hütte verirrt hatte.

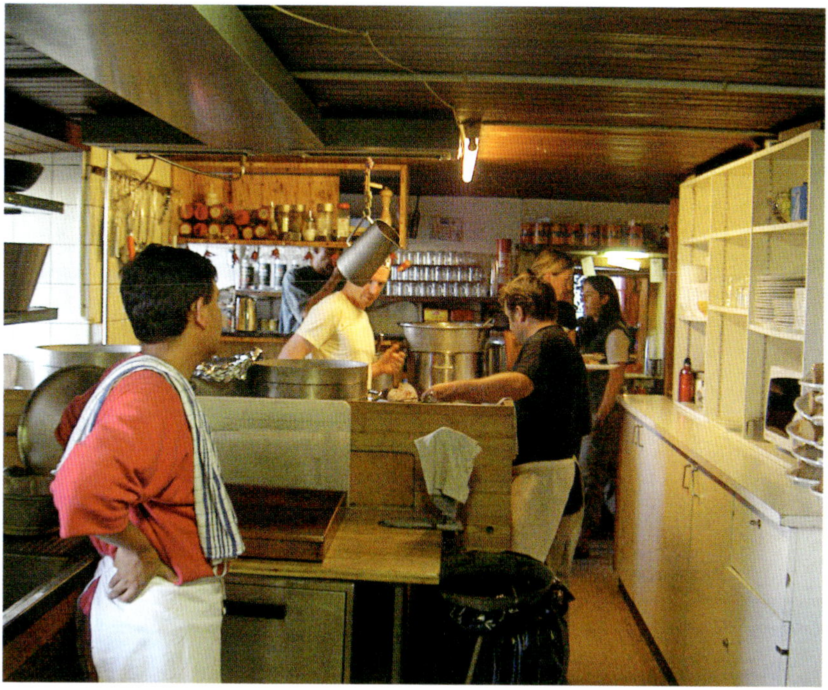

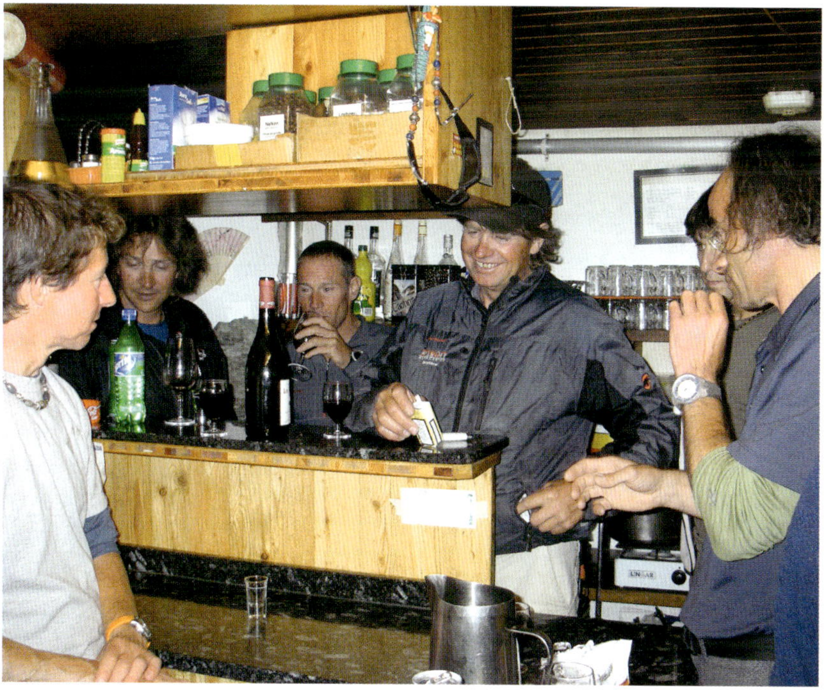

Vollmond über dem Monte-Rosa-Massiv

Ein traumhafter Sonnenuntergang: Liskamm, Castor und Pollux, Breithorn und
Kleinmatterhorn (v. l. n. r.)

»Ehrfurcht und Ohnmacht« – hinter dem Monte-Rosa-Massiv kündigt sich ein schweres Gewitter an.

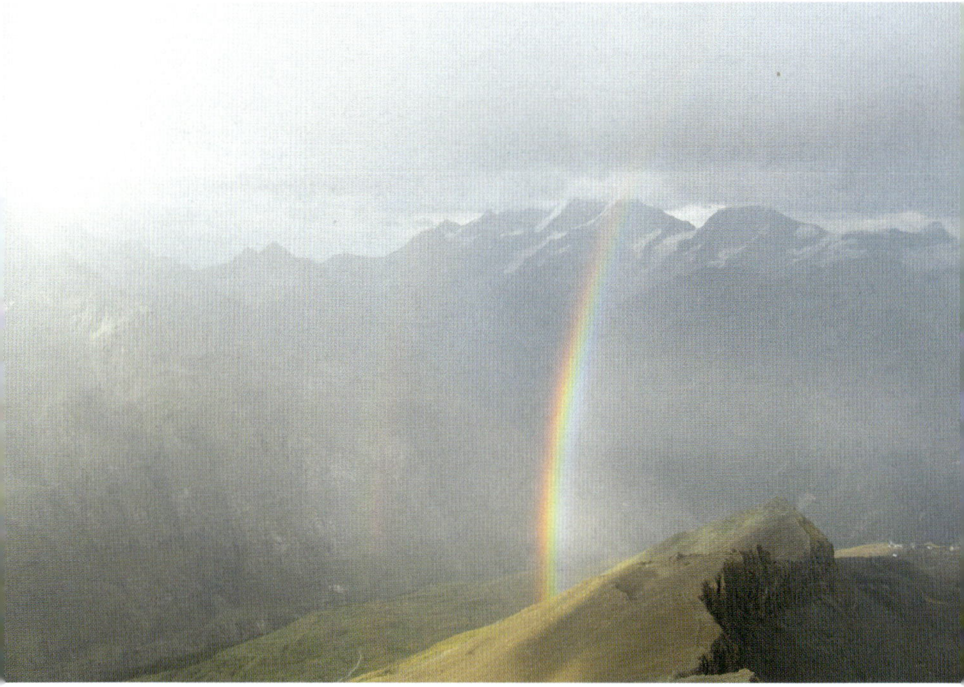

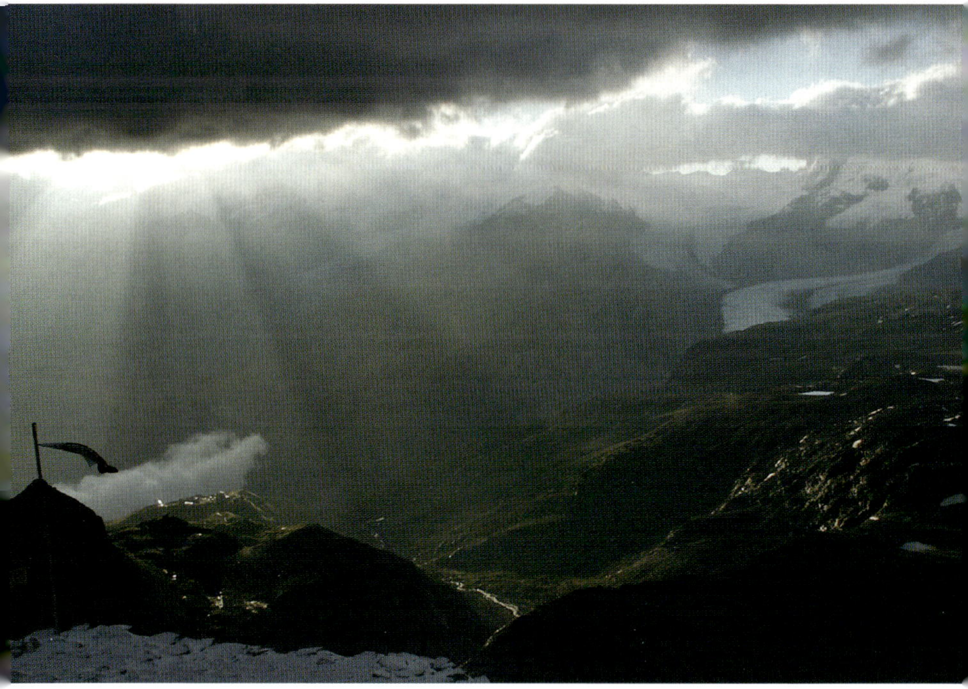

Die Natur hält so manche Überraschung bereit: Ein wunderbares Wolkenmeer breitet sich vor unserer Hütte aus.

Matterhorn: Räumung beginnt!

Seit heute Morgen laufen die Felsräumungen am Steinschlag des Hörnligrates – Öffnung in einigen Tagen?

Ein Drittel geführt

Kaum Verluste für Zermatt

Z e r m a t t . – Ith) An Spitzentagen der Hauptsaison jeweils in den ersten August-Wochen erklimmen bis zu 140 Personen das Matterhorn. Dabei vertrauen sich nur rund ein Drittel der Matterhorn-Sehnsüchtigen einem Führer an.

Je nach Sommerwetter besteigen zwischen 2000 und 3000 Personen pro Jahr den «Berg der Berge». Selbst bei guten Verhältnissen weist der Berg einige Schwierigkeiten auf: Der Auf- und Abstieg nehmen acht bis neun Stunden in Anspruch und erfordern eine gute Kondition. Die Zermatter Führer verlangen von ihren Gästen daher eine Vorbereitungstour in der Umgebung.

Pro Jahr ereignen sich gegen 50 Unfälle, davon nehmen ein knappes Dutzend einen tödlichen Ausgang. Dies hat oft mit Schlechtwettereinbrüchen zu tun, welche die Verhältnisse am Berg schlagartig durch Eis und Schnee extrem schwierig werden lassen.

In der Zermatter Bergwelt gibt es viele Alternativen zum Matterhorn, darunter

»Wenn Berge bröckeln.« – Im Jahr 2003 musste der Hörnligrat wegen Steinschlag gesperrt werden, bis nach Felsräumarbeiten die Gefahr gebannt war.

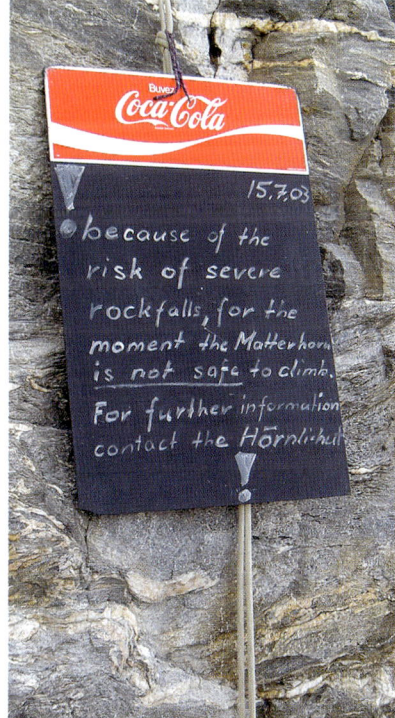

Nächste Seite: Die exponierte Lage der Hörnlihütte auf dem Grat erinnert an ein Schwalbennest.

»Das Schweizer Wahrzeichen unter Beschuss« – 1. August: Den Schweizer Nationalfeiertag begehen wir auf der Hörnlihütte mit einem besonderen Dessert und einem Feuerwerk, das man auch unten in Zermatt gut sehen kann.

Ich wunderte mich. Sein Geschäft hatte doch floriert. Hatte er Probleme mit dem Nachschub? Gab es in Zermatt nicht genug Handys? Und warum ließ er einfach sechs Geräte hier oben zurück? Die waren ein kleines Vermögen wert. Ich zermarterte mir nicht länger das Hirn. Irgendwann würde sich alles aufklären.

Und so war es. Ein paar Tage später bekam ich einen Telefonanruf von der Kantonspolizei. Den Handyman hatte ich zu diesem Zeitpunkt schon so gut wie vergessen, deshalb dachte ich zuerst an eine Vermisstenmeldung. Der Polizeibeamte nannte mir den Namen eines Mannes, über den er gerne Näheres erfahren wollte.

»Sagt mir nichts«, antwortete ich.

»Gut, dann werde ich dir den Herrn mal beschreiben. Der hat nämlich ein paar Tage auf deiner Hütte verbracht.«

Schlagartig war alles klar. Der Handyman! Ich berichtete von seiner genialen Geschäftsidee.

»Soso. Marktlücke«, lachte der Polizist, und dann erzählte er mir seine Geschichte: »Vor zwei Tagen haben wir in Zermatt einen Mann wegen Diebstahl verhaftet. Wir haben ihn auf frischer Tat ertappt. Er wollte die Handys von Touristen klauen.« Später fand man in seinem Rucksack noch weitere, als gestohlen gemeldete Geräte. »Er wollte uns nicht verraten, was er damit vorhat, aber jetzt ist ja alles klar.«

Der Polizist erkundigte sich noch, ob der Handyman persönliche Sachen auf der Hütte zurückgelassen habe.

»Sechs Mobiltelefone«, antwortete ich. Das war alles, eine offene Rechnung hatte er nicht. Zumindest nicht bei uns.

Eines war klar, unser Handyman würde nicht mehr wiederkommen. Er bekam eine Anzeige und wurde dem Richter vorgeführt.

»Könntet ihr bitte beim nächsten Versorgungsflug die

sechs Geräte nach Zermatt schicken?«, war die abschließende Bitte der Polizei. »Die benötigen wir als Beweisstücke.«

»Kein Problem.« Schmunzelnd beendete ich das Telefongespräch. Das musste ich natürlich sofort meinen Mitarbeitern erzählen. Wir hatten zwar alle geahnt, dass da etwas nicht mit rechten Dingen zuging, uns aber auch nicht allzu viele Gedanken darüber gemacht. Und noch etwas war nun klar: Natürlich interessierten unseren Handyman die Gesprächskosten nicht. Die gingen ja zu Lasten der früheren Besitzer.

Ein Herz
für Tiere

Wir haben immer wieder ungewöhnliche Gäste. Oft weiß man nicht, wohin sie gehen – und schon gar nicht, woher sie kommen –, aber auch das gehört zum Leben hier oben dazu.

Eines Morgens entdeckte der damals fünfjährige Kevin auf der Terrasse einen Hund. Dieser war eindeutig ganz alleine. Mein Sohn kam zu mir in die Küche und rief: »Da draußen ist ein Hund. Der gehört niemandem!«

Gemeinsam schauten wir uns das Tier näher an: Es war ein großer, schöner Schlittenhund – ein Husky. Vielleicht ein bisschen verstört, aber menschenfreundlich und anhänglich. Er trug weder ein Halsband noch eine andere Erkennungsmarke. Und weil Kevin von dem Tier ganz angetan war, schlug ich ihm vor, sich ein wenig um ihn zu kümmern.

Manchmal bringen Gäste ihren Hund mit zu uns herauf, und Kevin liebte diese willkommene Abwechslung, als er klein war. Ein eigenes Haustier können wir hier oben aus Platz- und

Zeitgründen aber nicht halten. Deshalb nahm er diesen Vorschlag gerne an. Für immer könnten wir den Husky natürlich nicht hierbehalten, aber irgendwann würde ihn schon jemand vermissen. Doch auch nach Tagen meldete sich niemand. Er war sicher ein Ausreißer, aber welcher Tierhalter vermutet seinen Hund schon auf 3260 Metern am Fuße des Matterhorns?

Der sibirische Schlittenhund fühlte sich hier oben sehr wohl und hatte Kevin inzwischen als seinen Herrn und Meister akzeptiert. Meist führte Kevin ihn an einer Leine umher. Das heißt, eigentlich spazierte der große Hund mit dem kleinen Kerl umher – und nicht umgekehrt.

Nach zehn Tagen bekam ich dann einen Anruf aus Cervinia. Ein Mann berichtete, er habe von Bergsteigern gehört, dass uns ein Husky zugelaufen sei. »Seit zehn Tagen vermisse ich meinen Hund!« Nun hoffte er inständig, dass es sich um seinen Husky handelte. Laut meiner Beschreibung war es seiner.

»Könnte er vielleicht noch bis zum nächsten Wochenende bei euch bleiben? Dann kann ich auf die Hütte kommen, um ihn abzuholen.«

Das war natürlich kein Problem und für Kevin eine Freude. So musste er sich nicht sofort von seinem neuen Spielkameraden verabschieden. Ich beendete das Telefongespräch und dachte nach: Vom italienischen Cervinia aus musste der Husky über 1200 Höhenmeter überwinden, Geröllfelder, verschiedene Gletscher und den Breuil-Pass überqueren. Was hatte ihn nur bewogen, diese Tour zu unternehmen? Aber das würden wir wohl nie erfahren.

Dass wir hier oben gar keine Haustiere haben, stimmt nicht so ganz. Wie auf den meisten Berghütten gibt es natürlich Mäuse. Kaum zu glauben, dass man diese kleinen Quälgeister sogar auf über 3000 Metern antrifft. Meistens natürlich nicht zur Freude der Hütten-Crew. Immer wieder müssen wir die Lebensmittel vor ihnen in Sicherheit bringen. Und Mausefallen sind nur bedingt erfolgreich: Die Tiere sind schlau und lernen schnell.

Vor ein paar Jahren hatte Yasmin die zündende Idee: »Wir holen uns eine Katze auf die Hütte! Die wird das Problem schon lösen.« Ihre Hauskatze habe vor zwei Monaten Nachwuchs bekommen. Darunter ein Kater, jung und hungrig.

Wieso nicht, dachte ich mir. Und so wurde unser Mäusejäger im nächsten Hubschrauber-Versorgungsflug per Luftpost angeliefert. Alle Hoffnung lag nun auf ihm. Er sollte dem Mäuseübel Herr werden. Nach zwei Wochen mussten wir uns aber eingestehen, dass auch der Kater sein Versprechen nicht halten konnte. Er hatte bis zu diesem Zeitpunkt noch keine einzige Maus gefangen. Er schien sich sogar vor ihnen zu fürchten. Normalerweise treibt der Hunger einen Kater irgendwann auf die Jagd. Darauf konnten wir jedoch lange warten, denn ich ertappte unseren gutmütigen Koch, wie er den Haustiger mit allerhand Leckereien fütterte. Wieso soll man sich auch mit frechen Mäusen plagen, wenn man den Käse frei Haus bekommt?

Von nun an hatten wir auf der Hütte keine Katze mehr, die Mäuse sind uns leider erhalten geblieben. Offensichtlich fühlen sich aber viele Lebewesen bei uns so wohl, dass sie immer wiederkommen. Stammgäste eben ...

So weit die Pfoten tragen

Es war Morgen, das ganze Team hatte sich auf der Terrasse versammelt und schälte Berge von Kartoffeln für die Rösti. Alle waren in Gedanken versunken – das Schälen ist fast schon ein spirituelles Ritual. Gegen 10.30 Uhr traf der erste einheimische Bergführer mit seinem Gast ein. Beide bestellten etwas zu trinken, setzten sich an unseren Tisch und erzählten eine merkwürdige Geschichte: Beim Abstieg vom Matterhorn hätten sie, wie üblich, bei der Solvayhütte eine Pause eingelegt. Als sie hineingehen wollten, sei ihnen plötzlich etwas entgegengelaufen. Sie hätten sich zuerst erschreckt, aber dann gesehen, dass es sich um eine Katze handelte.

»Ich habe versucht, sie zu schnappen, aber das Tier war zu schnell«, sagte der Bergführer.

Eine Katze auf über 4000 Metern im hochalpinen Gebirge hatten weder er noch ich je gesehen. Wie sollte sie denn dort hingekommen sein? Selbst unsere Mäusejäger lassen wir ja

166

einfliegen ...»Bist du sicher, dass es eine Katze war? Vielleicht handelt es sich um eine etwas groß geratene Maus!«

Damit war das Thema für uns abgeschlossen. Doch einige Stunden später kam ein Bergführer aus Österreich zu uns und berichtete ebenfalls von einer Katze auf der Schutzhütte. Er aber hatte das arme Tier eingefangen, im Rucksack verstaut und mitgebracht.»Kann ich sie hier bei euch lassen?« Oben aus seinem Rucksack lugte der flauschige Kopf hervor.

»Natürlich, irgendwann werden wir die Gelegenheit haben, sie runter ins Tal zu bringen.« Nun hatten wir also mal wieder ein Haustier und die Mäuse einen natürlichen Feind.

Es dauerte jedoch nur ein paar Tage, da rief Gervas an, der Hüttenwart der Gandegghütte, die auf 3029 Metern oberhalb von Trockener Steg liegt. Er hatte von einer spektakulären Katzen-Rettungsaktion am Matterhorn gehört, und seine Mitarbeiterin vermisste ihren Haustiger.»Ist es ein Kater mit einem roten Halsband?«, fragte er, und ich bejahte.

Das ist schon verrückt: Die Gandegghütte ist etwa vier Kilometer von der unseren entfernt! Warum ist das Tier den ganzen Weg Richtung Matterhorn und dann noch mal hinauf auf 4000 Meter gelaufen? Wohl aus demselben Grund wie der italienische Husky ...

»Morgen wird jemand nach Zermatt absteigen und den Kater mitnehmen«, schlug ich vor.

»Und dann wird er kastriert«, entschied Gervas und beendete das Katzen-Gespräch.

Der arme Kater, dachte ich, das hat er sich bestimmt nicht gewünscht.

Etwa zwei Wochen später hörten wir eines Abends ein Geräusch draußen auf der Terrasse. Ich öffnete die Tür, und ein Kater mit rotem Halsband flitzte in die Hütte.»Miau!« Sofort schmiegte er sich ans nächstbeste menschliche Bein, schnurrte behaglich und lief dann zielstrebig in die Küche. Er schien sich hier bestens auszukennen. Ich trabte hinter ihm her und sah, dass Stephan sich bereits um den neuen Gast kümmerte – schließlich ist es sein Job, knurrende Mägen füllen. Aber die beiden kannten sich, und auch mir dämmerte es in diesem Augenblick: Unser Freund von der Gandegghütte hatte mal wieder eine Bergtour gemacht. Kastration hin oder her – sein Naturell war wohl stärker. Oder unser Koch einfach zu gutmütig.

Ein ständiges
Auf und Ab

Über mangelnde Gäste können wir uns auch im Moment nicht beklagen. Es herrscht Hochbetrieb. Die Terrasse ist voll besetzt mit Tagesgästen und Bergsteigern. Die Wanderer kommen – froh, es geschafft zu haben – nach ihrem zweistündigen Aufstieg von Schwarzsee auf der Terrasse an. Und für die zählt nur eines: Essen und Trinken. Es ist ein richtiges Schauspiel, das sich Tag für Tag wiederholt. Und doch werden wir es nicht leid. Dicht gedrängt hocken wir an einem Tisch und unterhalten uns über die ankommenden Gäste: Da gibt es jene, denen die Anstrengung ins Gesicht geschrieben steht – schweißgebadet, außer Atem, aber dennoch glückselig; andere scheinen die Wandertour leichtfüßig und ohne jede Mühe gemacht zu haben. Die einen sind »perfekt« ausgestattet mit Bergschuhen, Wanderhosen und -stöcken. Einige tragen Turnschuhe oder Sandalen. Ich habe sogar schon mal welche mit Flipflops gesehen! Es sind Junge und Alte, Kleine und Große, Dicke und Dünne. Manche essen und trinken schnell eine Kleinigkeit und machen sich zügig auf den Rückweg, natürlich nicht ohne das obligatorische Beweisfoto. Andere verweilen länger, sie speisen in Ruhe, sitzen und schauen, trinken einen Hauskaffee und noch einen und noch einen …, bis wir sie daran erinnern müssen, dass es höchste Zeit für den Abstieg wird. Und dann sind da natürlich die Bergsteiger, die vom Gipfel zurückkehren, sie werden von allen wie Stars bewundert.

Nach einer Matterhornbesteigung gibt es immer viel zu erzählen. Wie haben sich die Gäste am Berg verhalten? Wo gab es Probleme mit anderen Bergsteigern? Und ein beliebtes Thema: der Gipfelkuss! Wenn der Kunde am Seil denn weiblich war …

Leider kann ich nicht ewig mit meinem Team hier am Tisch sitzen bleiben, die Arbeit ruft. Außerdem klingelt an Tagen wie diesen unentwegt das Telefon, so dass ich praktisch pausenlos am Hörer hänge. Zwar nehme ich auch Reservierungen für die kommenden Tage entgegen, aber meistens versuche ich Antworten auf all die Fragen zu finden, die mir gestellt werden. Das ist nicht immer einfach, vor allem, wenn die Hütte voll besetzt ist. Dann wird es mitunter ziemlich stressig – und mühsam, neben den richtigen Antworten auch den richtigen Ton zu finden. Wenn ich helfen kann, freut mich das natürlich. Ich gebe auch gerne Auskunft, sei es über die momentanen Verhältnisse am Berg oder das zu erwartende Wetter für die kommenden Tage. Doch oft stellen die Leute ausgesprochen unüberlegte Fragen: Können Sie mir sagen, wie das Wetter in drei Wochen sein wird? Wie viele Bergsteiger werden nächste Woche das Matterhorn besteigen? An welchem Tag erwarten Sie die besten Verhältnisse für eine Besteigung? Denken Sie, ich kann die Tour auch ohne Bergführer wagen? Wie schwer ist die Besteigung?

Brauche ich Steigeisen? Können Sie mir den Weg auf den Gipfel beschreiben? Fragen von Menschen, die sich ein Ziel in den Kopf gesetzt haben, ohne genau zu wissen, auf was sie sich da eigentlich einlassen. Bergsteiger mit der entsprechenden Erfahrung stellen solche Fragen nicht …

Oft rufen aber auch Bergsteiger an, die sich am Abend immer noch am Berg aufhalten und nervös werden, da es langsam dunkel wird und sie Gefahr laufen, sich zu versteigen. Tja, dass der Tag sich dem Ende zuneigt, kann auch ich nicht ändern, und es war ja wohl auch absehbar. Solche Vorfälle sind durch rechtzeitigen Abbruch der Tour und Rückkehr zur Hütte zu vermeiden. Aber wenn sie mich anrufen, ist es dafür meist zu spät. Dann rate ich, die Nacht abzuwarten und den Abstieg erst fortzusetzen, sobald es wieder hell wird.

Auch Angehörige von Bergsteigern, die sich noch nicht zurückgemeldet haben, rufen in der Hörnlihütte an und erkundigen sich nach ihren Bekannten: Wieso sind sie denn noch nicht zurück? Ist etwas passiert? Können Sie mal eben nachschauen, wo sie abgeblieben sind?

Die meisten verstehen überhaupt nicht, dass ich nicht schnell auf den Berg hinaufsteigen kann, um nach den verspäteten Bergsteigern zu gucken – auch wenn es natürlich vorkommt, dass ich doch »mal eben« einen Bergsteiger retten muss …

Der Mann im Mondschein

Es war August, und auf der Hörnlihütte herrschte Hochbetrieb. Wir rechneten an diesem Abend mit hundertfünzig Personen, die hier übernachten wollten. Die Hütte war nun seit fast zwei Monaten geöffnet, das Team gut eingespielt, und der erforderliche Ablauf klappte reibungslos. Inzwischen war es sieben Uhr und Zeit, das Essen zu servieren. Ich hatte gerade angefangen, die Suppe zu schöpfen – über hundertzwanzig Suppenschalen standen vor mir auf dem Tisch –, als das Telefon klingelte. Schon wieder …

Doch diesmal war es Rosmarie, die Hüttenwartin der Schönbielhütte, die auf der Nordseite des Matterhorns auf 2694 Metern liegt. Sie hatte mit dem Fernglas einen Bergsteiger ausgemacht und berichtete aufgeregt: »Wie es aussieht, ist er über den Abgrund direkt in die Nordwand gestürzt, und jetzt hängt er 1000 Meter über dem Matterhorngletscher an seinem Seil!«

Das hörte sich gar nicht gut an. Ich versprach Rosmarie, das Nötige zu veranlassen. Sofort legte ich die Suppenkelle beiseite und ging auf die Terrasse. Mit meinem Fernglas suchte ich den Hörnligrat ab und entdeckte tatsächlich auf 4200 Metern einen schwarzen Punkt, der über dem Abgrund in der Nordwand baumelte. Umgehend alarmierte ich die Einsatzzentrale der Air Zermatt und gab die wichtigsten Informationen durch. Sofort machte sich ein Hubschrauber mit Arzt, Flughelfer und der erforderlichen Ausrüstung für einen Nachteinsatz am Matterhorn bereit.

Es hatte angefangen zu dämmern, und die Konturen des Bergsteigers verloren sich bereits in der Dunkelheit. Ich informierte meine Mitarbeiter, dass ich zu einem Rettungseinsatz musste. Dann rannte ich auf mein Zimmer im zweiten Stock, um mich vorzubereiten. Dort liegen stets Kleider und Ausstattung für einen Einsatz bereit, denn im Notfall muss alles sehr zügig gehen. Mit meinen Jeans stieg ich in die GoreTex-Hose und den Klettergurt, zog den Windstopper und die Jacke an und wechselte Hüttenschuhe gegen Bergschuhe.

In den letzten Minuten, die mir bis zum Eintreffen des Hubschraubers blieben, ging ich den vor mir liegenden Einsatz gedanklich durch, versuchte mir vorzustellen, was mich erwartete und wie man das Problem am einfachsten und sichersten für alle Beteiligten lösen könnte. Vor allem bei Nachteinsätzen ist es unabdingbar, die verschiedenen Alternativen genau abzuwägen und das Restrisiko so klein wie möglich zu halten. Das heißt, es gilt immer, einen Schritt vorauszudenken. Schließlich lässt sich nichts mehr rückgängig machen. Die Wetterbedingungen jedenfalls stimmten: Es war windstill und wolkenlos. Und vor einer halben Stunde war der Mond aufgegangen, eine wunderschöne Vollmondnacht. Und so war es für den Piloten um ein Vielfaches leichter, sich zu orientieren, als in stockdunkler Nacht.

Ich nahm meinen Rucksack, die Steigeisen, den Eispickel und meinen Funkhelm und lief die Treppe hinunter in den Speisesaal. Am Tisch der Bergführer saß mein Kollege Urs. Auch er war seit Jahren Mitglied des Rettungsteams und somit im Notfall einsetzbar. Ich erklärte ihm die Situation am Berg und bat ihn, sich zumindest bereitzuhalten. Denn sollte sich die Bergung als kompliziert erweisen, könnten wir auf einen weiteren erfahrenen Mann zurückgreifen und ihn ebenfalls hinauffliegen. Dann verließ ich die Hütte. Von der Terrasse aus sah ich oben auf dem Hörnligrat ganz schwach ein kleines Licht, wahrscheinlich von einer Stirnlampe. Die des abgestürzten Bergsteigers? Oder war er möglicherweise nicht alleine unterwegs?

Etwa fünfzehn Minuten nach meiner Alarmierung rief mich Thierry über Funk auf und meldete seinen Start von Zermatt mit Ziel Hörnlihütte. Ich bestätigte seine Nachricht und meldete mich meinerseits einsatzbereit. Auf dem Heli-Landeplatz, zwanzig Meter oberhalb der Hörnlihütte, wartete ich auf seinen Anflug. Fröstelnd zog ich den Reißverschluss meiner Jacke hoch, es war schon jetzt empfindlich kalt. Aber wenn ich erst am Hubschrauber hinge, würde es durch die Fluggeschwindigkeit noch um einiges kälter werden. Ein letztes Mal kontrollierte ich meine Ausrüstung: War der Klettergurt festgezogen und gesichert? Saßen die Steigeisen fest an den Bergschuhen? Waren Funkgerät und Funkhelm richtig miteinander verbunden?

Da an jenem Abend alles in helles Mondlicht getaucht war, verstaute ich meine Stirnlampe wieder im Rucksack. Die würde ich wohl nicht brauchen. Und der Hubschrauber fliegt ohnehin mit Nachtsichtgerät; erst am Berg würden die Scheinwerfer zum Einsatz kommen. Thierry flog an und landete sicher auf der Plattform. Auf dem Hörnligrat hingegen gibt es für den Hubschrauber keine Landemöglichkeit; die einzige Chance, zu einem abgestürzten Bergsteiger zu gelangen, ist daher ein Seilwindeneinsatz oder die etwas schnellere Tau-Bergung, für die wir uns an diesem Abend entschieden.

Wir entluden den Helikopter und stellten die benötigte Ausrüstung zusammen. Thierry ließ so lange die Maschine laufen, da wir in nur wenigen Minuten bereit sein würden und dann sofort weiterfliegen konnten, denn wir durften keine Zeit verlieren. Dort oben hing ein Mann gut 1000 Meter über dem Abgrund, und wir hatten keine Ahnung, ob und wie schwer er verletzt war. Der Arzt würde mit der medizinischen Ausrüstung auf der Plattform warten, um den Patienten entgegenzunehmen. Zusammen mit dem Flughelfer befestigte ich ein 30 Meter langes Seil am Lastenhaken des Hubschraubers, am anderen Ende hakte ich mich selbst ein. Über Funk rief ich den Piloten auf und kontrollierte die Verbindung, denn von der reibungslosen Kommunikation zwischen Pilot und Retter hängt letztlich der Erfolg einer solchen Bergung ab.

Alles war nun doppelt kontrolliert, auch der Flughelfer war wieder mit an Bord, und so gab ich das Zeichen zum Abflug. Der Hubschrauber hob langsam ab und stieg senkrecht in die Luft. Während der Heli an Höhe gewann, stand ich auf der Plattform, beobachtete, wie sich die verbleibenden Meter Seil verringerten, und gab diese Angaben dem Piloten fortlaufend über Funk durch – bis ich selbst abhob. Es zog mich vom Boden weg, und wir flogen hinaus in die Nacht.

Obwohl ich schon Hunderte Male unter einem Hubschrauber hängend durch die Berge geflogen bin, ist es doch jedes Mal wieder ein Erlebnis. Dazu kommt die Anspannung, denn bei einer Nachtrettung ist auch das Restrisiko größer: Fluggeschwindigkeit über Grund sowie Abstand zu Berg und Boden sind nur noch sehr schwer abzuschätzen. Bis zum Unfallort musste der Hubschrauber 1000 Meter an Höhe gewinnen, und so dauerte es ein paar Minuten, bis wir am Ort des Geschehens ankamen. Seit dem Gespräch mit Rosmarie, die mir den Unfall gemeldet hatte, waren gut zwanzig Minuten vergangen; für uns war das eine kurze Zeit, für den, der da oben hing, waren es sicher die längsten zwanzig Minuten seines Lebens – eine kleine Ewigkeit.

Während des Fluges fiel mir auf, dass es immer dunkler wurde. Ich schaute in Richtung Vollmond und sah, wie sich langsam eine große Sichel vor den Mond schob. Was war denn das? So etwas hatte ich noch nie gesehen! Von Minute zu Minute wurde es dunkler, obwohl der Mond immer noch hoch stand. Über Funk fragte ich Thierry, ob er sich das erklären könne. Es blieb still. Hatte er mich nicht gehört? Doch dann meldete er sich lachend zurück: »Heute Abend erleben wir das seltene Phänomen einer totalen Mondfinsternis.« Das bedeutete, die Erde würde sich zwischen Sonne und Mond schieben. Es würde dunkel werden. Stockdunkel. Na, super!, dachte ich, und meine Stirnlampe ist im Rucksack …

Als wir uns auf ungefährer Höhe des Unfallortes befanden, konnte ich nur noch die Umrisse des Bergsteigers erkennen, der da am Seil hing. Etwa dreißig Meter oberhalb erblickte ich eine weitere Person. Der abgestürzte Bergsteiger war also tatsächlich nicht alleine unterwegs gewesen. Dort oben stand sein Seilpartner und gab Hilfezeichen. Ich überlegte kurz, entschied dann, mich neben ihm absetzen zu lassen, um die Situation von dort aus besser einschätzen zu können, und gab Thierry die entsprechende Anweisung.

Für den Piloten ist es wichtig, dass ich ihm beim Anflug auf den Zielort immer wieder meinen Bodenabstand sowie den Abstand zum Berg durchgebe. Das war jedoch für mich umso schwieriger geworden, als der Mond nun fast verschwunden war und ich nicht an meine Stirnlampe kam. Ohne Licht war fast nichts mehr zu erkennen. Also blieb mir nichts anderes übrig, als mich auf meine Erfahrung zu verlassen und Thierry einzuweisen. Als wir schließlich etwa zehn Meter von dem Seilpartner des Verunfallten entfernt waren, erkannte ich erleichtert, dass er es war, der die Lampe hatte, deren Licht ich von unten erspäht hatte. So konnte ich ihn nun als Referenzpunkt nutzen und dem Piloten die exakten Distanzen durchgeben.

Zwei Meter neben dem Bergsteiger wurde ich abgesetzt. Als ich den Befehl zum Entlasten gab, entspannte sich das Seil, an dem ich hing, und mein Körpergewicht verlagerte sich auf den Boden. Nun löste ich den Stahlkarabiner und klinkte mich aus der Verbindung zum Hubschrauber aus. Auf mein Zeichen zog Thierry den Heli vom Berg weg und flog zurück zur Hörnlihütte, wo er warten würde, bis ich ihn wieder anforderte. Denn bis ich alles vorbereitet hatte und bereit zur Übergabe war, würde es eine Weile dauern. Es machte keinen Sinn, dass der Pilot mit seiner Maschine so lange in der Luft blieb.

Als der Heli weg war, wurde es am Berg wieder ruhig, und ich konnte mich mit dem Bergsteiger unterhalten. Ich erfuhr, dass es sich bei den beiden Bergsteigern um Deutsche handelte. Der eine zweiundvierzig, der andere fünfundvierzig Jahre alt. Beide seien sie zum ersten Mal in den Schweizer Alpen unterwegs, berichtete der Mann. Während er redete, vergewisserte ich mich, dass sein Seil sicher verankert war, so dass keine Gefahr für einen weiteren Absturz bestand. Den abgestürzten Bergsteiger konnte ich allerdings nicht sehen. Er hing irgendwo unterhalb der Kante über dem Abgrund. Sein Seilpartner berichtete, sie hätten sich auf dem Abstieg vom Gipfel befunden, und da sie schon viel zu lange unterwegs und ziemlich erschöpft gewesen seien, wollten sie die Nacht auf dem Grat verbringen.

»Wir mussten uns nur noch einmal abseilen, um einen kleinen, aber relativ flachen Platz zu erreichen, auf dem wir hätten

biwakieren können.« Sein Freund habe sich ins Partieseil eingehängt, als es sich plötzlich aus der Verankerung löste. »So ist er
ungebremst den Berg hinuntergestürzt – und über dem Abgrund
verschwunden.« Gott sei Dank hatten sie das eine Ende des Seils
noch zusätzlich verankert, denn sonst wäre es zu einem Totalab-
sturz gekommen. »Ich habe mit ihm gesprochen«, sagte der
Bergsteiger, »er ist bei Bewusstsein und unverletzt.«

Zum Glück!, dachte ich. Das würde auch die Rettung um
einiges einfacher machen – eine Rettung bei totaler Mondfinsternis. Ich holte meine Stirnlampe aus dem Rucksack, und nachdem ich den Bergsteiger neben mir zusätzlich an der Verankerung gesichert hatte, zog ich ein Seil aus meinem Rucksack,
verankerte auch das und begann, mich abzuseilen. Immer dem
Seil folgend, an dem der Verunglückte hing. Bis zum Abgrund
waren es etwa zwanzig Meter, vielleicht fünfundvierzig Grad
steil. Als ich den Abgrund erreichte, blockierte ich mein Seil
und versuchte, den Bergsteiger durch Zurufen auszumachen. Er
gab mir Antwort, und ich entdeckte ihn etwa zehn Meter unter
mir frei am Seil hängend. An dieser Stelle geht es in der Tat über
1000 Meter senkrecht runter auf den Matterhorngletscher …

Er bestätigte mir zwar, dass er nicht schwer verletzt sei.
Bei seinem Dreißig-Meter-Sturz hatte er sich aber bestimmt die
eine oder andere Prellung zugezogen. Und der Schreck stand
ihm ins Gesicht geschrieben. Zudem klagte er bereits über
Taubheitsgefühle in den Beinen. Es eilte, denn zu langes Hängen kann sogar tödliche Folgen haben. Und wie lange er dort
tatsächlich hing, wusste ich nicht. Über Funk gab ich der Heli-
Crew die Situation durch und schlug Thierry eine Kapper-Ber-
gung vor. Dabei handelt es sich um eine Bergungsart, die es erlaubt, einen frei hängenden Patienten direkt zu bergen, ohne
ihn bewegen zu müssen. Sobald der Patient mit seinem Seil am
Tau des Hubschraubers eingehängt ist und sein Körpergewicht

vom Hubschrauber getragen wird, schneidet man mit einem scharfen Messer die Seilverbindung zur Verankerung durch und trennt so Bergsteiger und Hubschrauber vom Berg.

Das war sicher die beste Lösung, um den Patienten aus seiner misslichen Lage zu befreien. Thierry war einverstanden. »Ich bereite hier alles vor; in circa fünf Minuten bin ich fertig«, ließ ich ihn wissen und beendete das Funkgespräch. Unterhalb der Abgrundkante befestigte ich einen Stahlkarabiner am Seil des Patienten. Mit Hilfe dieses Karabiners würde ich ihn und den Hubschrauber miteinander verbinden. Dann war ich bereit, und der Heli konnte an der Hütte starten. Dem abgestürzten Bergsteiger rief ich die erforderlichen Informationen zu, damit er wusste, was ihn erwartete.

Ein paar Minuten später hörte ich den Heli näher kommen, und Thierry meldete sich. Dieses Mal kam er mit dem leeren Seil, an dessen Ende ein Doppelhaken war. Als ich den Haken mit meinen Händen fassen konnte, befestigte ich ihn mit dem Karabiner am Partieseil des verunfallten Bergsteigers. »Eingehängt«, funkte ich, »du kannst langsam aufziehen.« Sogleich spannte sich das Seil, und als das gesamte Gewicht des Patienten am Hubschrauber hing, schnitt ich mit dem Messer die Verbindung zur Verankerung durch. Nun war auch der Hubschrauber wieder frei und flog mit dem Patienten zurück zur Hütte.

Ich stieg an meinem Seil die zwanzig Meter zur Verankerung hoch, wo sich ja immer noch der zweite Bergsteiger befand, und packte Seile und sonstige Ausrüstungsgegenstände in meinen Rucksack, damit nichts am Berg zurückblieb. Über Funk teilte ich Urs, meinem Rettungskollegen auf der Hütte, mit, dass alles gut geklappt hatte. Kaum war alles verstaut, meldete sich Thierry wieder und fragte, ob wir bereit zum Abtransport seien. »Können wir uns zu zweit an den Heli hängen?«, fragte ich. Denn ab 4000 Metern nimmt die Luftdichte so stark ab, dass Hubschrauber viel eher ihre Leistungsgrenze erreichen. Dies gilt es von Situation zu Situation neu zu beurteilen. Für dieses Mal aber gab Thierry sein Okay, weshalb ich nach erneuter Einweisung den zweiten deutschen Bergsteiger und mich an den Doppelhaken befestigen und den Befehl zum Aufziehen erteilen konnte. Sogleich zog es uns vom Boden weg.

Inzwischen zeigte sich der Vollmond wieder in seiner ganzen Pracht, alles war hell erleuchtet. Die Erde warf keinen Schatten mehr auf den Mond, die Mondfinsternis war vorbei. Wir flogen durch die Nacht inmitten dieser beeindruckenden Schweizer Bergwelt. Doch im Gegensatz zu mir schien der Bergsteiger, der neben mir am Tau hing, den Flug nicht wirklich zu genießen: Mit beiden Händen hielt er sich verkrampft am Seil fest, und sein Gesicht war angstverzerrt. In der Zwischenzeit war der Patient in der Hütte vom Arzt untersucht und versorgt worden. Dabei hatte der Mediziner den Verdacht geäußert, der Mann habe sich möglicherweise neben den Prellungen auch einen Armbruch zugezogen. Um das abzuklären, sollte er nun für weitere Untersuchungen ins Spital geflogen werden.

Rasch bedankte ich mich bei der Heli-Crew für die gute Zusammenarbeit und ging zurück zur Hütte. Das Abendessen war bereits wieder abgeräumt, und alle schienen zufrieden zu sein. Auf der Hörnlihütte war während meines unerwarteten Ausflugs also alles ganz normal weitergegangen. Und es dauerte keine fünf Minuten, da hatte auch ich den Rettungseinsatz bei totaler Mondfinsternis schon fast wieder vergessen. Die Arbeit rief. Denn an Feierabend war noch nicht zu denken. Bis das ganze Geschirr abgewaschen und für das Frühstück eingedeckt war, würde es sicher 22 Uhr werden und noch eine Stunde später, bis ich endlich im Bett wäre. Eine kurze Nacht lag vor mir, denn um 3.30 Uhr würde schon wieder der Wecker klingeln – oder das Telefon.

Ehrfurcht
und Ohnmacht

Die Natur hält hier oben so manche Überraschung für uns bereit. Es gibt einen Sternenhimmel, wie man ihn nur aus der nächtlichen Sandwüste kennt. Wir erleben wunderschöne Sonnenaufgänge und faszinierendes Wetterleuchten – ein Naturschauspiel der ganz besonderen Art. Sternschnuppen sind zum Greifen nah, und wunderbare Nebelmeere liegen direkt vor unserer Hüttentür.

Das ist die eine, die schöne Seite. Es gibt aber noch eine andere. Die Natur kann grausam sein, ungerecht und gnadenlos. Sie ist stärker als wir Menschen und setzt sich immer durch. Fortschritt und Technologie ermöglichen uns zwar heute, nahezu alle Wünsche und Vorhaben zu realisieren: Im Meer wird immer tiefer nach Öl gebohrt, Staudämme werden größer und höher, Flüsse begradigt, künstliche Inseln aufgeschüttet und über 800 Meter hohe Häuser gebaut. Mit großen Schritten wagen wir uns immer näher an die Grenzen des Möglichen, aber auch an die damit verbundenen Gefahren, von denen wir glauben, dass sie berechenbar sind: Überschwemmungs- und Erdbebengebiete, Stein-, Erdrutsch- und Lawinenzonen. Ich denke aber, wir erhöhen vor allem das Risiko und werden deshalb in naher Zukunft immer öfter von Naturkatastrophen hören, die uns heimsuchen. Denn die Natur interessiert sich nicht für uns und unsere Bedürfnisse. Naturgewalten weisen uns in die Schranken und demonstrieren, wie klein und unwichtig wir sind.

Die Gesetze der Natur gelten überall auf der Welt, natürlich auch auf der Hörnlihütte. Denn hier oben auf einem exponierten Felsgrat in über 3000 Meter Höhe werden wir mit den Launen der Natur besonders häufig und unmittelbar konfrontiert: heute minus 10 Grad Celsius und Schneesturm, morgen Sonnenschein im Liegenstuhl auf der Terrasse, übermorgen 200 Stundenkilometer starke Sturmböen, die mitunter sogar Steine durch die Luft fliegen lassen.

Im Verlauf der letzten Jahre haben diese extremen Wetterphänomene zugenommen. Schneestürme im Sommer mit intensiven Niederschlägen, starke Windböen, heftige Gewitter, schnell steigende und fallende Temperaturen, trockene, niederschlagsarme Perioden – all das wechselt sich immer öfter in rasanter Folge ab. Vor ein paar Jahren haben wir sogar die ultimative Stärke der Natur hautnah zu spüren bekommen, aber sie hat uns mit einem blauen Auge davonkommen lassen.

Bomben-
stimmung

Die Schweizer Wettervorhersage hatte eine ernstzunehmende Gewitterwarnung für das Gebiet rings um Zermatt herausgegeben, und ich fragte alle zwei Stunden den Wetterbericht per Telefon ab. Für einen Nachmittag war es auf der Hütte ziemlich ruhig. Wir hatten nur etwa dreißig Wanderer zu Gast, die hier übernachten wollten. Bergführer mit ihren Kunden waren keine da. Der Wetterbericht hatte sie überzeugt, und sie waren entweder wieder ins Tal abgestiegen oder gar nicht erst hinaufgekommen.

Nachdem ich mit dem Koch das Abendmenü besprochen hatte, ging ich raus auf die Terrasse. Obwohl ich eindringlich vor dem nahenden Gewitter gewarnt hatte, standen immer noch ein paar Leute draußen. Der Himmel war fast schwarz, und Hagelkörner prasselten herunter. Ich hörte ein lautes Surren und sah auf der Spitze des Fahnenmastes neben der Terrasse ein Elmsfeuer flackern. Die Luft war extrem elektrisch aufgeladen, und die Funken entluden sich am Metall.

»Geht in die Hütte, hier draußen seid ihr nicht mehr sicher!«, rief ich den Wanderern zu. Zwei von ihnen blieben aber tatsächlich trotz Warnung auf der Terrasse – für meinen Geschmack etwas zu viel Abenteuerlust. Wieder zurück in der Küche, informierte ich auch das Team: »Niemand geht jetzt mehr nach draußen, das Gewitter ist schon sehr nah.«

Die Hütte hat zwar einen großen Blitzableiter auf dem Dach und ist durch Kupferleitungen über alle Ecken des Gebäudes im Boden geerdet und somit gesichert. Trotzdem weiß man nie mit Sicherheit, was ein heftiges Gewitter so alles anstellen kann. Deshalb drehten wir vorsichtshalber die großen Gasflaschen zu und schalteten den Stromgenerator ab. Zur Beleuchtung von Speisesaal, Toiletten und Zimmern verteilten wir batteriebetriebene Tischlampen. Da die Elektrizität ebenfalls über die Wasserleitungen transportiert werden kann, wurden zur Vorsicht auch die Spülbecken nicht benutzt.

Rebecca war mit dem damals vierzehnjährigen Kevin auf ihrem Zimmer im zweiten Stock und wartete dort, bis das Gewitter vorüber war. Yasmin bediente die Gäste an der Essens- und Getränkeausgabe. Ich stand in der Küche und zählte die Sekunden zwischen Blitz und Donner. Diese teilte ich durch drei und erhielt so die ungefähre Entfernung in Kilometern. Also, je kürzer die Zeitspanne, umso näher das Gewitter. Es blitzte und donnerte unentwegt. Inzwischen zählte ich nur noch weniger als zwei Sekunden, was bedeutete, dass wir uns mitten im Gewitter befanden. Die Blitze entluden sich am Matterhorn, rings um die Hütte und am Blitzableiter, und der Donner ließ die Hütte erzittern.

Im Saal, wo sich die Gäste aufhielten, war es mucksmäuschenstill geworden, niemand sprach mehr. Alle verfolgten gespannt dieses Naturschauspiel. Mit einem Mal flog die Tür auf. Alle Köpfe wandten sich um. Die beiden bis vorhin noch unerschütterlichen Wanderer stürmten herein und suchten panisch in der hintersten Hüttenecke Schutz – keine Spur mehr von Abenteuerlust. Das war Rettung in allerhöchster Not, denn plötzlich gab es einen höllisch lauten Knall, wie eine Explosion. Glühbirnen an der Decke zersprangen, die Kunststofflichtschalter und Steckdosen flogen aus der Wand und durch die Räume. Alles ging rasend schnell und war auch schon wieder vorbei, bevor jemand reagieren konnte.

Im Saal brannte kein Licht mehr, keiner bewegte sich, nur die Hagelkörner prasselten gegen die Fensterscheibe. Allen war wohl bewusst, dass dies keine organisierte Touristenattraktion gewesen war, sondern eine gefährliche Gewaltdemonstration der Natur. Unter den Gästen kam jedoch keine Panik auf, niemand schrie oder versuchte sich in Sicherheit zu bringen. Aber alle waren natürlich total erschrocken. Sie schienen wie gelähmt vor Angst und gleichzeitig in höchster Anspannung und Alarmbereitschaft.

Der Knall war so laut gewesen, dass meine Ohren taub waren, und es dauerte ein paar Minuten, bis ich wieder etwas hören konnte. Es roch verbrannt, daher eilte ich zuerst in die Küche und suchte nach einem Brandherd. Nachdem ich die ganze Hütte kontrolliert hatte, ging ich zurück in den Saal und vergewisserte mich, dass den Gästen nichts passiert war. Abgesehen von einem kleinen Schock waren alle in Ordnung. Rebecca und Kevin kamen die Treppe heruntergerannt, auch ihnen stand der Schreck ins Gesicht geschrieben. So langsam entspannten sich jedoch alle, denn die Gefahr schien tatsächlich vorüber. Draußen hagelte es zwar nach wie vor, aber das Gewitter war weitergezogen und trieb jetzt wahrscheinlich über Zermatt sein Unwesen.

Ich schaute mich um. Am Boden lagen überall Glas- und Kunststoffscherben der zersprungenen Glühbirnen und Lichtschalter, sonst war nichts Verdächtiges auszumachen. Ich lief nach draußen. Auf der Terrasse lagen die Hagelkörner bereits zehn Zentimeter hoch. In meinen Hüttenschuhen bewegte ich mich vorsichtig darüber hinweg. Die Metallteile surrten immer noch, und auch an meinen Haaren spürte ich die Spannung, sie standen im wahrsten Sinne des Wortes »zu Berge«.

Das Gewitter war inzwischen komplett abgezogen und stellte keine Gefahr mehr dar, also lief ich zurück in die Hütte und gab Entwarnung: »Das Gewitter zieht von der Hütte nach Osten ab, im Westen wird es bereits wieder heller.« Stephan drehte das Gas wieder auf und setzte seine Arbeit in der Küche fort. Ich versuchte den Stromgenerator zu starten, vergeblich. Auch nach mehrmaligen Versuchen passierte gar nichts. Im Generatorraum, dreißig Meter neben dem Hauptgebäude, hoffte ich eine Erklärung zu finden. Ich kontrollierte den Generator von allen Seiten, konnte jedoch im ersten Moment nichts Auffälliges entdecken. Dann sah ich es auch hier: Überall auf dem Boden lagen Kunststoffteile und vor allem Betonsplitter herum. Die Kunststoffteile stammten, wie schon in der Hütte, von den Elektroschaltern und Steckdosen. Wo aber kamen die Betonteilchen her? Es dauerte nicht lange, und ich fand die Lösung. Sie stammten von der Betondecke des Gebäudes. Wie war das passiert?

Von der Wasserfassung, 200 Meter entfernt beim Einstieg vom Hörnligrat, führt eine Wasserleitung hierher zum Generatorgebäude. Die Rohre sind zwar aus PVC, aber aufgehängt sind sie an einem Stahlseil, das wiederum auf der Betondecke des Gebäudes befestigt ist, an ebenfalls einbetonierten Ankereisen. Der Blitz hatte die Stahlaufhängung der Wasserleitung getroffen, wurde weitergeleitet bis zu den Ankereisen auf dem Betondach, und von dort war die Elektrizität auf die Stromkabel des Generators übergesprungen. Das hatte einen Teil der Betondecke zerstört. Und damit nicht genug: Der Stromschlag war über den Generator und die Stromleitungen direkt zu uns in die Hütte geleitet worden.

In der Vergangenheit hatte schon mehrmals ein Blitz die Hütte getroffen. Der Blitzableiter hatte den Stromschlag jedes Mal über die Kupferleitungen an den Außenwänden abgeleitet. Diesmal wurde jedoch der Stromschlag über die Aufhängung der Wasserleitung und das Stromnetz direkt ins Innere der Hütte geführt, was viel gefährlicher war als alles, was wir bisher erlebt hatten und in Zukunft dringend vermieden werden musste. Wir hatten sicher viel Glück gehabt, dieser Blitzschlag hätte eine Feuersbrunst auslösen können, und das wäre auf unserer alten, abgelegenen Berghütte fatal gewesen.

Die ganz große Katastrophe war uns erspart geblieben, aber dennoch hatte der Vorfall seine Spuren hinterlassen. Es schien, als seien die Steuerung und der Elektroanlasser des Generators beschädigt. Außerdem waren die beiden Zwölf-Volt-Anlasserbatterien auseinandergerissen.

»Saublöder Mist!« Das alles ärgerte mich gewaltig. Denn bis dieser Schaden behoben wäre, würde es gut und gerne ein bis zwei Tage dauern. Ich ging zurück in die Hütte, denn für heute Abend war sowieso nichts mehr zu ändern. Morgen würde ich alles Notwendige in die Wege leiten.

»Das Hüttentelefon funktioniert nicht«, empfing mich Rebecca mit der nächsten Hiobsbotschaft. Und weiter: »Ich habe die verschiedenen Zwölf-Volt-Batterien für die Notbeleuchtung und das Radio kontrolliert. Alle Batterien sind irreparabel beschädigt.« Schöne Aussichten, und das während der Hochsaison! In den nächsten Tagen, bei strahlendem Wetter und Hochbetrieb, würde uns das alles viel Ärger bereiten.

Um nicht noch mehr böse Überraschungen zu erleben,

suchte ich gemeinsam mit Rebecca und Kevin die Hütte systematisch nach weiteren Schäden ab. Viele der sichtbar an den Wänden entlang verlaufenden Elektrokabel waren einfach geschmolzen. Glühbirnen, Sicherungen und Steckdosen zersprungen. Spülmaschine, Hi-Fi-Anlage und die Tiefkühltruhen waren wahrscheinlich ebenfalls beschädigt. Das konnte ich jedoch erst mit Sicherheit sagen, wenn wir wieder Strom hätten. Ich notierte alle Schäden und die wichtigsten Telefonnummern, damit ich am nächsten Tag als Erstes mit meinem Handy alle nötigen Handwerkertermine vereinbaren konnte. Mehr konnte ich an diesem Abend nicht tun. Und nun war es auch von Vorteil, dass wir nur wenige Gäste zu bewirten hatten.

Allen saß der Schreck noch ein wenig in den Gliedern. Die Atmosphäre am Abend in der Hütte war auffallend ruhiger als sonst. Und das lag nicht nur an der fehlenden Musik. Fast geräuschlos wurde das Essen serviert und wieder abgeräumt. Der übliche Geräuschpegel, Gespräche, Lachen, Tellerklappern, war auf ein Minimum reduziert. Als könnte man so ein weiteres Unheil verhindern. Später saßen die Gäste und das Team bei Kerzenlicht und Batterielampen, sie unterhielten sich gedämpft, und der eine oder andere spähte ängstlich hinaus, um sich zu versichern, dass kein weiteres Gewitter nahte. War es tatsächlich vorbei? Auch wir hofften, dass sich ein solches Ereignis nicht wiederholen würde.

In der Früh, gleich nachdem die Geschäfte in Zermatt öffneten, organisierte ich die Reparaturarbeiten. Da wir telefonisch nicht erreichbar waren, die Reservierungen und Auskünfte aber nur übers Hüttentelefon laufen, ließ ich unsere Nummer auf das Sekretariat der Burgergemeinde umleiten. Da die Burgergemeinde Inhaberin der Hörnlihütte ist, nahm man nun die Anrufe dort entgegen, bearbeitete sie und leitete mir dann die Informationen auf mein Handy weiter.

Dann setzte ich meine telefonische Odyssee fort: Zuerst rief ich den Versicherungsexperten für die Schadensmeldung an, dann die Mechaniker für den Generator und die Spülmaschine, als Nächstes den Elektriker, und zum Schluss bestellte ich per Express sechs neue Zwölf-Volt-Batterien und sicherheitshalber drei neue Tiefkühltruhen. Alle Handwerker informierte ich über die möglichen Schäden, so dass sie die notwendigen Ersatzteile organisieren konnten. Bis zum nächsten Morgen sollte alles da sein, und ich vereinbarte mit allen Beteiligten: Treffpunkt neun Uhr am Heliport der Air Zermatt. In einem Flug konnten so alle auf einmal auf die Hütte geflogen werden, denn hier ist es wirklich ungünstig, wenn ein Handwerker mehrmals heraufkommen müsste, weil er den richtigen Schraubenschlüssel nicht dabeihat ...

Bald, so hoffte ich, würde alles in Ordnung sein. Das Wetter zeigte sich wieder von seiner schönsten Seite, und auf der Hütte herrschte reger Betrieb. Vom gestrigen Vorfall war nichts mehr zu spüren. Es gab zwar immer noch keine Musik, da ja die Anlage ausgefallen war, abwaschen mussten wir von Hand, und am Abend saßen wir bei Kerzenlicht. Ansonsten aber gab es für die Gäste keine spürbaren Nachteile. In einer einfachen Hütte fällt ein Stromausfall viel weniger ins Gewicht, da es sowieso nicht dauernd Strom gibt wie unten im Tal, wo jeder solche Annehmlichkeiten als selbstverständlich betrachtet. Trotzdem musste bis zum nächsten Abend alles wieder in Ordnung sein, da unsere Lebensmittel in den Tiefkühltruhen langsam begannen aufzutauen.

Am nächsten Morgen landete der Hubschrauber pünktlich um 9.15 Uhr mit den Handwerkern bei der Hütte. Ich zeigte ihnen die jeweiligen Defekte, dann ging ich mit dem Versicherungsvertreter durch die ganze Hütte, damit er alle Schäden aufnehmen konnte. Nach zwei Stunden war der Generator repariert, und auch die Spülmaschine lief wieder. Mehr Zeit brauchten sie für die Steckdosen, Lichtschalter und Stromleitungen. Wir beschlossen, nur das Wichtigste zu erledigen. »In zwei Tagen kontrollieren wir dann die komplette Stromversorgung der Hütte und erneuern sie, wenn nötig.«

Wie befürchtet, waren die drei Tiefkühltruhen nicht mehr zu gebrauchen. Aber unten auf dem Heliport standen die neuen schon bereit. Ich bestellte den Hubschrauber, um die Arbeiter wieder ins Tal fliegen zu lassen. Eine halbe Stunde später flog der Heli die Hütte an, am Lastenhaken transportierte er im Netz die neuen 1500-Liter-Tiefkühltruhen und stellte sie auf der Terrasse direkt vor dem Kücheneingang ab. Danach landete er auf der Heli-Plattform hinter der Hütte, um die Arbeiter aufzunehmen. In der Zwischenzeit luden wir die defekten Tiefkühltruhen ins Heli-Netz. Mit den Arbeitern an Bord flog der Hubschrauber dann die Terrasse auch schon wieder an, ich koppelte das Netz an den Lastenhaken, und mit den kaputten Truhen flogen sie in Richtung Zermatt.

Die Aktion »Blitz und Donner« war fürs Erste abgeschlossen und letztlich doch verdammt glimpflich verlaufen. Aber leider verursachen nicht alle Gewitter nur materielle Schäden.

Höhere
Gewalt

Für einen Bergführer beginnt die Sommersaison gewöhnlich Anfang Juli und endet je nach Wetter und Bedingungen gegen Ende September. Es ist eine kurze, aber intensive Zeit, und solange das Wetter es zulässt, gilt es für einen hauptberuflichen Bergführer, so viele Touren wie möglich zu führen. Sonst ist es schwierig, damit den Lebensunterhalt für seine Familie zu verdienen.

Es war in einem Sommer vor etwa zwanzig Jahren, ich war noch nicht Hüttenwart auf der Hörnlihütte, sondern Vollzeit als Bergführer tätig. In jener Saison arbeitete ich viel und hoffte bis Ende September sechzig bis siebzig Viertausender absolvieren zu können. Während der Woche hatte ich einen Gast, den ich schon seit Jahren kannte, rings um Zermatt auf verschiedenen Bergtouren geführt. Am Samstag dann gönnte ich mir einen Ruhetag. Meine Knie- und Hüftgelenke mussten sich ein wenig von den vielen Höhenmetern erholen, denn in der kommenden Woche wollte ich sechs Mal Gäste über den Hörnligrat auf den Gipfel führen. Mir standen also ein paar anstrengende Tage bevor. Der Wetterbericht war sehr gut, nur für den Nachmittag des nächsten Tages waren in Zermatt Gewitter angesagt. Ich wollte dennoch zur Hörnlihütte aufsteigen, dort meinen Gast treffen und mit ihm dann am Montag das Matterhorn über die Normalroute besteigen. Wegen der Gewitterwarnung machte ich mich ein wenig früher auf den Weg und hoffte vor Beginn des Gewitters auf der Hütte zu sein. Von Zermatt nach Schwarzsee nahm ich wie üblich die Luftseilbahn. Von der Bergstation sind es dann noch 700 Höhenmeter, was für uns als Bergführer in einer Stunde zu machen ist. Der Weg zur Hütte führt an einem langen Felsgrat entlang, südlich liegt der Furggletscher etwa 200 Meter tiefer. In Gedanken versunken – ich war schon eine halbe Stunde unterwegs –, fiel mir plötzlich über dem Furggletscher eine große dunkle Nebelbank auf. Als läge eine riesige Glocke auf dem Gletscher, ringsherum jedoch war das Wetter noch immer klar. Im Nebel sah ich in immer kürzeren Abständen verschiedene Blitze aufzucken, Donner hörte ich nicht. Ich befand mich oberhalb der Nebelbank und fühlte mich sicher, denn die Wetterfront schien nicht weiterzuziehen, und der Weg bis zur Hütte war nicht mehr weit.

Endlich dort angekommen, begann es zu regnen. Ich betrat die Hütte und begrüßte die Crew, zuerst vor allem Franz und Heidi. Es war voll und ging entsprechend hektisch zu, weshalb ich mich erst mal auf den Weg ins Zimmer machte und dort alles für die geplante Tour bereitlegte. Anschließend traf ich mich in der Küche mit den anderen Bergführern. Unsere Kunden waren mittlerweile auch eingetroffen. Als wir sie kurz vor dem Abendessen für die bevorstehende Besteigung instruiert hatten, stellte sich heraus, dass einer der Gäste noch seinen

Führer vermisste. Ein Bergführer aus dem benachbarten italienischen Cervinia, Nino, war noch immer nicht auf der Hütte eingetroffen. (Während der Hochsaison herrscht ein ständiger Mangel an Bergführern, und das Bergführerbüro in Zermatt versucht nicht nur in der ganzen Schweiz und in Österreich, sondern eben auch im benachbarten Italien Bergführer zu rekrutieren.)

Vom Bergführerbüro erfuhren wir, dass Nino am frühen Nachmittag von zu Hause aufgebrochen und mit der Luftseilbahn von Cervinia hinauf auf die Bergstation Testa Grigia an der Grenze zur Schweiz gefahren war. Von dort war er von einem der Pistenfahrzeuge bis zur Abzweigung zum Furgggletscher mitgenommen worden, von wo aus Nino dann zu Fuß über den Gletscher in Richtung Hörnlihütte weitergelaufen war. Danach verlor sich seine Spur.

Ich war damals schon seit ein paar Jahren Rettungsspezialist und wusste, was auf uns zukam. Ich rief Bruno an, unseren Zermatter Rettungschef, und berichtete über den vermissten Nino. Bruno war bereits im Bilde, er hatte auch schon Kontakt aufgenommen mit dem Bergführerbüro, dem Fahrer der Pistenraupe und der Familie des Bergführers. »Halte dich bitte bereit, wir müssen Nino suchen, da stimmt etwas nicht! Er müsste längst auf der Hütte sein.« Bruno hatte bereits den Hubschrauber alarmiert und wollte mich auf der Hörnlihütte abholen.

Ich dachte nach. Nino war also über den Furgggletscher gekommen. Dort hatte ich auf meinem Weg in der dunklen Nebelbank die Blitze gesehen. Sollte er in das Unwetter geraten sein? Der Lärm des Helikopters riss mich aus meinen Gedanken. Er landete und nahm mich auf. Es war inzwischen dunkel geworden, aber das Wetter hatte sich gebessert, die Nebelbank war fast verschwunden, eine sternenklare Nacht.

Wir flogen direkt in Richtung Gletscher, wo Nino aus

dem Pistenfahrzeug gestiegen war. Der Pilot flog mit Nachtsichtgerät, nur so konnte er sicher sein, die Orientierung nicht zu verlieren. Der Flughelfer bediente den Suchscheinwerfer, mit dessen Hilfe wir Nino hoffentlich irgendwo entdecken würden. Wir steuerten Richtung Skipiste, schafften es jedoch nicht ganz dorthin, da diese Zone immer noch von ein paar Nebelschwaden zugedeckt war. Also suchten wir zuerst die nebelfreien Gebiete ab.

Nach einer Stunde Flugzeit entschieden wir uns für eine Pause. Sich ständig nach dem Suchscheinwerfer zu orientieren war für Augen und Gleichgewichtssinn äußerst anstrengend, weil der Lichtkegel fortwährend seine Position änderte. Bedrückt flogen wir zurück zur Hörnlihütte. Das größte in Frage kommende Gebiet, durch das Nino auf seinem Weg gekommen war, hatten wir abgesucht, ohne die geringste Spur von ihm entdeckt zu haben. Bruno hatte bereits vor unserer Suchaktion einige Bergführer aus Cervinia um Unterstützung gebeten. Sie wollten die Bereiche, die sich noch im Nebel befanden, zu Fuß absuchen.

Inzwischen war es bereits nach 23 Uhr, und Bruno meinte: »Du musst morgen sehr früh aufstehen, geh jetzt schlafen. Ich warte auf das Suchergebnis aus Cervinia.« Erst dann wollte er eventuell einen erneuten Suchflug starten. Ich verabschiedete mich und ging auf mein Zimmer, das ich mit drei weiteren Bergführern aus Zermatt teilte, einer davon Onkel Richard. So leise wie möglich schlich ich hinein. Trotz Hubschrauberlärm schliefen alle, denn die meisten Bergführer sind es gewohnt, dass hier mitten in der Nacht die Rotorblätter kreisen und irgendwelche Rettungsaktionen stattfinden. Sie brauchen ihren Schlaf und kümmern sich wenig um das, was um sie herum geschieht.

Ich legte mich ins Bett und versuchte einzuschlafen, aber die Gedanken an den vermissten Nino ließen mich nicht los.

Was konnte passiert sein? War Nino womöglich in eine Gletscherspalte gefallen? Hatte er einen Schwächeanfall, oder musste er sich vor dem Gewitter in Sicherheit bringen? Und was, wenn er das nicht geschafft hatte? Vielleicht liegt er irgendwo da draußen und braucht Hilfe.

Ich starrte an die Decke. Durch das offene Fenster hörte ich Bruno, der drei Stockwerke tiefer auf der Terrasse stand und via Funkgerät mit einem der Bergführer aus Cervinia sprach, die zu Fuß auf dem Furggletscher unterwegs waren. Die Unterhaltung, auf Italienisch und ziemlich laut, konnte man gut verstehen, und so erfuhr ich, dass sie Nino anscheinend gefunden hatten. Doch bevor ich Einzelheiten in Erfahrung bringen konnte, hörte ich meinen Onkel fluchen: »Diese rücksichtslosen italienischen Bergsteiger! Wie soll man bei diesem Krach schlafen!?«

Er dachte, es handele sich um Bergsteiger, die erst jetzt vom Berg zurückkämen und nun auf der Terrasse lärmten. Dass es sich aber um den Zermatter Rettungschef handelte, der da sprach, wusste Richard nicht. Plötzlich, mit einem Ruck, sprang er aus seinem Bett und schnappte sich die Plastikflasche mit Mineralwasser, die neben seinem Bett stand. Als ich seine Absicht erkannte, war es leider schon zu spät. Bevor ich ihn über die Lärmquelle aufklären konnte, hatte er schon das Fenster aufgerissen und die Flasche im hohen Bogen auf die Terrasse geworfen.

Von unten hörte ich heftiges Gepolter und dann ein lautes Gezeter: »Welcher Trottel schmeißt hier mitten in der Nacht mit Flaschen um sich?« Das hörte mein Onkel aber schon nicht mehr, denn er lag wieder im Bett und hatte sich die Decke über den Kopf gezogen. Als ich aus dem Fenster schielte, sah ich, dass der Pilot Bruno wieder auf die Beine half. Ich staunte nicht schlecht, wie zielgenau mein Onkel werfen konnte! Gott sei

Dank aber hatte es Bruno allem Anschein nach nicht schlimm erwischt. Ich sagte nichts, denn Richard und die anderen Bergführer wollten ihre Ruhe und ganz sicher keine Erklärungen von mir. Sowohl drinnen als auch draußen wurde es still. Später hörte ich dann den Hubschrauber noch einmal; er flog zurück nach Zermatt. Kaum war ich endlich eingeschlafen, wurden wir um 3.30 Uhr auch schon wieder geweckt. Das war eine sehr kurze Nacht gewesen, und es würde ein langer Tag werden. Verständlich, dass Richard keine Freude an nächtlichen Ruhestörungen hatte. Aber von der Tragik dieser Nacht hatte er eben nichts gewusst. Bis ich ihn aufklärte.

Das italienische Suchteam, das zu Fuß im Nebelgebiet unterwegs gewesen war, hatte den Bergführer in der Nacht tatsächlich gefunden: Für den armen Nino kam jedoch leider jede Hilfe zu spät. Kurz nachdem er das Pistenfahrzeug verlassen hatte und zu Fuß über den Furgggletscher in Richtung Hörnlihütte gelaufen war, wurde er durch einen Blitzschlag getroffen und verstarb auf der Stelle.

Eine Tragödie? Pech? Vielleicht wurde sein Schicksal schon lange vorher irgendwo niedergeschrieben, oder er war schlicht im falschen Moment am falschen Ort, auch wenn das hart klingt.

Wenn Berge
bröckeln

Imposante Blitze, Elmsfeuer oder andere Naturphänomene betrachten wir hier durchaus auch mit einer gewissen Faszination, andere Naturereignisse hingegen verfolgen wir mit großer Sorge: Seit etwa 1880 befinden sich die Alpengletscher auf dem Rückzug, die Schneefallgrenze steigt, im Sommer kann es bis auf 3600 Metern Regen geben, und alte Firnfelder schmelzen. All das sind Auswirkungen des weltweiten Temperaturanstiegs, und schon seit Jahrzehnten merken wir, es wird immer wärmer. Der Jahrhundertsommer 2003 übertraf jedoch bei weitem alles.

Es war Juli, und die Alpen und insbesondere das Matterhorn würden schon bald weltweit in aller Munde sein … Seit Wochen hatten wir in ganz Mitteleuropa schönes, trockenes und vor allem warmes Wetter. Einen Monat zuvor war der Schnee bis rauf auf 4000 Metern geschmolzen. Die Null-Grad-Grenze – bis vor ein paar Jahren selten über 4000 Meter – lag nun sogar auf 5000 Metern. An der Matterhornostwand liegt meistens bis zur ersten Julihälfte noch recht viel Schnee, und dasselbe gilt für den Hüttenweg zur Hörnlihütte. Damals war aber schon im Juni alles schneefrei, was einen vorzeitigen Saisonstart zugelassen hätte. Die Ferienzeit aber begann erst im Juli, und auch mein Hüttenteam war auf diesen Zeitpunkt eingestellt. Somit wurde die Hütte nach Plan geöffnet und nicht früher. Und ich hatte sowieso ganz andere Sorgen: Woher sollten wir Wasser nehmen, wenn schon in der näheren Umgebung der Hörnlihütte kein Schnee mehr lag? Wir konnten nur hoffen, dass sich bis zur Öffnung der Hütte in zwei Wochen vielleicht noch etwas änderte.

Aber als es dann endlich so weit war, schien immer noch die Sonne, und es war weiterhin viel zu warm. Kein Schnee weit und breit, und abends hatten wir schon die ersten Gäste zu bewirten: drei einheimische Bergführer mit Kunden und noch etwa ein Dutzend weitere Bergsteiger. Was tun? Wir mussten in den sauren Apfel beißen und das kostbare Gut einfliegen lassen – 1200 Liter Wasser von Zermatt hier rauf. Ein Liter Wasser per Lufttaxi kostet einen Schweizer Franken. Zum Kochen geht das noch in Ordnung, aber zum Abwaschen und Putzen? Ganz schön happig, aber es sollte ja nur vorübergehend sein. Wie gesagt: Ohne Wasser geht auf einer Hütte gar nichts. Für zwei Tage würde der Tank reichen, und dann, so hofften wir, könnten wir wieder auf Selbstversorgung umstellen. Bei der Wasserfassung gab es zwar auch keinen Schnee, aber durch die anhaltende Wärme konnten wir das schmelzende Gletschereis nutzen. Doch es gab keine guten Nachrichten für uns: Ein Tag war schöner als der andere, und der Wetterbericht versprach keine Änderung.

Abgesehen von der Wasserknappheit, hat die Trockenheit und Wärme aber noch einen weiteren großen Nachteil: Die Steinschlaggefahr in den Bergen nimmt zu. Permafrost hält die Fugen der Felsblöcke zusammen, Gletscher stabilisieren den

Fuß der Felswände, Firnschnee deckt die Gletscherspalten verlässlich zu. All das verträgt die Wärme nicht, und so nahmen die Unfälle täglich zu. Es wurden wesentlich mehr Bergsteiger als in anderen Sommern durch Steinschlag verletzt oder stürzten in Gletscherspalten.

Auch am Matterhorn beobachteten wir Veränderungen. Der Schnee am Westgrat (»Z'mutt-Grat«), am Furggrat und in der Matterhornnordwand war komplett weggeschmolzen. Daher riet ich allen Bergsteigern von diesen Routen dringend ab, weil sie dem Steinschlag extrem stark ausgesetzt waren.

Auch am Hörnli- und Liongrat, der Normalroute von Italien aus – auch Italienergrat genannt –, war deutlich mehr Vorsicht geboten. Sogar auf der Hütte hörte man den Steinschlag bei Tag und in der Nacht. Die Berge erwachten zum Leben. Und wir würden hier noch unser blaues Wunder erleben …

Es war inzwischen Mitte Juli und die Saison in vollem Gange: Wir hatten achtzig Gäste, davon etwa fünfundzwanzig Bergführer mit ihren Kunden und weitere zwanzig Bergsteiger, die den Hörnligrat in Angriff nehmen wollten. Schon vor dem Wecken hatte mich das Geräusch des Steinschlags immer wieder aufwachen lassen. Als ich aus dem Fenster schaute, konnte ich ihn jedoch nicht lokalisieren, es war ja noch stockdunkel.

Am Matterhorn sind Steinschläge nicht außergewöhnlich. Bei den momentanen hohen Temperaturen wussten alle Bergsteiger, dass erhöhte Vorsicht geboten war, und auch das ständige Rumoren am Berg war niemandem verborgen geblieben. Trotzdem war am Morgen, bevor alle losgingen, die Steinschlaggefahr kein Thema gewesen. Man konnte die Gefahr sowieso nur vor Ort richtig einschätzen und spontan eine Entscheidung treffen. Gegen vier Uhr verließen die Bergsteiger also die Hütte, den ersehnten Gipfel vor Augen. Doch die Ausmaße dessen, was uns dieser Tag noch bringen würde, erahnte zu diesem Zeitpunkt niemand.

Gegen acht Uhr morgens dann: ein ohrenbetäubender Lärm! Ich belud gerade die Heli-Netze mit leeren Gasflaschen und Abfallsäcken, als ich Felsblöcke sah, groß wie Autos, die die Ostwand hinunterstürzten und eine riesige Staubwolke nach sich zogen. Das war kein normaler Steinschlag mehr. Das war ein Felssturz!

Minuten später, als sich der Staub verzogen hatte, suchte ich mit dem Fernglas den Berg ab. Im oberen Teil des Zweiten Couloirs konnte ich einen etwa 40 bis 50 Meter breiten Ausbruch erkennen. Bergsteiger sah ich zum Glück keine in der Nähe. Sie waren schon viel weiter oben unterwegs. Da sich der Felssturz nicht irgendwo neben der Route ereignet hatte, sondern exakt darauf, hätte es zu einem anderen Zeitpunkt fatale Folgen haben können. Nicht auszudenken, wenn mehrere Seilschaften dort gewesen wären!

Steinschlag und auch Felsausbrüche am Hörnligrat hat es in der Vergangenheit immer wieder gegeben, das gehört zur Natur. Risiken eben, die Bergsteiger in Kauf nehmen müssen und deren Konsequenzen sie sich bewusst sein sollten. Dieses Mal war jedoch die Route betroffen, und das könnte den absteigenden Bergsteigern später große Probleme bereiten. Trotzdem trägt jeder Bergführer oder Bergsteiger alleine die Verantwortung und muss auch in dieser Situation ganz individuell entscheiden, was zu tun ist.

Von der Hütte aus sah ich keine Details und konnte mir deshalb kein genaues Bild von der Situation im Zweiten Couloir machen. Warten wir ab, bis die ersten Bergführer die Stelle erreichen, entschied ich. Sie würden sich bestimmt bei mir melden, und dann könnten wir beraten, was zu tun wäre.

200

Während dort oben der Jahrhundertsommer Unheil anrichtete, genoss das Team beim obligatorischen Kartoffelschälen auf der Terrasse in T-Shirt und kurzen Hosen jeden Sonnenstrahl. Es war zehn Uhr, als sich mein Funkgerät meldete. Gianni, ein einheimischer Bergführer, berichtete: »Wir sind am Hörnligrat, 50 Meter oberhalb des Zweiten Couloir. Ein großes Stück Fels ist rausgebrochen.« Er sei bis zum Ausbruch abgestiegen und habe sich die Stelle genau angesehen: »Der Fels ist aufgerissen und von der bisherigen Route nichts mehr zu sehen. Es besteht die Gefahr, dass noch mehr Gestein ausbrechen könnte. Der Abstieg ist lebensgefährlich!«

Dieser Teil der Route – und das war das größte Problem – ließ sich aber nicht umgehen. Es gab daher keine andere Möglichkeit, als ihn und seinen Gast mit dem Hubschrauber auszufliegen. »In zwanzig Minuten sind wir bei euch«, antwortete ich, informierte die Air Zermatt und zog mich für den Einsatz um. Zig Gedanken rasten durch meinen Kopf: Gianni war bisher der Einzige, der die Bergrettung angefordert hatte. Sobald jedoch die nächsten Bergsteiger an die Gefahrenstelle kamen, würden sie es ihm wahrscheinlich gleichtun. Dann könnte es über Stunden immer so weitergehen. Einsatz um Einsatz um Einsatz …

Am Berg befanden sich an jenem Tag ungefähr siebzig Personen, die alle von der Überraschung, die beim Abstieg auf sie wartete, noch nichts wussten. Einige Bergsteiger würden vielleicht trotz der Steinschlaggefahr versuchen, ihren Weg im Zweiten Couloir fortzusetzen, und sich dabei in Gefahr begeben. Sollte ihnen dann etwas zustoßen, müsste ich mir Vorwürfe machen, nichts unternommen oder sie nicht wenigstens gewarnt zu haben. Es war also gar nicht so einfach, die richtige Entscheidung über den Fortgang der Rettungsaktion zu fällen. Schlussendlich entschied ich, zuerst einmal Gianni und seinen Gast auszufliegen. Dann wollte ich mir die Situation vor Ort

genauer ansehen und eine Entscheidung über die weiteren Maß-
nahmen treffen.

Der Hubschrauber landete auf der Plattform, und wir bereiteten eine Tau-Bergung vor, weil wir so bei Bedarf mehrere
Personen gleichzeitig evakuieren konnten. Am Ende des Drei-
ßig-Meter-Taus klinkte ich ein Set Ankerstruppen ein. Dies ist
ein Metallring mit sechs ein Meter langen Seilstücken mit je
einem Karabiner am Ende. Mit einem der Karabiner verband ich
mich. Es war ein kurzer Flug bis zum Zweiten Couloir, das sich
im unteren Teil des Hörnligrats befindet. Bereits im Anflug sah
ich, dass bei Gianni auch schon Urs mit seinem Gast auf uns
wartete. Der Heli setzte mich ab, und ich verband die Karabiner
des Sechser-Gehänges mit den vier Personen. Der Heli zog
langsam an und flog das Quartett zurück zur Hütte.

In der Zwischenzeit schaute ich mir die »Baustelle« mal
genauer an. Tatsächlich war dort alles in Bewegung und nicht
auszuschließen, dass noch mehr Fels ausbrach. Man konnte das
Couloir nicht mehr wie üblich queren. Es gab aber die Möglichkeit, dem Grat folgend abzusteigen. Nur: Gefahrlos war auch
das nicht. Und nun, nachdem wir schon einheimische Bergführer ausgeflogen hatten, gab es keine Alternative mehr. Damit
war die Notwendigkeit gegeben, und ich musste eine Entscheidung treffen, die ausnahmslos für alle galt. Und die konnte nur
lauten: Alle siebzig Bergsteiger aus dem Hörnligrat mussten
evakuiert werden. Ich informierte den Piloten und forderte
einen zusätzlichen Hubschrauber bei der Air Zermatt an, denn
es waren zu viele Menschen am Berg, die ganze Aktion würde
sonst zu lange dauern. Auch meinen Kollegen Urs bat ich um
Unterstützung, der sich ja nach seiner Evakuierung auf der
Hörnlihütte befand.

Mein Heli war wieder im Anflug, ich klinkte mich erneut
ins Tau ein, und wir flogen etwa 150 Meter höher. Hier hatten

wir die nächsten Bergsteiger entdeckt. Der Pilot setzte mich neben drei Seilschaften ab und flog eine kurze Schlaufe, bis ich bereit war. Die sechs Bergsteiger wussten nicht, wie ihnen geschah. Ich klärte sie auf: »Es hat einen großen Felsabbruch gegeben, die Route ist an einem Teil nicht mehr begehbar. Außerdem ist die Steinschlaggefahr zu groß. Wir evakuieren alle Bergsteiger vom Matterhorn.«

Sie waren sofort einverstanden, also verband ich sie mit dem Heli, und die Gruppe wurde in Sicherheit gebracht. Fünf Minuten später war der Heli schon wieder da und holte mich erneut ab. In der Zwischenzeit war auch die zweite Maschine bei der Hütte eingetroffen und nahm Urs ebenfalls am Tau auf. Wir teilten den Hörnligrat in zwei Sektoren auf. Den Sektor vom Zweiten Couloir bis zur Alten Hütte übernahmen wir, um den oberen Bereich bis zum Gipfel kümmerte sich die zweite Crew mit Urs am Seil. Diese Aufteilung war sehr wichtig für die Sicherheit des Einsatzes, damit sich die Fluglinien der Helis nicht kreuzten, alles koordiniert ablief und es keine Missverständnisse gab. Eine Seilschaft nach der anderen wurde aus dem Berg geflogen. Erstaunlicherweise sahen alle ein, dass dies wohl die sicherste und einzige Möglichkeit war, heil zurück zur Hütte zu kommen.

Das Matterhorn ist einer der bekanntesten Berge weltweit, und so ein Felssturz mit einer Evakuierung aller Bergsteiger war natürlich für die Medien ein gefundenes Fressen. Unglaublich, wie schnell sich dieses Ereignis verbreitete. Noch während wir evakuierten, trafen Journalisten im eigenen Hubschrauber ein. Sie dokumentierten, fotografierten und filmten die ganze Aktion aus der Luft und von der Hörnlihütte aus. Gegen 14 Uhr hatten wir die letzten Bergsteiger weggebracht und flogen die Route noch einmal vom Einstieg bis zum Gipfel zur Kontrolle ab, um sicher zu sein, dass sich wirklich niemand mehr am Hörnligrat aufhielt.

Für Urs war der Einsatz am Matterhorn abgeschlossen, er flog wieder zurück nach Zermatt. Aber auf mich wartete noch eine hungrige Pressemeute: Kaum waren wir an der Hörnlihütte gelandet und die Triebwerke der Hubschrauber zur Ruhe gekommen, wurden wir auch schon von Journalisten umzingelt. In den letzten Jahren hat der Druck der Medien stetig zugenommen. Entscheidungen, Aussagen und Beurteilungen müssen gut überlegt sein. Mögliche Fehlinterpretationen und daraus resultierende Falschmeldungen gilt es unbedingt zu vermeiden. Wir standen Rede und Antwort und versuchten alle Fragen korrekt zu beantworten: Wird das Matterhorn einstürzen? Sind wir hier auf der Hörnlihütte überhaupt sicher? Kann man in diesem Sommer den Hörnligrat überhaupt noch besteigen? Ist die globale Erwärmung schuld daran, und was für Veränderungen haben Sie während der letzten Jahren hier feststellen können?

Zwei Stunden später trafen Vertreter verschiedener Organisationen ein, um sich vor Ort ein Bild von der dramatischen Lage zu machen. In der Hörnlihütte wurde eine Sitzung über das weitere Vorgehen abgehalten, an der ein Vertreter der Gemeinde Zermatt, der Kantonsgeologe, der Chef für Naturgefahren im Kanton Wallis, Bruno als Bergrettungschef von Zermatt und ich in meiner Funktion als Bergführer und Hüttenwart teilnahmen. Wie sollte es nun weitergehen? Müssen wir den Hörnligrat bzw. das Matterhorn für ein paar Tage sperren? Musste die Route gesichert werden? Und wenn ja, wie? Wer übernimmt die Verantwortung und wer die Kosten für die Evakuierung und einer eventuellen Sanierung der Felsabsturzstelle?

Die erste Maßnahme war die Sperrung des Hörnligrats – vorerst für drei Tage. Im Prinzip sollte sich während dieser Zeit niemand am Matterhorn aufhalten. Darüber wurden die Bergsteiger im In- und Ausland durch die Medien informiert. Zusätzlich nahm ich Kontakt mit dem Bergführerbüro in Cervinia auf.

Auch dort musste man die Bergsteiger über die Schließung unterrichten. Ein Auf- und Abstieg über den Italienergrat war zwar möglich, aber es war absolut wichtig, dass niemand über den Hörnligrat ging. Eine Garantie hatten wird nicht, hofften aber, dass sich alle daran halten würden. Und wenn es nach Plan lief, könnten wir die Normalroute in drei Tagen wieder freigeben.

Es herrschte eine eigenartige Stimmung hier oben. Hochsaison, herrliches Wetter, aber in der Hütte war es wie ausgestorben. Die Meldungen in der Presse über den Felssturz und die dreitägige Schließung des Matterhorns war um die ganze Welt gegangen. Alle Bergsteiger hatten ihre Reservierungen annulliert, und neue waren nicht mehr hinzugekommen. Ich hatte keine Anrufe von Bergsteigern zu beantworten, dafür bekam ich nun jede Menge Presseanfragen. Im Minutentakt klingelten Hüttentelefon und Handy. *New York Times*, *London Times*, viele andere europäische Zeitungen, Radiosender und Fernsehanstalten baten um Interviews. Alle wollten wissen, wann das Matterhorn endgültig zusammenbricht. Aber es stand zum Glück auch am nächsten Tag noch …

Es war neun Uhr morgens, und wir warteten auf der Heli-Plattform auf den Hubschrauber: Der Geologe, ein Experte für Naturgefahren, ein Felssicherungsspezialist, Bruno und ich wollten die Problemstelle besichtigen und nach einem alternativen Weg suchen, das Zweite Couloir zu umgehen. Der Heli landete, wir klinkten uns ein, flogen los und wurden an einem sicheren Ort, ganz in der Nähe des Felsabbruchs, abgesetzt. Hier hatten wir einen guten Überblick über die Gesamtlage und einen direkten Einblick in das Zweite Couloir, wo bisher die Normalroute verlaufen war.

Nach längerer Beratung kamen wir gemeinsam zu dem Entschluss, dass eine Sanierung des Weges nicht in Frage kam.

Es lag noch zu viel in stabiler Fels im Ausbruchgebiet. Und wie es aussah, würde bald noch mehr Gestein ausbrechen. Man konnte den Bereich nur direkt über den schmalen, steilen Hauptgrat umgehen. Also ein neuer Routenverlauf. Dafür würden erst die losen Felsblöcke auf dem Grat beseitigt werden und dieser dann auf einer Länge von etwa 120 Metern mit Fixseilen versehen werden müssen. Nur so konnten wir eine einigermaßen sichere Route gewährleisten.

Gleich am nächsten Tag wollten wir die Arbeiten mit der auf Felssicherung spezialisierten Firma durchführen. Ich reservierte bei der Air Zermatt die Flüge und organisierte 150 Meter Fixseil, Eisenstifte zur Verankerung und Leim. Idealerweise wären die Sanierungsarbeiten in einem Tag erledigt. Dann stünde einer Wiedereröffnung des Hörnligrats nichts mehr im Wege.

Den Nachmittag verbrachten wir auf der Terrasse in der Sonne, kein Mensch weit und breit. Wir waren nur noch zu viert auf der Hütte, drei Mitarbeiter hatten frei. Auch das Mittagsgeschäft lief nicht mehr. Teilweise konnte man in der ausländischen Presse lesen, sogar die Hörnlihütte und auch der Weg dorthin wären durch den Felssturz bedroht. Das war natürlich nicht der Fall und auch total unmöglich. Steinschlag kann einfach nicht bis zu uns gelangen. Aber diese Falschnachricht hatte große Auswirkungen auf unser Geschäft. Es war ein eigenartiges Gefühl, als wären wir im falschen Film: schönes Wetter und keine Gäste, als hätte man uns hier oben am Fuße des Schweizer Wahrzeichens vergessen.

Zum Glück währte die Ruhe nicht lange, denn am nächsten Morgen traf der Heli mit dem Felssicherungs-Team auf der Hütte ein. Ein paar Minuten später, nachdem wir das Tau am Hubschrauber montiert hatten, hängten wir uns zu fünft ein und ließen uns nach einem kurzen Flug oberhalb der Absturzstelle auf einer relativ flachen Felsstufe absetzen. Der Heli flog zurück zur Hütte, nahm das Netz mit dem Material (benzinbetriebene Bohrhämmer, Bohrmeißel, Brecheisen, große Hämmer und Pickel) auf und senkte es direkt neben uns ab. Danach nahm er Kurs auf Zermatt, denn bis heute Abend würden wir ihn nicht mehr brauchen.

Zuerst lösten wir mit einem großen Brecheisen die losen Felsblöcke am Grat entlang ab. Immer an einem Seil gesichert, verteilten wir uns entlang des Grats und kontrollierten jeden Meter auf loses Gestein. Dabei achteten wir ständig darauf, dass sich wirklich kein Mensch unter uns befand, den wir durch die herabstürzenden Felsblöcke gefährdeten. Am Morgen hatte ich eine Tafel mit der Aufschrift »Hörnligrat gesperrt« in drei Sprachen beim Einstieg angebracht. Zusätzlich musste Kevin dort Wache schieben und sicherstellen, dass wirklich niemand hinaufging, solange wir räumten – de facto war das ganze Matterhorn gesperrt, aber das kann man natürlich nicht hundertprozentig überprüfen.

Mit Brecheisen hebelten wir die circa vier Kubikmeter großen, tonnenschweren Blöcke vom Grat. Mit gewaltigem Getöse fielen sie entweder die Ostwand auf den Furggletscher oder die Nordseite auf den Matterhorngletscher hinunter. Wir kamen gut voran, und gegen Mittag hatten wir den Grat vom losen Gestein befreit. Ich entließ Kevin von seinem Posten, da wir von nun an kein Gestein mehr vom Berg fallen lassen würden. Immer wieder wurde ich vom Handyklingeln bei der Arbeit gestört. Während ich hier oben stand, gab ich Live-Interviews, immer bemüht, die richtigen Antworten zu finden. Weil mittlerweile absehbar war, dass wir bis zum Abend fertig wären, nutzte ich die Interviews für eine Meldung in eigener Sache: Der Hörnligrat ist ab heute Abend wieder geöffnet! Auch die Bergführerbüros, das Tourismus-Center, den Gemeindeverantwortlichen und die Bergbahnen informierte ich darüber.

Am Nachmittag konnten wir mit den Fixseilen beginnen. In Abständen von fünfzehn Metern trieben wir mit Bohrmaschinen siebenundzwanzig Millimeter große Löcher einen halben Meter tief in den Fels. Mit Zwei-Komponenten-Kleber fixierten wir darin die Eisenstifte. Zuletzt legten wir das zweiundzwanzig Millimeter dicke Fixseil am Grat entlang und befestigten es an den Eisenstiften. Dieses 120 Meter lange Gratstück wäre klettertechnisch auch ohne Fixseil zu überwinden, aber bei Hochbetrieb, vor allem in der Dunkelheit am frühen Morgen, käme es hier zu einem erheblichen Stau. Mit den Seilen würde diese Stelle zügiger zu passieren sein.

Zwar waren die Sicherungsarbeiten damit nun abgeschlossen und der Hörnligrat wieder begehbar. Von einer Sanierung nach Sicherheitsvorlagen, wie sie zum Beispiel bei Wanderwegen vorgeschrieben ist, kann aber keine Rede sein. Das ist einfach nicht möglich. Man kann hier keinen gesicherten Fußgängerweg mit Treppengeländer bauen. Es ist und bleibt eine hochalpine Kletterei und nur den Bergsteigern vorbehalten. Sie alle sind auch auf dem sanierten Teilstück für ihre Sicherheit nach wie vor selbst verantwortlich.

Wir räumten das Material wieder zusammen und luden alles ins Heli-Netz. Ich bestellte über die Air Zermatt unser Lufttaxi, das mich auf die Hütte und die Arbeiter nach Zermatt fliegen sollte. Müde, aber vor allem heilfroh, das Problem behoben zu haben, kehrte ich am frühen Abend zurück, und nach ein, zwei Tagen lief auch der Betrieb wieder richtig an.

Zum großen Glück war dieser Felssturz ohne schwerwiegende Unfälle ausgegangen. Wäre er zur falschen Zeit abgegangen, hätte es fatale Folgen gehabt. Das zeigt einmal mehr: Das Ziel einer Bergtour ist nie der Gipfel, sondern immer die Rückkehr ins Tal.

208

Die Schatten werden länger

Seit zwei Tagen ist auf der Hütte nicht viel Betrieb. Das Wetter hat sich verschlechtert, und die Gäste bleiben aus. Der Sommer neigt sich langsam dem Ende entgegen. Auch für Kevin ist die Zeit hier oben für dieses Jahr vorbei. Er ist schon seit zwei Wochen wieder in der Schule.

Für mich ebenfalls eine gute Gelegenheit, mal wieder nach Zermatt abzusteigen und seit Monaten liegengebliebene Arbeiten zu erledigen. Erst wenn ich zu Hause bin, wird mir so richtig bewusst, wie weit wir auf der Hütte von der Zivilisation entfernt sind. Auf meinem Schreibtisch stapelt sich die Post, Rechnungen und Briefe, und die üblichen Verpflichtungen holen mich schnell wieder ein. Sofort bin ich gefangen im Netz der Bürokratie. Kaum zu glauben, wie viel liegenbleibt, wenn man nur ein oder zwei Monate aus diesem System ausgebrochen ist. Aber die unerledigte Post kann noch so groß sein, mein erster Weg führt ins Badezimmer, denn zu den dringendsten Bedürfnissen gehört eine ausgiebige Dusche, ohne Wasser sparen zu müssen. Auf der Hütte wird nur einmal die Woche geduscht, und das mit so wenig Wasser wie möglich: nass machen, Hahn abdrehen, einseifen, waschen und kurz abspülen. Das ist kein wirkliches Duschvergnügen. Deshalb empfinde ich es nun als wunderbaren Luxus, das Wasser laufen zu lassen, ganz ohne schlechtes Gewissen. Zu diesem positiven Erlebnis gesellt sich schnell das nächste: ein Abendessen mit Rebecca und Kevin in einem schönen Restaurant in Zermatt. Als Hüttenwart lernt man diese selbstverständlichen Dinge wieder zu schätzen. Aber der Wetterbericht verkündet für die nächsten Tage besseres Wetter, und so wird es Zeit, wieder auf die Hütte zu gehen.

Ich mache mich frühmorgens auf den Weg, denn dann ist es angenehm kühl, und ich bin quasi alleine unterwegs. Wir haben den zweiten September, als ich in Schwarzsee aus der Gondel steige; der Boden ist gefroren, und es liegen etwa zwei Zentimeter Neuschnee. Man kann deutlich sehen und spüren, dass der Herbst zumindest meteorologisch begonnen hat. Die Tage sind kürzer, und die Sonneneinstrahlung ist flacher geworden. Die Schatten werden von Tag zu Tag länger, die Luft ist kälter und klarer. Auch die Farben der Vegetation verändern sich. Wenn das Wetter mitspielt, ist der Herbst in den Bergen eine der schönsten Jahreszeiten. In Gedanken versunken, mache ich mich auf den langen und steilen Weg zur Hörnlihütte.

Mit ein bisschen Glück können wir noch gut zwei Wochen mit recht viel Betrieb rechnen. Aber nach dem nächsten großen Wettersturz kann die Saison auf der Hörnlihütte schlagartig zu Ende sein. Alle Jahre wieder im Herbst ist es schwierig vorauszuplanen. Die Transportflüge müssen voll ausgelastet sein, sonst ist der Kilopreis der Ware zu teuer. Lasse ich zu viel anliefern und das Wetter wird schlecht, müssen wir die Lebensmittel eventuell zurück nach Zermatt fliegen. Eine kostspielige Angelegenheit und ein Pokerspiel – in unserem Fall ist das Wetter der Gegner mit dem Pokerface.

Während der nächsten zwei oder drei Wochen werde ich jeden Tag den Wetterbericht genau verfolgen und mir vor allem die Satellitenbilder der Tiefdruckgebiete über dem westlichen Atlantik anschauen. So habe ich zehn Tage im Voraus einen ungefähren Anhaltspunkt, was uns erwartet.

Beim Laufen über den gefrorenen Boden des Wanderweges gehen mir viele Gedanken durch den Kopf. Bald ist ein weiterer Sommer auf der Hörnlihütte Vergangenheit. Haben wir Glück und das Wetter bleibt gut, ist der September die schönste Zeit hier oben. Am Abend sitzen praktisch nur noch Bergführer mit Kunden und keine führerlosen Bergsteiger mehr in der Hütte, und das macht den Betrieb ebenfalls um einiges einfacher. Alles ist viel ruhiger und weniger hektisch. Auch am Matterhorn kehrt eine gewisse Ruhe ein: keine Bergsteiger mehr, die sich versteigen und Steinschlag auslösen oder sich noch spät am Berg aufhalten; keine Anrufe mehr von Angehörigen am Abend, die jemanden vermissen und den wir suchen müssen. Jedes Jahr aufs Neue freue ich mich auf diese Zeit.

Wird das Wetter aber schon Ende August schlecht, dann ist die Zeit bis zur Hüttenschließung ein mühsames Kapitel. Warten auf besseres Wetter und gute Verhältnisse kann zuweilen zermürbend sein. Bis Mitte September muss die Hütte geöffnet sein, ist das Wetter dann anhaltend schlecht, können wir schließen. In meinen letzten sechzehn Jahren als Hüttenwirt habe ich erst ein Mal erlebt, dass wir nach einem durchgehend schönen und warmen September bis Anfang Oktober geöffnet hatten.

Eine knappe Stunde nachdem ich von der Gondelbahn

losgelaufen bin, treffe ich auf der Hütte ein. Für heute sind nur wenige Gäste angemeldet, aber ab morgen werden es jeden Abend um achtzig Personen sein. Richtig voll wird die Hütte im September nicht mehr, und so nutzen wir die Zeit sinnvoll. Stephanie und Martina machen einen Teil der Hütte schon mal winterfest. Fünfzig Schlafplätze können geputzt und aufgeräumt werden, denn wir haben immer noch hundertzwanzig Betten zur Verfügung – das reicht für die September-Gäste. Ich gehe unterdessen durch die Lagerräume und schreibe die fehlenden Waren auf. Mit Stephan bespreche ich das Essen für die kommenden Tage und notiere seine Wünsche. Auch der Diesel- und Gasvorrat wird vorsichtshalber kontrolliert und abschließend das Gewicht der gesamten Ware errechnet. Denn für morgen habe ich bei der Air Zermatt einen Versorgungsflug reserviert, und da darf ich 700 Kilo nicht überschreiten.

Nachdem ich die Bestellungen telefonisch durchgegeben habe, kümmere ich mich um den Abfall. Mittlerweile hat sich so viel Unrat hinter der Hütte angesammelt, dass auch der Rückflug ausgelastet ist. Der Hubschrauber wird morgen nach der Materiallieferung zwei große Netze mit Müll nach Zermatt bringen. Da ich jetzt zwei Tage nicht hier war, erkundige ich mich bei Yasmin nach Bergsteigern, die am Matterhorn unterwegs sind. »Von hier ist niemand aufgebrochen.«

Der Wetterbericht für die nächsten Tage ist zwar gut, doch die Verhältnisse in der Wand sind nicht die allerbesten. Der Hüttensommer neigt sich zwar langsam dem Ende entgegen, Bergsteiger – wenn auch wenige – sind jedoch das ganze Jahr in den Bergen unterwegs. Sie wollen gerade im Winter besonders gerne dort hinauf, weil dann kaum oder gar keine Leute am Berg unterwegs sind. Aber genau das hat ja einen guten Grund. Im Winter sind die Tage kürzer, aber eine Matterhornbesteigung dauert viel länger. Zudem es ist schwieriger und

212

heikler, da der Fels mit Schnee und Eis bedeckt ist. Eine Winterbesteigung ist eigentlich nur Bergsteigern mit großer Erfahrung vorbehalten. Das ist aber leider nicht allen Alpinisten bewusst, und es kommt immer wieder zu Unfällen. Wir müssen daher das ganze Jahr über einsatzbereit sein. Bergretter haben immer Saison.

Wenn es einfach ist, wird's gefährlich

Wenn die Hütte geschlossen ist, bin ich als Bergführer tätig und biete Skitouren, Variantenskifahren und Heliskiing an. Aber ob ich will oder nicht, die Hörnlihütte muss ich auch in dieser Zeit immer mal wieder »besuchen«, denn wenn man am wenigsten damit rechnet, kommt ein Notruf ...

Es war im Frühling, und ich fuhr mit meinen Gästen, einem Ehepaar, bei schönstem Wetter am Zermatter Stockhorn (3532 Meter) im knietiefen Pulverschnee Ski, als mein Handy klingelte. Ein Schweizer vermisste seinen Sohn: »Er ist mit einem Freund vor zwei Tagen in die Matterhornnordwand eingestiegen. Laut Plan müssten die beiden heute wieder zu Hause eintreffen. Aber bis jetzt habe ich nichts von ihnen gehört. Ich mache mir Sorgen.«

Ich fragte nach den Namen der beiden und schrieb sie zusammen mit der Telefonnummer des Vaters auf ein Stück Papier.

»Ich werde der Sache nachgehen, und sobald ich etwas weiß, rufe ich zurück.«

Nach ein paar Anrufen hatte ich die nötigen Informationen. Ein Pilot der Air Zermatt hatte die beiden bei einem Rundflug gesehen. Ein weiterer Bergführer hatte sogar Kontakt mit ihnen und konnte bestätigen, dass es sich um die zwei Schweizer handelte, die die Matterhornnordwand durchstiegen hätten. »Vor etwa zehn Minuten waren sie auf dem Gipfel. Es ist alles in Ordnung, sie steigen nun über den Hörnligrat ab und hoffen, noch heute nach Hause zu kommen.«

Der Bergführer hatte zwar nicht nach den Namen der beiden gefragt, er wusste jedoch, aus welchem Dorf in der Schweiz sie stammten. Alles passte zu den Angaben des Vaters. Zweifelsohne hatten wir die beiden identifiziert. Ich rief sogleich den Vater an und beruhigte ihn. Natürlich freute er sich über die guten Neuigkeiten. Auch für mich war die Sache erledigt, und ich konnte mit dem Ehepaar weiter Ski fahren. Die beiden sind Stammkunden, und wir kennen uns schon seit vielen Jahren. Immer wieder kommt es vor, dass ich sie für einen dringenden Rettungseinsatz verlassen muss. Und obwohl beide natürlich immer Verständnis dafür haben, sind sie froh, wenn es nicht allzu oft vorkommt. Diesmal hatten wir Pech, denn nur eine Skiabfahrt später klingelte das Telefon erneut: Die Notruf-Einsatzzentrale meldete einen Unfall bei den Fixseilen am Hörnligrat. »Auf 4350 Metern gibt es einen Schwerverletzten.«

»In ein paar Minuten könnt ihr mich bei der Talstation in Gant abholen«, antwortete ich. Kurze Zeit später rief mich Gerold, der Pilot, über Funk auf. Ich gab ihm meinen Standort und die Windverhältnisse durch. Die »Lama« mit Pilot, Arzt und Windenmann landete neben mir, ich stieg ein, und wir flogen direkt in Richtung Matterhorn. Auf dem Heliport in Zermatt liegt immer eine komplette Bergausrüstung für mich bereit, nun war sie natürlich an Bord.

Unsere erste Station war die Hörnlihütte. Sie lag noch im Winterschlaf, und wir landeten auf der Heli-Plattform. Nicht benötigtes Material wurde ausgeladen, denn auf über 4000 Metern sind wir froh über jedes Kilo, das wir einsparen können. Ich zog meine Ausrüstung an und checkte die Funkverbindung. Vom Alarmierenden wussten wir, dass dort oben ein Schwerverletzter lag. Der Arzt machte sich ebenfalls für seinen Einsatz am Berg bereit. Je nachdem, wie schwer die Verletzungen waren, mussten wir den Patienten vielleicht vor Ort verarzten, und nicht wie üblich erst auf dem Zwischenlandeplatz bei der Hütte. Für den Fall, dass wir ihn vor Ort bei den Fixseilen brauchten, wäre der Arzt dann sofort abhol- und einsatzbereit.

Wir hoben von der Plattform ab und flogen entlang des Hörnligrats und der Nordwand, bis wir die Höhe der Fixseile erreichten. Beim Kreuzsatz sah ich die beiden. Gerold flog direkt den Unfallort an, und der Windenmann ließ mich an der Winde hinab. Schon aus der Luft konnte ich erkennen, dass einer der beiden sehr schwer verletzt sein musste. Als ich am Unfallplatz eintraf, war alles voller Blut. Der andere schien unverletzt zu sein, er war jedoch noch unter Schock und sah mich erschrocken an. Zitternd erklärte er mir, dass er uns alarmiert hatte, sein Kollege sei schwer verletzt und nicht ansprechbar. Nach ein paar Sätzen begriff ich sofort, dass es sich um die beiden jungen Schweizer handelte, die nach der Nordwandbesteigung nun auf dem Rückweg waren. Ich kontrollierte die Namen auf meinem Zettel, und schnell war klar, dass es sich bei dem Schwerverletzten um den Sohn des Mannes handelte, mit dem ich vor einer Stunde noch telefoniert und dem ich berichtet hatte, mit den Jungs sei alles in bester Ordnung. So schnell können sich die Dinge ändern.

Während ich mir den Verletzten genauer anschaute, schilderte mir der andere sehr verstört den Unfallhergang. »Nach der Durchsteigung der Matterhornnordwand waren wir müde und ausgelaugt. Wir haben viel länger für die Wand gebraucht als geplant. Das hat an den Kräften gezehrt. Dennoch sollte der Abstieg über den Hörnligrat problemlos sein, und wir haben es vielleicht auf die leichte Schulter genommen.«

Bei den Fixseilen hatte sein Freund dann das Gleichgewicht verloren und war über den Felsabsatz gestürzt. Demnach war er etwa zwölf Meter tief gefallen, direkt auf einen Eisenstift, an dem früher ein Fixseil verankert gewesen war – er wurde regelrecht aufgespießt. Der Eisenstift steckte in seinem Unterleib. Der Patient war nicht ansprechbar, schwer verletzt, und ich benötigte hier dringend Unterstützung. Ich nahm Kontakt mit Gerold auf: »Der Arzt muss sofort hier heraufkommen.«

In der Zwischenzeit versuchte ich, ihn in eine bessere Lage zu drehen, was aber nicht ohne weiteres möglich war. Glücklicherweise war Gerold mit dem Arzt an der Winde bereits im Anflug. Ich nahm ihn in Empfang, sicherte ihn mit einem Seil an einem Eisenstift und kontrollierte anschließend die Sicherung des Unverletzten. Wir befanden uns in steilem und heiklem Gelände, jeder Fehltritt konnte einen Absturz zur Folge haben.

Zuerst lösten der Arzt und ich den Patienten vom Eisenstift. Es stand nicht gut um ihn. Vorsichtig legten wir ihn auf die Vakuummatratze, und der Arzt begann sofort mit dem Bodycheck. Da schon zu diesem Zeitpunkt klar war, dass ein Weitertransport zum Spital unumgänglich sein würde, bestellte ich schon mal einen zweiten Hubschrauber, der den Patienten an der Hörnlihütte nach der Erstversorgung in Empfang nehmen sollte. Der Verunfallte hatte zu seinen Unterleibsverletzungen auch noch schwerwiegende Kopfverletzungen und ein Schädelhirntrauma. »Ein Beckenbruch ist ebenfalls zu befürchten. Das könnte innere Blutungen zur Folge haben«, befürchtete der Arzt. Er musste dringend künstlich beatmet und sofort intubiert werden.

Die Wind- und Wetterverhältnisse waren gut, somit riskierten wir nicht, hier oben mit dem Patienten plötzlich blockiert zu sein. Während ich den jungen Schweizer mit Hilfe eines Beatmungsbeutels künstlich beatmete, kontrollierte der Arzt fortwährend den Kreislauf. Aus der Ferne hörte ich den zweiten Hubschrauber, einen EC 135. Er hat eine komplette Notfallausrüstung an Bord, weshalb er für Primäreinsätze in großen Höhen zu schwer ist und meistens für den Krankentransport zum Einsatz kommt. Ich funkte ihn an: »Landet oberhalb der Hörnlihütte auf dem Gratstück und wartet dort auf uns.«

Um den Patienten gefahrlos transportieren zu können, sicherten wir ihn auf der Vakuummatratze mit Gurten, während wir uns mit der künstlichen Beatmung abwechselten. Nun waren wir bereit. »Der Patient ist intubiert und auf der Trage verpackt. Du musst ihn zusammen mit dem Arzt rausfliegen.«

»Okay, bin in fünf Minuten bei euch.«

Da die Winde an einer Lama nur für eine Person ausgelegt ist, mussten sie zu zweit am Tau fliegen. In der Zwischenzeit nahm der Arzt Funkkontakt mit dem EC 135 auf und informierte seinen Kollegen. Man entschied sich für einen Transport ins Universitäts-Spital nach Bern, was etwa 30 Minuten dauern würde. Nachdem ich beide eingehängt hatte, zog Gerold den Heli langsam vom Berg weg und flog mit den beiden zurück zur Hütte, wo er in den EC geladen und dort an die medizinischen Geräte angeschlossen wurde. Der Hubschrauber startete und hob langsam ab.

Und ich? Ich stand am Berg bei dem immer noch völlig verstörten Freund des Verunfallten und machte mir Gedanken,

218

was ich dem Vater sagen sollte. Vorhin noch hatte ich ihn beruhigt, jetzt – zwei Stunden später – hatte sich die Situation dramatisch verändert. Sein Sohn schwebte in Lebensgefahr.

Diese Momente beschäftigen mich, denn es steckt so viel Tragik darin. Viel Zeit zum Nachdenken blieb mir aber nicht, denn der Heli war schon wieder im Anflug. Nun wurden auch wir beiden endlich abgeholt. Erst einmal landeten wir auf der Plattform bei der Hütte. Der Freund des Verletzten war sehr betroffen und sich der Lage bewusst. Er wusste, dass es nicht gut stand um seinen Kletterpartner.

»Ich rufe jetzt seinen Vater an«, erklärte ich, aber er winkte ab: »Nein, ich möchte lieber selber mit ihm sprechen. Ich kenne ihn gut, ich fühle mich dazu verpflichtet.«

Wir ließen ihn für einen Moment alleine, gingen zum Hubschrauber und verstauten das Rettungsmaterial. Kurze Zeit später kam er zurück.

»Wie hat er es aufgenommen?«

»Er war überrascht. Vorhin noch hatte er sich nach uns erkundigt, da hörte er, wir seien wohlauf.«

Ich nickte nachdenklich. »Und nun?«

»Er ist sehr besorgt und fährt sofort nach Bern ins Krankenhaus.« Der junge Mann haderte mit dem Schicksal: »Gerade noch standen wir nach einer erfolgreichen Matterhornnordwanddurchsteigung überglücklich auf dem Gipfel, und jetzt das.«

Ich wusste nur zu gut, was er empfand. »Fehler sind schnell passiert, meistens geschieht es an den einfachen Stellen und nicht dort, wo es schwierig ist. Die Konzentration lässt nach, und die Gefahr einer Unachtsamkeit nimmt zu.«

Das war sicher nur ein schwacher Trost, aber niemand macht vorsätzlich Fehler. Über einen tragischen Unfall urteilen wir Retter grundsätzlich nie. Uns bleibt nur die Hoffnung, dass sich alles doch noch zum Guten wenden wird. Aber leider ist das nicht immer so.

Am nächsten Tag erfuhren wir, dass der junge Schweizer in der Nacht seinen Verletzungen erlegen war. Diese Nachricht hat mich für eine Weile beschäftigt. Ich hätte es ihm und seiner Familie von Herzen gewünscht, heil davonzukommen. Wir hatten alles versucht, was in unserer Macht stand, und trotzdem konnten wir das Schlimmste nicht verhindern. Das ist auch für uns Retter hart. Umso wichtiger ist es, zwischendurch etwas Abstand zu gewinnen. Möglich ist dies jedoch nur, wenn man in den Urlaub verreist. Und manchmal kann man sich auch dann der Pflicht nur schwer entziehen.

Italien
muss warten

Nach einem langen, kalten Winter in Zermatt freuten Rebecca, Kevin und ich uns auf einen Klimawechsel. Und so wollten wir in den Frühlingsferien zwei Wochen zum Felsklettern nach Sardinien reisen. Am nächsten Tag sollte es endlich so weit sein. Wir würden mit unserem Auto nach Genua fahren und mit der Autofähre auf die Insel übersetzen.

Unsere Plätze waren reserviert, die Fähre würde um 20 Uhr ablegen, und das bedeutete für uns, spätestens um 16 Uhr Zermatt zu verlassen. Ich meldete mich für die kommenden zwei Wochen bei unserem Rettungschef Bruno und der Einsatzzentrale ab. Am nächsten Morgen packten wir und machten uns reisefertig. Ich stellte gerade die Kletterausrüstung zusammen, als sich das Funkgerät meldete: »Wir brauchen noch zwei Bergretter für einen Einsatz am Matterhorn!«

Ich reagierte nicht, da ich mich ja abgemeldet hatte und fast schon im wohlverdienten Italien-Urlaub war. Doch zu früh gefreut, denn kurz darauf rief mich Bruno an: »Hättest du nicht vielleicht doch noch Zeit für diesen Einsatz?« Ich sah auf die Uhr: 9.45 Uhr. Aber bevor ich etwas erwidern konnte, fuhr Bruno fort: »Zwei Bergsteiger, eine Frau und ein Mann, sind auf 4100 Metern am Hörnligrat blockiert. Die Sichtverhältnisse lassen eine direkte Rettung nicht zu, und für die nächsten Tage ist sehr schlechtes Wetter mit starken Niederschlägen angesagt.«

Mir war klar, dass es keinen Sinn hatte, auf besseres Wetter für den Helikoptereinsatz zu warten. Die Retter – vier bis sechs sollten es sein – mussten versuchen, die beiden unbedingt vor der Schlechtwetterfront aus dem Berg zu holen. Sie würden so weit wie möglich mit dem Heli fliegen und dann zu Fuß weitergehen. Das würde Stunden dauern. »Bruno, es tut mir leid, aber ich kann nicht. Ich muss heute Nachmittag um spätestens 16 Uhr abreisen.« Die Wahrscheinlichkeit war groß, nicht rechtzeitig zurück zu sein und das Schiff nach Sardinien zu verpassen. Ich machte Bruno ein Angebot: »Wenn du einen anderen findest, wäre ich dir sehr dankbar. Aber wenn nicht und es unbedingt sein muss, komme ich mit.«

Der Rettungschef nahm den Vorschlag an und sagte: »Gut, wir versuchen es mal zu viert, aber lass für alle Fälle das Funkgerät noch an.« So konnte ich den Einsatz mitverfolgen.

Kurz darauf, es war inzwischen 10 Uhr, hörte ich den Hubschrauber starten und sah ihn in Richtung Matterhorn fliegen. Bernhard, der Pilot, flog zuerst bis zur Hörnlihütte und landete dort. Durch den Funkverkehr konnte ich jeden weiteren Schritt mitverfolgen. Bruno und der Windenmann waren als Erste oben, um sich vor Ort einen Überblick zu verschaffen. Doch der Rettungschef forderte sofort zwei weitere Bergführer an. Der Heli kam zurück, überflog das Dorf und nahm zwei weitere Retter auf. Das Wetter war noch immer wechselhaft. Gerade noch war der Hörnligrat vollkommen im Nebel, dann konnte man fast bis auf 3900 Meter sehen. Die Nebelschwaden zogen unberechenbar auf und ab. Oben auf der Hütte machten sich die Retter und die Heli-Crew bereit für den Einsatz. Zuerst versuchte Bernhard mit zwei Rettern und dem Windenmann an Bord so weit wie möglich hochzufliegen, um sie dort abzusetzen, aber nach mehreren Versuchen gab er auf. Immer wieder einziehende Nebelbänke verhinderten das Unternehmen. Sie flogen zurück zur Hütte und warteten auf eine Aufhellung.

Ich dachte nach: Von der Hütte aus zu Fuß loszugehen ergab keinen Sinn. Am Grat lag zu viel Schnee, es würde viel zu lange dauern, bis man die zwei blockierten Bergsteiger erreichen würde. Blieb nur die Hoffnung, die Strecke mit dem Hubschrauber abkürzen zu können.

Nach einer halben Stunde startete Bernhard erneut, dieses Mal kam er schon bis zur Solvayhütte auf 4000 Metern.

Aus der Distanz konnten sie die beiden Alpinisten in Not sehen. Sie hatten sich total verstiegen und befanden sich weit abseits der Route auf einem Schneeband in der Ostwand. Der Pilot wollte die Retter bei der Solvayhütte an der Winde ablassen, doch die Aufhellung war wieder viel zu kurz, er musste er neut abdrehen.

Für den Piloten ist es überlebenswichtig, freie Sicht zu haben. Ein Instrumentenflug bei schlechten Sichtverhältnissen ist in den Bergen nicht möglich. Das ist Linienflügen in größerer Höhe vorbehalten. Im Gebirge ist ein Hubschrauberpilot auf einen Referenzpunkt angewiesen. Wird er eingenebelt, könnte das fatale Folgen für alle Beteiligten haben. So lautet also das oberste Gebot, sich einen nebelfreien Rückflugkorridor zu sichern.

Damals waren die Bedingungen extrem schlecht. Der

Nebel verdichtete sich erneut, und Bernhard flog den Heli noch einmal zurück zur Hütte. Die beiden Retter stiegen unverrichteter Dinge wieder aus, und der Heli flog zum Tanken zurück zur Basis. Bruno und die drei Kollegen warteten unterdessen bei der Hörnlihütte. In der Zwischenzeit hatte sich auch dort das Wetter verschlechtert. Am Funkgerät hörte ich, wie Bruno den Hubschrauberpiloten warnte: »Die Hütte liegt jetzt vollkommen im Nebel. Warte auf der Basis.«

Das kann ja interessant werden, dachte ich. Zum Glück blieb mir das erspart. Hin und wieder schaute ich aus dem Fenster, um zu sehen, wie sich das Wetter entwickelte. Im Moment sah es danach aus, als würde sich der Nebel im oberen Teil des Matterhorns auflösen und bei der Hütte verdichten. Das bedeutete nichts Gutes. Das Rettungsteam war nun im Nebel eingeschlossen, bei den Bergsteigern hingegen klarte es immer mehr auf. Unruhig lief ich zu Hause auf und ab. Ich konnte nicht länger tatenlos zusehen und rief meinen Kollegen Felix an. Wir waren noch die letzten verbliebenen Bergretter unten im Dorf. Es war Zwischensaison, und die anderen waren bereits in den Ferien. »Wir treffen uns in zwanzig Minuten bei der Air Zermatt.« Sollte sich das Wetter bis dahin doch noch bessern, wären wenigstens Felix und ich einsatzbereit. Die anderen waren ja im Nebel bei der Hütte gefangen. Ich informierte den Piloten und Bruno. Mit gemischten Gefühlen machte ich mich mit meinem Fahrrad auf den Weg zur Hubschrauberbasis. Rebecca und Kevin waren alles andere als begeistert. Inzwischen war es Mittag, und sie sahen das Schiff ohne uns ablegen. Ich hingegen dachte darüber nicht mehr nach. Meine Gedanken galten der Rettungsaktion und wie wir die beiden Bergsteiger aus ihrer misslichen Lage befreien konnten.

Wir beschlossen, mit dem Helikopter zu starten, und gelangten zehn Minuten später bereits beim ersten Anflug bis auf

3700 Meter. »Okay, dann setz uns hier ab.« Weiter oben waren die Bedingungen nicht ideal. Wir mussten es dort versuchen, 400 Höhenmeter unterhalb der beiden. Ich wurde als Erster an der Winde abgelassen, dann drehte der Heli ab, flog einen weiten Kreis und holte das Windenseil wieder ein. Plötzlich riss der Nebel auch weiter oben bei den beiden Bergsteigern auf. Ich sah, wie der Pilot den Heli nach oben zog – sie wollten es unmittelbar versuchen. Tatsächlich gelang es, Felix an der Winde direkt neben den beiden Bergsteigern abzulassen. Von meinem Standort aus beobachtete ich, wie Felix die Frau mit dem Windenseil verband. Bernhard flog den Heli in einem weiten Bogen weg vom Berg, und das Seil mit der Bergsteigerin wurde eingezogen. Sie war in Sicherheit, und der Heli machte den Versuch, nun den Mann aufzunehmen.

Ich blickte mich um. Das Wetter verschlechtere sich zusehends. Der Hubschrauber schwebte 15 Meter über der Stelle, als er plötzlich vom Nebel verschluckt wurde und auch aus meinem Blickfeld verschwand. Das wird knapp, dachte ich besorgt. Hoffentlich ging das gut aus. Bernhard meldete sich: »Wie sieht es weiter unten aus? Ich bin total eingenebelt und kann nicht mehr weg! Wie dick ist die Nebelschwade?«

»Vielleicht 70 Meter, dann hast du wieder freie Sicht.« Dann ging plötzlich alles rasend schnell: Der Hubschrauber stach im Sturzflug aus dem Nebel. Ich hielt die Luft an. Unter ihm hing der zweite Bergsteiger an der Winde. Glück gehabt! Das hätte ins Auge gehen können.

In der Zwischenzeit hatte sich der Nebel bei der Hütte aufgelöst, und Bernhard konnte dort landen. Bei uns oben wurde das Wetter immer schlechter, Felix und ich waren im Nebel verschwunden. Es begann sogar leicht zu schneien, alles in allem keine gute Entwicklung. Wieder meldete sich mein Funkgerät. »Bernhard hier. Ich kann euch im Moment nicht holen. Ich fliege erst die Bergsteiger und dann Brunos Team zurück nach Zermatt.«

Dann rief der Rettungschef mich auf: »Braucht ihr Hilfe, oder schafft ihr es alleine?«

Felix und ich hatten eine Strategie. Er würde versuchen abzuklettern, und ich wollte ihm entgegengehen. Gemeinsam würden wir es dann schon schaffen. »Ihr seid zu weit weg, um uns zu helfen«, antwortete ich.

»Okay, dann fliegen wir zurück und bleiben auf Funkempfang.«

Also begann ich meinen Aufstieg. Es war ein mühsames Vorankommen, ich sank bis zu den Knien im Schnee ein. Mit den Steigeisen fand ich auf den abschüssigen Felsplatten nur schwer sicheren Halt, doch ich durfte mir keinen Fehler erlauben. Langsam stieg ich 100 Meter höher bis zur Alten Hütte auf 3800 Meter. Auch Felix hatte es nicht leichter: »Ich muss Seillänge um Seillänge abseilen, denn ein Abklettern ist bei diesen Verhältnissen zu riskant.«

Die Nebeldecke, so erfuhr ich von Bruno, reichte bis kurz oberhalb von Zermatt, und im Dorf regnete es. Super!, dachte ich, Sardinien hatte ich mir anders vorgestellt. Ich kletterte weiter bis zum Gebiss auf 3900 Metern und wartete auf Felix. Lange dürfte es nicht mehr dauern, dann müsste auch er hier ankommen. Die angekündigte Sturmfront war bereits eingetroffen, denn nun hatte starker Schneefall eingesetzt, und kälter war es ebenfalls geworden. Aber was sollte ich mit meinem Schicksal hadern? Immer schön positiv denken. Wenigstens konnten wir die beiden Bergsteiger ausfliegen – ein Problem weniger. Endlich sah ich Felix auf mich zukommen.

Es war inzwischen 15 Uhr, und wir waren bei viel Schnee und schlechtem Wetter auf 3900 Meter Höhe. Wenn wir bis zur Hörnlihütte die ganze Strecke abseilen mussten, würden wir noch einige Stunden unterwegs sein. Im Geiste sah ich unsere Fähre in Genua ablegen. Zum Glück hatten Felix und ich zwei 60 Meter lange Seile mitgenommen. Je weiter wir in einem Stück abseilen konnten, umso weniger Standplätze gab es einzurichten. Das war allerdings ein schwacher Trost. Der Schneefall wurde immer dichter und unsere Seile immer nasser und schwerer. Es war ein mühsames Unterfangen, und wir kamen nur langsam voran. Zwischendurch rief ich Bruno an: »Wie ist das Wetter in Zermatt?«

»Schlecht! Hier regnet es wie aus Eimern, und bis 2500 Meter unterhalb von Schwarzsee schneit es.«

Laut *Meteo Schweiz*, dem Bundesamt für Meteorologie und Klimatologie, würde sich die Situation in den nächsten zwei Tagen auch nicht deutlich bessern. »Ich melde mich, sobald wir auf der Hörnlihütte eingetroffen sind.« Dann musste ich wohl oder übel Rebecca anrufen und sie über die Situation informieren. Sie und Kevin saßen schließlich auf gepackten Koffern, während ich mich im Schneesturm den Hörnligrat hinunterkämpfte. »Wir müssen unsere Abreise um einen Tag verschieben und für morgen drei neue Plätze reservieren. Es tut mir leid!«

Nun war das Wichtigste, dass ich heil wieder nach Hause kam. Rebecca wünschte mir viel Glück, dann seilten Felix und ich uns Stück für Stück ab. Je länger wir unterwegs waren, umso nasser wurden unsere Kleider. Beim Abziehen der Seile verhedderten sich diese immer wieder, und einer von uns musste hochklettern, um sie zu lösen.

Drei Stunden später trafen wir total durchnässt und verschwitzt endlich bei der Hütte ein, die um diese Jahreszeit aber noch nicht bewirtet und daher natürlich auch nicht geheizt war. So konnten wir uns dort nicht aufwärmen, und wir wollten uns auch nicht länger als nötig aufhalten. Ich rief Bruno an, aber der machte uns keine Hoffnung auf ein Flugtaxi: »Es ist nicht einmal möglich, bis nach Schwarzsee zu fliegen, selbst das Dorf liegt im Nebel.«

Also würden wir weitere zwei Stunden durch den knietiefen Schnee bis nach Schwarzsee absteigen müssen.

»Könntest du uns wenigstens irgendein Transportmittel schicken, das uns von Schwarzsee nach Zermatt fährt?«

»Ich lass mir was einfallen.«

Na, hoffentlich!, dachte ich. Felix und ich waren bedient. Die schweren, nassen Seile ließen wir bei der Hütte zurück und begannen mit dem Abstieg. Ich betete insgeheim, dass bei der Gondelstation in Schwarzsee irgendjemand auf uns wartete. Offensichtlich wurde ich erhört, denn nach einer Stunde rief Bruno erneut an: »Ich konnte ein Pistenfahrzeug mit Chauffeur organisieren, Christian kommt euch bei der Metalltreppe auf dem Hüttenweg entgegen.« Das hörte sich gut an! Als wir nach einer Stunde gegen 20 Uhr über die Treppe nach unten stiegen, sahen wir mit Freude unser Taxi. Wir waren heilfroh, nicht noch bis nach Zermatt laufen zu müssen. Entlang der Piste fuhren wir bis zur Bergstation Trockener Steg. Es war wie ein Blindflug, denn durch den starken Schneefall und dichten Nebel sah man praktisch nichts mehr. Christian musste sich immer wieder neu orientieren, um den Weg nicht zu verlieren. Bei der Station parkte er dann sein Fahrzeug, und wir fuhren gemeinsam mit der Luftseilbahn runter nach Zermatt.

Bei diesem Einsatz gebührte allen großer Dank. Christian für seine Bereitschaft, uns abzuholen, Felix für das große Engagement am Berg und Bernhard für sein mutiges Rettungsmanöver. Ich meldete Bruno unsere Rückkehr und fügte hinzu: »Für die nächsten zwei Wochen bin ich aber nun endgültig nicht erreichbar.«

Er lachte: »Ich wünsch euch schöne Ferien.«

Um 22 Uhr kam ich müde und hungrig zu Hause an. Doch für die Abreise war alles leer geräumt, auch der Kühlschrank. Am nächsten Tag um zwölf Uhr wollten wir in Genua das Schiff nehmen, also musste ich wohl oder übel auf eine italienische Mahlzeit warten. »Ich verspreche euch, von jetzt an bleibt das Funkgerät aus. Komme, was wolle, wir fahren morgen in die Ferien!«

Ende gut,
nicht alles gut

Noch kann ich an Urlaub nicht denken, aber lange dauert es nicht mehr. Die Saison geht zwar mit großen Schritten dem Ende entgegen, aber auch jetzt im September, dem in der Regel letzten Hüttenmonat, sind die Verhältnisse am Berg und das Wetter durchgängig hervorragend. Ideal für jene Bergsteiger, die insbesondere an den Wochenenden ihrem Hobby nachgehen. Für die Bergführer bedeutet ein schöner Herbst zusätzliches Einkommen für zwei oder sogar drei Wochen – ein willkommenes Geschenk. Es gibt viele Gäste, die es vorziehen, am Ende der Saison ihren Traum vom Matterhorngipfel zu erfüllen. Dann ist es am Berg ruhiger geworden.

Auch für die nächsten drei Tage sagt der Wetterdienst schönes Spätsommerwetter voraus. Ab dann sieht es jedoch nach einem deutlichen Wettersturz aus. Über dem Atlantik befindet sich ein Tiefdruckgebiet, das sich in Richtung Spanien bewegt. Möglicherweise zieht die Störung über das Mittelmeer in Richtung Genua. Daraus könnte sich dann ein sogenanntes Genua-Tief entwickeln, das schon oft dem Süden der Schweiz zuerst schwere Niederschläge und dann starken Wind beschert hat.

Dass der Sommer bald dem Ende zugeht, merken wir auch an den Reservierungen. Einige Wochenendbuchungen wurden bereits wegen des Wetterberichtes annulliert. Andere haben ihre Reservierung vorgezogen, sie wollen die vielleicht letzte Chance einer Matterhornbesteigung noch nutzen. Und somit rüsten wir uns für den Endspurt der Saison. In den nächsten Tagen erwarten wir bis zu 100 Übernachtungen pro Tag. Für September eine ordentliche Auslastung. Die Lebensmittel werden noch knapp bis zum kommenden Wochenende reichen, entsprechend habe ich die Warenlieferungen geplant. Wird das Wetter dann tatsächlich so schlecht, dass wir schließen müssen, ist nicht mehr allzu viel übrig. Sollte das Tief aber an uns vorbeiziehen und die Saison doch noch weitergehen, müsste ich am Anfang der nächsten Woche eine neue Lieferung organisieren. Entscheiden kann ich das alles erst, wenn ich am Donnerstag den neuesten Wetterbericht für das Wochenende gehört habe.

Die Tage sind kürzer geworden, die Sonne geht später auf, und am Abend wird es früher dunkel. Jetzt, Mitte September, wecken wir am Morgen erst um fünf Uhr, sonst müssten die Bergsteiger zu lange im Dunkeln klettern, und das wäre viel anstrengender. In der Sonne ist es tagsüber immer noch angenehm warm, und man kann im T-Shirt draußen sitzen. Im Schatten ist es jedoch empfindlich kalt und der Boden gefroren, typisch für einen Spätsommer hier oben.

Jedes Jahr im Herbst wiederholt sich auch unser Wasser-Problem. Die Sonneneinstrahlung ist extrem flach und die Sonnenscheindauer kürzer, somit schmilzt der Schnee bei der Wasserfassung nur noch wenige Stunden am Tag. Am Nachmittag, eine Stunde nachdem die Fassung im Schatten liegt, ist alles schon wieder gefroren. Dann dauert es bis zum nächsten Mittag, bis der Schnee wieder taut und die Fassung Wasser liefert. Im Juli und August ist die Wasserknappheit nicht so dramatisch wie jetzt im September, wenn das Wetter schön und die Gäste zahlreich sind. Zurzeit bewegen wir uns gar am totalen Minimum: Die Wassertanks sind praktisch leer, und ich muss jeden Tag stundenlang improvisieren, um jeden einzelnen kostbaren Tropfen zu gewinnen. Also heißt es mal wieder, Wasser sparen! Der Verbrauch wird drastisch eingeschränkt, und ich hoffe, wir kommen bis zum Ende der Woche irgendwie über die Runden.

Jeden Herbst wiederholt sich dasselbe Spiel: Viermal am Tag höre ich den Wetterbericht und versuche eine Tendenz für das kommende Wochenende und für die weitere Zeit zu erkennen. Wird beim nächsten Wettersturz viel Schnee fallen? Werden die Temperaturen anschließend tief bleiben? Oder zieht die Sturmfront an uns vorbei, und die Temperaturen steigen erneut an? Denn je nachdem, wird der Schnee auf dem Hüttenweg und am Matterhorn bis zum nächsten Sommer liegen bleiben, oder er schmilzt wieder weg und die Saison geht weiter. Ich muss schon Tage im Voraus entscheiden: Hütte schließen oder nicht? Können wir noch Reservierungen für die kommende Woche annehmen? Auch die verschiedenen Bergführerbüros müssen informiert werden, damit sie rechtzeitig Vorkehrungen treffen können. Schließen wir die Hörnlihütte zu früh, gibt es unter Umständen viele Fragen und unschöne Diskussionen. Eine heikle und nicht immer ganz einfache Entscheidung.

Am diesem Donnerstagnachmittag ist der Wetterbericht eindeutig: Morgen nähert sich das Tief mit starkem Südwind, und wir müssen uns auf eine Föhnlage einstellen. Solange der Wind da ist, wird es keine Niederschläge geben. Wenn er nachlässt –

voraussichtlich am Abend –, werden auch die Niederschläge einsetzen. Das Tiefdruckzentrum kommt über dem Mittelmeer zum Stehen und wird feuchte Luft aus dem Süden gegen die Alpen drücken. Von Norden wird kalte Luft zugeführt, und dort, wo sich die Luftmassen treffen, ist mit starken Niederschlägen zu rechnen. Laut Wetterbericht wird die Schneefallgrenze bis auf 1800 Meter sinken, und das bedeutet, es wird fast bis hinunter ins Dorf schneien – eine eindeutige Situation und eine leichte Entscheidung.

Für den morgigen Freitag ist eine Matterhornbesteigung gerade noch möglich. Da nur noch Bergführer mit ihren Gästen auf der Hütte sind, brauche ich mir keine Sorgen zu machen, denn alle werden vor dem schlechten Wetter wieder zurück sein. Und somit ist auch klar: Morgen wird die Hörnlihütte den letzten Tag in diesem Sommer offiziell geöffnet sein. Noch am gleichen Nachmittag informiere ich das Alpin-Center Zermatt und die Bergbahnen darüber.

Nach dem Abendessen wird das Sommersaisonende gefeiert. Es ist 22 Uhr, als wir, wie gewohnt, die Lichter löschen und nur noch im Schein der Gaslampen mit zehn einheimischen Bergführern in der Küche zusammensitzen. Stephan serviert auf einem Blech einen halben Quadratmeter selbstgemachtes Tiramisu. Dazu trinken wir einen guten italienischen Wein.

Die Stimmung ist sehr ausgelassen, denn wir alle können auf eine erfolgreiche Saison zurückblicken und lassen mit einem weinenden und einem lachenden Auge den Sommer Revue passieren. Mit diesem so gut eingespielten und sehr sympathischen Hüttenteam dürfte die Saison noch ruhig eine Weile weitergehen. Auf der anderen Seite haben wir auf über 3000 Metern keinen richtigen Sommer erlebt. Jeder von uns schaut einem hoffentlich schönen Herbst in tieferen Gefilden entgegen.

Es gibt viel zu erzählen und vor allem zu lachen. In den fast drei Monaten, seitdem wir nun hier oben sind, hat sich so einiges zusammengetragen. Und so erinnern wir uns besonders gern an die Ereignisse am Anfang der Saison. Ständig fällt der Satz: Wisst ihr noch …? An diesem Abend gilt die erste Wisst-ihr-noch-Geschichte Kevin. Wer den Schaden hat, braucht ja bekanntlich für den Spott nicht zu sorgen …

Im obersten Stockwerk der Hütte befinden sich vier Wassertanks, die regelmäßig aufgefüllt werden müssen. Sobald sie jedoch voll sind, muss man die Pumpe unbedingt rechtzeitig ausschalten, sonst läuft das Wasser über. Kevin hatte Wasserpumpendienst und war eifrig mit dem Wasserpumpen beschäftigt. Er machte diese Arbeit extrem gewissenhaft, wurde jedoch während des Pumpens von einem Gast in ein Gespräch verwickelt und abgelenkt. Und so kam es, wie es kommen musste: Er verpasste es, die Pumpe auszuschalten, und die Tanks liefen über. Ein paar hundert Liter Wasser flossen vom dritten Stockwerk bis in den Keller. Am Schluss waren an die dreißig Betten durchnässt und der Keller halb überflutet. Kevin war natürlich total geschockt, als er sah, was er angerichtet hatte, und lief völlig verstört mit Eimer und Lappen durch die Räume.
Da es lange dauert, bis die nassen Betten auf dieser Höhe trocknen, hatten wir nun dreißig Betten weniger im Angebot, was mich ärgerte: Anstatt Kevin zu beruhigen, warf ich ihm seine Nachlässigkeit vor, was die Situation aber nur noch verschlimmerte. Doch nachdem wir alle zusammen zwei Stunden lang das Schlimmste beseitigt hatten, saßen wir wieder zusammen und konnten über den Vorfall lachen. Auch heute Abend sorgt Kevins »Wasser-Fall« noch einmal für allgemeine Erheiterung.

Aber bei uns bekommt jeder sein Fett ab, als Nächstes ist Yasmin dran. »Ich kann mich noch gut an deine Großbestellung erinnern«, sage ich grinsend.

Wir hatten schlechtes Wetter, auf der Terrasse saßen nur ein paar Japaner, die von Yasmin bedient wurden. Sie nahm die Bestellung auf und kam zurück in die Küche. So weit nichts Ungewöhnliches. Aber dann stellte sie eine Kaffeetasse nach der nächsten auf die Anrichte.

»Wie viele Kaffees haben die denn bestellt?«, fragte ich vorsichtig.

»Vierundvierzig.« Hatte ich mich verhört? »Nein, hast du nicht. Sie haben ›fortyfour coffees‹ bestellt.«

»Bist du sicher?«

Natürlich hatte auch Yasmin sich über diese Order gewundert und rechtfertigt sich auch heute noch einmal lachend: »Ich dachte, der Rest der Gruppe befindet sich noch im Aufstieg!«

Also machte sie sich daran, vierundvierzig Kaffees zuzubereiten, mir aber kam das trotzdem merkwürdig vor. »Vielleicht fragst du doch besser noch mal nach. Das sind doch höchstens zehn Leute!« Gesagt, getan. Und so bat Yasmin unseren japanischen Gast noch einmal um die exakte Bestellung. Dieses Mal artikulierten sie sich wohl erheblich deutlicher, denn aus den fortyfour coffees wurden auf einmal: four teas, four coffees, also vier Tees und vier Kaffees. Diese kleine Anekdote wird sicher eine unserer Lieblingsgeschichten werden.

»Genug für heute«, entscheide ich schweren Herzens.

Inzwischen ist es zwei Uhr morgens, und langsam wird es Zeit, schlafen zu gehen. Zum letzten Mal in dieser Saison stehe ich auf, um die Bergsteiger zu wecken. Für mich stets ein wehmütiger Moment. Die drei Monate gehen immer viel zu schnell vorüber, und bald muss ich mich wieder in die Zivilisation einfügen.

Um 5.30 Uhr haben alle die Hütte verlassen, und ich setze mich an den Tisch, um einen Plan für die kommenden Tage zu erstellen:

Wasserfassung wintersicher verschließen, Leitung und Pumpe entleeren (eine Zwei-Tages-Reserve im Tank haben wir noch), die Verbotsschilder »No Camping« beim Einstieg abmontieren (der Wind könnte sie wegreißen, und wir müssten die teuren Schilder ersetzen), zwanzig Gästezimmer aufräumen und putzen, alle Fensterläden fest verschließen, die Lagerräume ausräumen und putzen, ein Lager-Inventar erstellen, die Wassertanks und Leitungen in der Hütte entleeren, die Terrassentische und Bänke in den Speisesaal stellen, den Küchenofen putzen, Generator- und Notlicht-Batterien demontieren, die verderblichen Lebensmittel zusammenstellen und für den Rückflug bereitmachen und zu guter Letzt die Buchhaltung für die Gemeinde zusammenstellen.

In zwei Tagen wird alles erledigt sein. Wenn das Wetter mitspielt, können wir am kommenden Montag ins Tal fliegen, dann ist auch für uns die Saison endgültig abgeschlossen.

Es ist 14 Uhr, als der letzte Bergführer nach seiner letzten Besteigung auf der Hütte eintrifft. Es gibt noch ein Abschiedsgetränk, dann ist das Hüttenteam alleine. Nun sitzen wir zusammen, und ich verteile die anstehenden Aufgaben. Zuerst werden wir uns der Arbeiten draußen vor der Hütte annehmen, solange das Wetter es noch zulässt, denn es ist bereits starker Wind aufgekommen, die Sturmfront macht sich bemerkbar. Ein Teil des Teams wird den Speisesaal putzen und dort Platz schaffen, damit wir vor dem Einsetzen des Regens die Tische von der Terrasse in den Saal stellen können. Die anderen helfen mir, die

Wasserfassung beim Einstieg des Hörnligrats abzubauen. Das ist heute bei dem Wind eindeutig schwieriger, und wir haben erhebliche Mühe, uns in dem abschüssigen Gelände sicher zu bewegen. Er weht uns mit gut und gerne 100 Stundenkilometern um die Ohren, und es ist höchste Zeit, dass wir fertig werden, bevor es noch ungemütlicher wird. Die Hörnlihütte befindet sich auf einem großen freistehenden Felsrücken und ist dem Wind schutzlos ausgeliefert. Ich habe hier schon Windstärken von über 200 Stundenkilometer erlebt, und das ist wirklich beängstigend. Mit Müh und Not erledigen wir unsere Arbeit und kehren zurück zur Hütte. Der Speisesaal ist inzwischen aufgeräumt, so dass wir die Terrassentische einräumen können. Die massiven Holztische wiegen sicher an die fünfzig Kilo, aber trotz des stattlichen Gewichtes müssen wir sie bei jeder stärkeren Windböe immer wieder absetzen. Der Wind droht uns mitsamt Tisch davonzutragen.

Bis zum Nachmittag haben wir fast alles erledigt, was wir uns vorgenommen haben. Als es dunkel wird, lässt dann der Wind nach, und es beginnt zu schneien. Dicke Schneeflocken fallen und mit ihnen die Temperatur. Unser Thermometer zeigt inzwischen schon minus fünf Grad an, und es fällt immer weiter. Früh gehen wir schlafen, denn nach der gestrigen kurzen Nacht müssen wir alle ein bisschen Schlaf nachholen.» Wir treffen uns morgen um 7.30 Uhr in der Küche. Gute Nacht!«

Bevor auch ich mich in mein Zimmer zurückziehe, schaue ich hinaus in die Dunkelheit, es liegen schon fünfzig Zentimeter Neuschnee, und es ist kein Ende in Sicht. Das Thermometer ist bereits auf minus zwölf Grad gefallen. Und das ist in der schlecht isolierten und nicht geheizten Hütte nun auch gut zu spüren. T-Shirt-Wetter ade! Wir können hier oben in kürzester Zeit verschiedene Klimaformen erleben, ganz ohne verreisen zu müssen.

237

Mit dem Sonnenaufgang beginnt unser letzter Tag auf der Hörnlihütte. Aber wird es tatsächlich der letzte der Saison sein? Es schneit unentwegt, erst am späten Nachmittag lassen die Niederschläge nach, da das Tiefdruckgebiet über Genua inzwischen weiter nach Nordosten gezogen ist. Dadurch bläst der Wind jetzt mit enormer Kraft von Norden und reißt die Wolkendecke auf. Gut, denke ich, dass wir die Außenarbeiten schon alle erledigt haben und uns in der Hütte aufhalten können. Überall wird geputzt, aufgeräumt und gepackt.

Der Samstag vergeht wie im Flug. Wenn wir so weitermachen, werden wir am Abend alles erledigt haben. Aber dann fällt es mir siedend heiß ein. Ich habe die »No Camping«-Schilder vergessen! Ich muss unbedingt an den Einstieg des Hörnligrats, die drei Verbotsschilder bei der Wasserfassung abschrauben. Leider ist der Nordwind nicht schwächer geworden, im Gegenteil. Mir bleibt nichts anderes übrig, als es trotzdem zu versuchen. Wenn ich die Tafeln hängen lasse, wären sie bis zur nächsten Saison ganz bestimmt nicht mehr vorhanden, und ich müsste sie ersetzen.

Es ist 16 Uhr, vom Team ist gerade niemand zu sehen, sie sind über die ganze Hütte verteilt, und so sage ich keinem Bescheid, denn ich würde ja in ein paar Minuten wieder zurück sein. Warm angezogen, das nötige Werkzeug unterm Arm, mache mich auf den Weg. Der Wind bläst gewaltig, zusammen mit den tiefen Temperaturen ergibt das sicher gefühlte minus dreißig Grad. Schon nach kürzester Zeit beginnen Nase, Kinn und Wangen gefühllos zu werden. Von der Hütte bis zur Wasserfassung sind es nur etwa 200 Meter Luftlinie. Bei normalen Verhältnissen legt man die Strecke in drei Minuten zurück. Nun liegt jedoch mehr als ein halber Meter Schnee, und der starke Wind zwingt mich immer wieder, stehen zu bleiben. Zwischendurch muss ich mich sogar hinkauern oder hinter Felsblöcken

Schutz suchen, um nicht weggeblasen zu werden. Der Wind ist schätzungsweise bis zu 150 Stundenkilometer stark.

Nach zwanzig Minuten bin ich endlich bei den Schildern angekommen. Sie einfach abzuschrauben funktioniert nicht, denn die ein mal ein Meter großen Metalltafeln bieten dem Wind eine enorme Angriffsfläche. Und ich habe überhaupt keine Lust, mitgerissen zu werden. Also warte ich, bis der Wind ein wenig nachlässt. Wieder vergehen ein paar Minuten. Ob mich schon irgendjemand vermisst? Wahrscheinlich nicht. Sie vermuten mich irgendwo in der Hütte, im Keller – nur nicht hier. Aber ändern würde sich trotzdem nichts, helfen könnte mir bei diesem Wetter sowieso niemand. Im Grunde ist es besser, wenn mich keiner vermisst, denn dann kommt auch keiner auf die Idee, nach mir zu suchen. Dann wäre nicht nur ich in Gefahr, sondern auch noch einer meiner Mitarbeiter. Im Schnee kauernd, werde ich mir dieser vertrackten Situation bewusst: Hoffentlich sucht mich keiner!, denke ich. Was für ein Irrsinn!

Dann ist die Gelegenheit günstig: Der Wind lässt ein wenig nach, und ich lege die erste Tafel vorsichtig flach auf den Boden. Der Wind bläst den grobkörnigen Schnee direkt in mein Gesicht, es brennt furchtbar – als würde mir die Haut vom Gesicht gezogen. Zähne zusammenbeißen. Und weiter. Jetzt das zweite Schild. Zwecklos bei dem Wind. Wieder vergehen Minuten, der Wind pfeift gnadenlos und reißt mich immer wieder von den Beinen. Der eisige Schnee glüht auf meinem Gesicht. Wieder warte ich auf den einen günstigen Moment. Jetzt, schnell, das zweite Schild ist abmontiert und liegt zu meinen Füßen. Schwer zu schätzen, wie viel Zeit vergangen ist. Meine Kleidung ist nass, ich friere und frage mich, wie lange meine Hände noch mitspielen. Ich habe zwar Handschuhe an, aber meine Finger kann ich trotzdem kaum noch spüren. Also auf zum dritten und letzten Akt. Fluchend stemme ich mich gegen den Wind, schraube das Schild ab, kann es mit Müh und Not halten, und dann ist auch das geschafft.

Danach nimmt der Wind sogar noch zu. Im Schnee kauernd halte ich mich mit beiden Händen an einer Metallverankerung der Wasserfassung fest. Wieder vergehen Minuten. Das also ist mein letzter Tag auf der Hörnlihütte? Sie ist so nah, und jetzt scheint sie Kilometer weit weg. Wie oft bin ich diesen Weg schnell hin und wieder zurück gelaufen. Jetzt ist jeder Meter eine Qual, wenn ich überhaupt vorwärtskomme. Gerade keinen Zentimeter.

Als der Wind auch noch nach zehn Minuten mit unverminderter Stärke bläst, kommen mir echte Zweifel. Wie komme ich bloß wieder zurück zur Hütte? Nur mit Mühe kann ich mich an der Verankerung festhalten. Ich drücke mein Gesicht in den Schnee, um mich vor dem Wind ein wenig zu schützen. Das ist immer noch besser als die eisigen Schneekristalle, die der Wind mir ins Gesicht peitscht. Den ganzen Abend möchte ich nun wirklich nicht hier verbringen. So langsam wird es ernst. Ist das hier mein Schicksal? Erfroren beim No-Camping-Schilder-Abmontieren?

Nach einer mir endlos erscheinenden Zeit lässt der Wind ein wenig nach. Vorsichtig hebe ich den Kopf und schaue mich um. Tatsächlich, der Wind ist etwas weniger geworden. Gott sei Dank! Zwar nicht viel, aber wenigstens so, dass ich ein paar Meter vorankommen kann. Nichts wie zurück! Mit den drei Tafeln im Arm stapfe ich durch den Schnee den Grat entlang in Richtung Hütte. Aber zu früh gefreut. Das Sturmtief ist noch lange nicht fertig, heute wird anscheinend ganze Arbeit geleistet – ein Abschiedsgruß, den ich so schnell nicht vergessen werde, denn nach 100 Metern reißt mich eine Windböe erneut von den Füßen. Die drei Schilder kann ich mit Müh und Not halten und lege sie flach auf den Boden. Wäre ja noch schöner, wenn die Dinger mir davonfliegen und die ganze Aktion hier total umsonst war.

Im eisigen Schnee liegend, suche ich nach Halt. An einem Felsblock ertaste ich einen fingerbreiten Riss, an dem ich mich festhalten kann. Wie lange bin ich eigentlich schon hier draußen? Vielleicht hätte ich mich doch bei meinem Team abmelden sollen? Vielleicht suchen die mich doch schon? Grübeln hilft nicht, ich muss auf eine gute Gelegenheit warten. Noch einmal müsste der Wind ein wenig nachlassen. Meine Hände spüre ich mittlerweile gar nicht mehr, das Gesicht brennt wie die Hölle, aber auch daran habe ich mich fast schon gewöhnt. Jetzt zählt nur noch eins: irgendwie die Hütte erreichen. Irgendwie. Aber wieder muss ich hier scheinbar endlos lange im Schnee liegen und warten, bis der Nordwind sich meiner erbarmt. Schnell auf die eisigen Beine, die Schilder unter den Arm und los. Es wird schon langsam dunkel.

Gegen 18 Uhr erreiche ich durchgerüttelt vom Wind und total durchgefroren die Hütte. Als ich die Küche betrete, sehe ich lauter erstaunte Gesichter. »Wie siehst du denn aus!?« Ich wollte nur kurz weg sein, nun waren es fast zwei Stunden. Aber davon hat hier keiner etwas mitbekommen. Meine Kollegen arbeiteten während dieser Zeit verteilt auf verschiedenen Zimmern, sie haben meine Abwesenheit überhaupt nicht bemerkt. »Wo kommst du denn her? Wir dachten, du wärst auf deinem Zimmer?«

»Die No-Camping-Schilder«, erwidere ich nur und zeige nach draußen.

»Du hast bei 150 Stundenkilometer Windstärke und Schneetreiben die Schilder am Einstieg abmontiert?« Ich nicke nur. »So siehst du auch aus.«

Mir ist es vollkommen egal, wie ich aussehe, ich bin heilfroh, wieder hier zu sein. Das war nicht nur knapp, das war lebensgefährlich und hätte auch böse enden können. Aber einen Blick in den Spiegel wage ich trotzdem: Die Haut ist von den Schneekristallen stark aufgescheuert, ich blute an Nase und Wangen. Noch schlimmer sind meine Hände dran. Sie müssen erst langsam wieder auftauen, und ich könnte vor Schmerzen an die Decke springen, denn die Blutzirkulation kommt wieder in Gang. Ich spüre, wie die Wärme meine Hände durchströmt. Nach ein paar Minuten lässt der Schmerz etwas nach. Nachdenklich schaue ich hinaus, es ist vollkommen dunkel geworden, und der Wind bläst weiter mit voller Wucht. Was für ein Saisonende, das habe ich mir anders vorgestellt. Gut, so fällt mir der Abschied etwas leichter.

Der Wind pfeift immer lauter und reißt mich aus meinen Gedanken. Abschied? Saisonende? Mir kommen echte Zweifel, und da bin ich nicht der Einzige. »Hoffentlich hört das bis morgen auf.« Auch das Hüttenteam ist merklich ruhiger geworden. Zusammen stehen wir am Fenster und spähen raus in die stürmische Nacht. Plötzlich ist diese Hütte ein unheimlicher Ort, um uns herum Dunkelheit, wir sind einsam und verlassen.

»Werden wir morgen überhaupt nach Hause kommen?« Martina spricht die bange Vermutung aller aus.

»Ich habe den Hubschrauber für zehn Uhr bestellt. Aber wenn das da draußen so weitergeht, können wir einen Rückflug nach Zermatt vergessen.« Laut Wetterbericht sieht es nicht gut aus, der Wind wird wahrscheinlich bis zum nächsten Abend anhalten. »Dann müssen wir noch einen Tag länger auf unserer Hütte bleiben.«

Die Begeisterung hält sich in Grenzen. So gerne wir alle hier oben sind, aber alles hat mal ein Ende. Die Hörnlihütten-Saison ist vorbei, auch in unseren Köpfen. Nun freuen wir uns auf eine warme Dusche, ein gutes Essen und die Abschiedsparty.

Die Zivilisation ruft, und die Natur hält uns hier oben gefangen. Einen weiteren Tag lang herumsitzen und nichts tun zu können ist nicht nur langweilig, es schlägt auch enorm aufs Gemüt. Wir können nur hoffen und beten. Ich bin für heute sowieso bedient. Nach meinem Ausflug will ich nur noch ins warme Bett. Auch die Hütten-Crew zieht sich zurück. Die Stimmung ist gedrückt. Keiner legt Wert auf einen lustigen Abend.

Während der Nacht wache ich immer wieder auf. Der Wind fegt durch alle Ritzen. Mehrmals schaue ich aus dem Fenster, immer in der Hoffnung, dass sich das Wetter langsam beruhigt. Der Wind jedoch bläst mit ungeminderter Stärke weiter. Er jagt um die Hütte, heult und pfeift so sehr, dass es in meinen Ohren dröhnt. Wir sollen die Hütte wohl noch nicht verlassen, denke ich. Der Wind hält uns hier oben fest.

Am Montagmorgen ist es dann traurige Gewissheit: Der Nordwind lässt einen Rückflug nicht zu. Meine Mitarbeiter schauen betreten. Noch wollen sie die Hoffnung aber nicht aufgeben: »Vielleicht wird es gegen Mittag besser.« So richtig überzeugt ist davon niemand. Wir sitzen alle schweigsam in der Küche. Nur der Wind macht immer noch Lärm und erinnert uns ständig daran, warum wir hier sind. Es will nicht leiser werden. Diese Windgeräusche können einen aggressiv machen. Irgendwann stellt sich leise Verzweiflung ein und dann Resignation, denn auch am Mittag bläst der Wind mit weit über 120 Stundenkilometern.

Damit hat das Wetter die Entscheidung getroffen. So gut es geht, versuche ich meine Mitarbeiter zu trösten: »Der Wetterbericht sagt für Dienstag abflauenden Wind voraus, und ich bin mir sicher, dann können wird ins Tal fliegen.«

Noch einen Tag. Langeweile. Frust.

»Ich hatte mich so auf heute gefreut!« Nicht nur Yasmin

war in Gedanken schon bei unserem Fest. Da kann man nichts machen. Unser alljährliches traditionelles Abschiedsprogramm muss um einen Tag verschoben werden. Aber Vorfreude ist die schönste Freude, und so schwärmen wir schon mal ein wenig und gehen gemeinsam das Programm durch. Mit einem Mal ist die Stimmung gleich viel besser.

»Zuerst machen wir uns zu Hause frisch!«

»Duschen!«, ruft Stephan begeistert.

»Dann treffen wir uns gegen 14 Uhr und gehen gemeinsam durch die Gornerschlucht.« Ein spektakulärer Klettersteig führt durch diese Schlucht und macht die Durchquerung zu einem schönen Erlebnis.

»Wie lange werden wir dafür brauchen?«, fragt Martina, die ja ihre erste Saison auf der Hörnlihütte mit Bravour hinter sich gebracht hat und nun auch »Klettersteig-Premiere« hat.

»Ungefähr zwei bis drei Stunden, klettern und abseilen.«

»Dann erreichen wir den Ausstieg und nehmen im Restaurant Blatten bei Leander und Simone einen Aperitif«, fährt Stephanie fort. Dann geht es weiter hinauf nach Zmutt, einem kleinen Weiler oberhalb von Zermatt, in ein kleines Restaurant mit hervorragender Küche.

»Ich freu mich auf das gemütliche Abendessen bei Konsti und Gusti«, schwärmt Stephan, denn diesmal muss er nicht am Herd stehen.

»Und dann gibt es ein feuchtfröhliches Beisammensein mit Open End.«

Meist verlassen wir Zmutt erst bei Sonnenaufgang. Erst dann ist die Saison für uns wirklich abgeschlossen. Aber darauf müssen wir jetzt noch warten. Den ganzen Tag sitzen wir in der Hütte, lesen, hören Radio oder erzählen Erlebnisse aus dem nun vergangenen Sommer:

»Erinnert ihr euch noch an die beiden Spanier in Leg-

244

gins?«, ruft Yasmin. Und ob! Die zwei waren bei starkem Schneefall und Minustemperaturen am Hörnligrat unterwegs, und wir mussten sie retten.

»Kurt, hattest du in dieser Saison einen Lieblingsanruf?«, fragt Martina. Da muss ich keine Sekunde zögern. »Ja, am besten gefallen hat mir der Gast, der bei uns reserviert hatte und vom Bahnhof Zermatt aus anrief. Er bat darum, dass wir ihn und sein Gepäck mit dem Taxi abholen.

»Und Martina, hattest du in diesem Sommer hier oben ein Lieblingsessen?«, frage ich zurück. Als Antwort verzieht sie das Gesicht, und alle brechen in schallendes Gelächter aus. Stephan hatte für Martina einen Waschlappen präpariert und ihn als paniertes Schnitzel serviert. Eine Geschichte jagt die nächste. »Wisst ihr noch …« So könnte es stundenlang weitergehen.

Es war ein sehr gutes Team, das sich hervorragend ergänzt hat, und ich wäre froh, wenn alle im nächsten Sommer wieder dabei sein würden. Wie gut oder schlecht eine Saison war, lässt sich nicht immer nur am Umsatz messen. Wenn sich das Team ideal ergänzt und alle auch am Ende der Saison noch gut miteinander auskommen, erst dann war die Saison für mich wirklich erfolgreich. Und dann stimmt auch der »Cashflow«.

Nun ist das Ende wirklich absehbar. Voller Erwartung gehen alle schlafen, morgen früh können wir endlich nach Hause. Zwei Tage und Nächte sind wir nicht aus der Hütte gekommen – abgesehen von meiner kleinen Schilder-Expedition. Nun stehen wir, Yasmin, Stephanie, Martina, Stephan und ich, morgens um sieben Uhr bei strahlend schönem Wetter – ohne Wind! – auf der Terrasse und genießen es umso mehr. Die Bergwelt um uns herum ist nun komplett weiß, es hat bis auf 2000 Meter geschneit und sieht aus wie im Märchen. Jetzt soll uns der Abschied wohl doch noch schwergemacht werden.

Ein wenig wehmütig räumen wir unser Gepäck und die restlichen Lebensmittel in die Heli-Netze. Ein letztes Mal betrete ich die Hütte, gehe durch die Zimmer und kontrolliere, ob alle Fensterläden und die Türen fest verschlossen sind. Dann ziehe ich auch die Haupttür hinter mir zu. Mir ist, als hätten wir die Hütte gerade erst aufgeschlossen. Drei Monate sind wie im Flug vergangen. Und nun fällt sie schon wieder in den Winterschlaf.

Eine Stunde bleibt uns noch, dann kommt der Hubschrauber. Das Team sitzt in der Sonne, und jeder für sich nimmt im Stillen Abschied von der Hörnlihütte.

Jede Saison hat ihre eigenen Geschichten, Schicksale und Erlebnisse; sei es bei Hochbetrieb mit vielen Menschen oder bei schlechtem Wetter und wenigen Gästen. Drei Monate lang hat das Team, eine Familie auf Zeit, Tag und Nacht zusammen gelebt und gearbeitet. Das ist für jeden von uns äußerst intensiv und für diesen überschaubaren Zeitraum eine tolle Erfahrung.

Ich möchte das auf gar keinen Fall missen. Am Anfang der Saison freue ich mich, wenn es losgeht, aber nach drei Monaten freue ich mich auch wieder auf neue, andere Aufgaben: Meine Zeit als Skilehrer und Bergführer beginnt. Und natürlich bin ich das ganze Jahr über als Retter im Einsatz. Aber erst einmal freue ich mich auf die Ferien. Und da werde ich mit meiner Familie an einen Ort reisen, wo das Wasser garantiert nicht gefrieren kann.

Das Funkgerät reißt mich aus meinen Gedanken. Pilot Gerold meldet sich: »In drei Minuten bin ich bei euch.« Kurz darauf steigen die ersten in den Hubschrauber, und nacheinander fliegen wir in drei Rotationen mitsamt unserem Gepäck nach Zermatt. Ich bin zum Schluss dran. Im Hubschrauber sitzend, werfe ich einen letzten Blick auf die Hörnlihütte. Tief verschneit und vollkommen verlassen liegt sie da. In neun Monaten werde ich hoffentlich wieder zurück sein.

Der Heli landet in Zermatt, und dann stehen wir wieder alle zusammen am Heliport – genau wie vor drei Monaten. Aber um zahlreiche Erlebnisse und Erfahrungen reicher.

Danksagung

Gewidmet

meinen Eltern Olga und Hubert,
 die mir immer die nötige Freiheit gaben, um meine
 Träume zu verwirklichen,

meiner Frau Rebecca und meinem Sohn Kevin,
 ohne ihre Unterstützung und Nachsicht wäre dieses Buch
 nie entstanden,

all meinen tüchtigen Mitarbeitern in den vergangenen Jahren,
 sie sind als Angestellte gekommen und wurden zu meiner
 temporären Familie.

Andre Agassi

Open

Das Selbstporträt

Sein Vater hatte ihn zum Tennis getrieben, und das Wunderkind aus der Einwandererfamilie wurde der rebellische Superstar auf dem Centre Court. »Ich hasse Tennis«, gestand Andre Agassi, als er auf der Weltrangliste ganz oben stand – und abstürzte.

Sein spektakuläres Comeback und seine Liebe zu Steffi Graf machten ihn zu der großen Persönlichkeit, die er heute ist. Er fördert die Schulbildung benachteiligter Kinder und kann ihnen das zurückgeben, was sein Triumph ihn selbst gekostet hat.

> »Open erscheint weniger als ein Buch über den Tennissport und einen seiner erfolgreichsten Vertreter, sondern vielmehr wie ein Roman einer versuchten Selbstverwirklichung, die viele Jahre zum Scheitern verurteilt war.«
> *Thomas Klemm, FAZ*

Knaur Taschenbuch Verlag

Jodi Kantor

Die Obamas

Ein öffentliches Leben

Michelle und Barack Obama haben sich der Weltöffentlichkeit als Traumfamilie präsentiert, ihr Einzug ins Weiße Haus ist eine historische Zäsur. Die beiden wollten trotzdem so normal wie möglich bleiben. Schließlich war Obama auch dafür gewählt worden, dass er nicht so war wie alle anderen Politiker. Doch der Präsident und die First Lady hatten sich nicht vorstellen können, dass sich Politik und Privatleben kaum trennen lassen würden.

»Die *New-York-Times*-Reporterin Jodi Kantor durfte die Obamas aus der Nähe begleiten und liefert eine pointierte Nahaufnahme ihrer Ehe und ihrer politischen Partnerschaft. Ihr Buch ragt aus der Flut oberflächlicher oder gar seichter Publikationen über den 44. Präsidenten und seine Frau als subtiles Porträt und politisches Psychogramm heraus *Frankfurter Allgemeine Sonntagszeitung*«

Droemer